la tradici

Cocina
Mexicana
y sus mejores
recetas

Cooking
and its best
recipes

Por la Superación del Ser Humano y sus Instituciones

la tradicional
Cocina
Mexicana
y sus mejores recetas

Adela Fernández

traditional Mexican Cooking and its best recipes

PANORAMA EDITORIAL

Portada:
Fotografía:
  Walter Reuter

LA COCINA MEXICANA
(ESPAÑOL-INGLÉS)

Derechos Reservados

Traducción:
Ann-Marie Evans
Guillian Glass

Dobujos:
José Narro

Primera edición: 1985
Trigésima reimpresión: 2011
© Panorama Editorial, S.A. de C.V.
   Manuel Ma. Contreras 45-B
   Col. San Rafael 06470 - México, D.F.

Tels.: 55-35-93-48 • 55-92-20-19
Fax: 55-35-92-02 • 55-35-12-17
e-mail: panorama@iserve.net.mx
http://www.panoramaed.com.mx

Printed in Mexico
Impreso en México por:
Impre Imagen
José María Morelos y Pavón
Mz. 5 L. 1 Col. Nicolás Bravo
55296 - Ecatepec Edo. de México, Marzo, 2011
ISBN 968-38-0131-5

Indice

Index

INDICE

INDICE

INDICE

Prólogo

Recuerdo de la cocina de mi infancia

Nací en la ciudad de México en el año de 1942 y defino mi infancia como una época en la que los artistas de mi país desplegaron sus ideales y estallaron las bengalas de su inteligencia.

Yo, como era lo tradicional de las niñas y señoritas de Coyoacán, tuve como espacio primordial, demarcado e impuesto, el de la cocina. Hoy en día bajo la influencia de los movimientos de liberación femenina, podría considerar aquellos tiempos en los que viví sumergida en las faenas domésticas, como una condena, ejemplo de la mujer al servicio exclusivo del hogar; sin embargo reconozco que en la cocina, desde ahí, me sensibilice, aprendí la historia de mi pueblo, comprendí su herencia cultural, me hice artista y consolidé mi amor por México. La cocina fue el lugar más vivo de toda la casa, sitio donde se sazonaron grandes ideales.

Foreword

Memories of a childhood kitchen

I was born in Mexico City in 1942 and, for me, my childhood was the time when the artists of my country were developing their ideals and their genius.

Like all the girls and young women of Coyoacán, I soon found out that my existence at that time was limited essentially to the confines of the kitchen. Now, somewhat influenced by women's liberation, I might well liken that life of domestic chores to a prison sentence, the typical life of a woman bound by service to the home. Nevertheless, I am more than aware that it was those times spent in the kitchen that awakened me to the history of my people, that helped me understand our cultural heritage, turned me into an artist and made me love Mexico more dearly. The kitchen was the very nerve center of our house, a vast melting-pot of ideals.

Mi padre, Emilio Fernández, indio kikapú nacido el año de 1904 en Hondo, Coahuila era director de cine. Entre sus películas más famosas puedo mencionar "María Candelaria", "Flor Silvestre", "Pueblerina", "La Mal Querida", "Enamorada", "La Perla" y "La Red". Su cine se ha caracterizado por ser esencialmente mexicanista, en cuyos temas se propuso dignificar a los indígenas de México, revalorar sus costumbres y creencias y exigir para ellos el reconocimiento y la admiración que merecen por cuanto significan en nuestra cultura. A través de sus películas dio a conocer al mundo el paisaje mexicano, la indumentaria indígena, costumbres tradicionales y el espíritu del pueblo.

Obtuvo grandes triunfos durante la época llamada "Edad de Oro de México", de los 30's hasta principio de los 50's, cuando artistas e intelectuales se unieron para rescatar todos los valores, casi perdidos, del pasado mexicano y sus manifestaciones sobrevivientes en el pueblo actual conformado por indígenas y mestizos.

My father, Emilio Fernández, a Kikapú Indian born in Hondo, Coahuila, in 1904, was a film director. His most famous movies include Mexican classics such as "María Candelaria", "Flor Silvestre", "Pueblerina", "La Mal Querida", "Enamorada", "La Perla" and "La Red". All his films have had an essentially Mexican flavor, with themes honoring Mexico's Indian nations, reviving their customs and beliefs and advocating the recognition and admiration they deserve for their role in Mexican culture. He used his movies to introduce the world to Mexico's landscape, native costumes, traditions and national spirit.

His greatest successes were those belonging to Mexico's 'Golden Age' — from the 1930's to the early 50's — a time when great artists and thinkers joined forces to try to recover the values, at that time virtually lost, of Mexico's past and its manifestations surviving in modern-day Indian and mestizo society.

Not only did they try to revive traditional customs, they also wanted to

No sólo se procuró revivir las costumbres tradicionales, sino se incrementaron con orgullo. Llenos de entusiasmo y decisión repudiaron el arte elitista y de influencias extranjeras y se entregaron a la tarea de realizar un arte que hablara de la historia y vida de México, expresado con valores estéticos propios y cuya difusión fuera a nivel social. Un arte inspirado en el pueblo y para el pueblo.

Surgieron así los grandes muralistas como Diego Rivera, Clemente Orozco y Alfaro Siqueiros; O'Gorman destacó en arquitectura y filosofía; Montenegro, Carlos Mérida, Fernando Leal, Frida Kahlo, en pintura; en la danza Ana Mérida y Amalia Hernández; en la música Silvestre Revueltas, Blas Galindo y Carlos Chávez; en literatura Juan Rulfo, Enrique González Rojo y Jose Revueltas; en cine la mancuerna camarógrafo y director Gabriel Figueroa-Emilio "Indio" Fernández, y los monstruos sagrados del estrellato Pedro Armendariz, Dolores del Río, María Felix "La Doña" y Columba Domínguez, esposa de mi padre.

Todo el dinero que ganó en sus películas lo invirtió en la construcción de una impresionante casona de arquitectura colonial española con ciertos detalles decorativos de carácter prehispánico. La "Fortaleza del Indio", ubicada en Coyoacán, uno de los barrios coloniales de la Ciudad de México y centro histórico, se convirtió en sitio de reunión de intelectuales y políticos que luchaban por la causa de la mexicanidad. Ahí, diariamente se recibían no menos de 20

increase pride in Mexico's heritage. With great enthusiasm and determination, they set about rejecting the more elite forms of art and foreign influences, in favor of a new form of art that would reflect history and life in Mexico, using native artistic elements which would appeal to society as a whole. In short, it was art inspired by by the people for the people.

This movement produced great mural painters such as Diego Rivera, Clemente Orozco and Alfaro Siqueiros; O'Gorman made his name in the field of architecture and philosophy; Montenegro, Carlos Mérida, Fernado Leal and Frida Kahlo, in the world of painting; in the world of dance, Ana Mérida and Amalia Hernández; in music, Silvestre Revueltas, Blas Galindo and Carlos Chávez; in literature, Juan Rulfo, Enrique González Rojo and José Revueltas. The movie world beheld the marvellous cameraman-director partnership of Gabriel Figueroa and Emilio "Indio" Fernández, along with movie idols such as Pedro Armendariz, Dolores del Río, María Felix "La Doña", and the actress my father married, Columba Domínguez.

All the money he made from his films was invested in the construction of a beautiful, Spanish-colonial style mansion, decorated with certain pre-Hispanic features. The "Indio's Fortress", as it was known, is located in Coyoacán, one of Mexico City's historical, colonial suburbs. It fast became the meeting-place of intellectuals and politicians striving to reestablish Mexican values. No fewer than twenty people would turn up at the house

personas, y en las frecuentes fiestas llegaban de 300 a 500 invitados.

Por sobre todas las cosas se amaba a México. Recuerdo la presencia de mujeres como Dolores del Río, Frida Khalo, Lupe Marín, María Izquierdo y tantas otras con cabellos largos, sueltos o trenzados; usaban atuendos indígenas y joyas prehispánicas o de diseños que evocaban a lo maya o teotihuacano. Aquellas fiestas parecían un festival de modas en el que todas competían por lucir los mejores y más antiguos o tradicionales textiles y bordados, los más finos rebozos y el atrevimiento de llevar los pies descalzos. Acompañados de música jarocha o tamaulipeca, con mariachis o guitarras y excelentes voces se rendía un culto al país; se vestía, se bebía y se comía a la mexicana.

En la casa hubo mucha gente de servicio: caballerangos, albañiles, canteros, ebanistas, talabarteros, ceramistas y moneros, y sobre todo cocineras y costureras. A éstas últimas se las encontraba en los cuartos de atrás hilando, haciendo ropajes en telar de cintura y bordando blusas, faldas, manteles y servilletas. Venían de distintas regiones del país y vestían a la usanza de sus pueblos.

La cocina era el sitio más animado de la casa, siempre en movimiento, en agitación, lleno de colores, olores y sabores. Construida a semejanza de las antiguas cocinas poblanas del tiempo de la Colonia, es de azulejos con piso de ladrillo pulido y muros blancos encalados. Las vigas son de madera labrada, e inmensos garrafones

every day and, at the frequent parties which we held, the guest list often included some 300 to 500 names.

The common cause in all these gatherings was a love for Mexico. I remember women like Dolores del Río, Frida Kahlo, Lupe Marín, María Izquierdo and many others, with their long hair flowing down their backs or tied in neat braids. They used to wear Indian costume and pre-Hispanic jewelry reminiscent of the Mayas or Teotihuacan. The parties were more like a fashion parade, everyone competing to show off the best or the oldest or the most traditional fabrics and embroidery, the finest shawls, or daring to arrive barefoot. To the sound of music from Veracruz or Tamaulipas, mariachis, guitars and lusty voices, they paid homage to Mexico: they dressed, drank and dined in true Mexican style.

The house employed a large staff: stablemen, masons, stonecutters, cabinet-makers, leather-workers, potters and, above all, cooks and seamstresses. The latter were always to be found in the back rooms spinning, weaving cloth on hand looms attached to their waists and embroidering blouses, skirts, tablecloths and napkins. They came from various parts of the country and used to dress in the style of their native villages.

The kitchen was the busiest place in the house, always abuzz with movement, comings and goings, color, flavor and aromas. Built in the style of a Puebla kitchen in Colonial times, it is decorated with the traditional blue and white tiles, a polished brick

de cristal color ámbar o verde claro fungen como tragaluces.

Resultó ser una cocina demasiado chica para tantas mujeres que trabajaban en ella. Mide 25 metros de largo y varía en su ancho de seis a nueve metros, dejando encantadores recodos y buenos espacios para el movimiento funcional. Tiene ocho parrillas de gas que, disimuladas con azulejo, bien parecen de leña; seis braceros, un doble fogón de ladrillo y un horno de piedra y arcilla para pan. Cuatro lavaderos amplios y profundos para los trastos y otro exclusivo para la limpieza de los alimentos crudos. Dos mesas de madera, una de ébano y otra de palo de rosa; una larga barra de azulejos sobre la que siempre hubo dos ollas de barro de un metro de altura, destinadas a preservar agua fresca; sobre la misma barra se encontraban los metates, molcajetes, morteros de madera y los distintos molinos para el nixtamal, carnes, especias y café.

En los tablones colocados por doquier se ordenaba la loza y cristalería. Las paredes están adornadas con una antigua vajilla de talabera y con enseres de uso diario, habiéndolos de todos tamaños: cazos de cobre, cazuelas, ollas, jarrones y comales de barro, manojos de jarros colgando de alcayatas, canastos, sopladores; cucharas, palas y molinillos de madera; jícaras, bateas y cedazos de crin de caballo.

Al fondo, la bodega, atiborrada de canastones y vitroleros llenos de sal, azúcar, pinole, maíz, garbanzo, lenteja y café; las bateas con manteca; numerosos tenates, tantos como variedades hay de chiles, yerbas de olor y otros

floor and whitewashed walls. It has carved wooden beams and huge amber and pale green demijohns serving as skylights.

The kitchen proved to be too small for all the women who worked there. It it about 80ft. long and varies in width from 18ft. to 27ft., with plenty of alcoves and space for moving about in. There are eight gas grills which, disguised with tiles, look like the traditional wood-fired stoves, six braziers, a double, brick, kitchen range and a stone and clay bread oven. There are four large, deep sinks for washing dishes and a fifth one specially for cleaning raw food. One of the tables is made of ebony and the other of rosewood; on the long, tiled work-top there were always two three-foot tall earthenware jars containing drinking water. It also held the *metates, molcajetes,* wooden mortars and other mills used for grinding corn, meat, herbs, spices and coffee.

Wooden shelves here and there held the crockery and glassware. The walls were decorated with old Talavera dishes and utensils for everyday use, in all shapes and sizes, copper ladles, earthenware pots, pans, jars and griddles, clusters of pitchers hanging from hooks, baskets, bellows, wooden spoons, spatulas and hand mills, bowls made out of gourds, basins and horsehair sieves.

Right at the back was the pantry, crammed with great baskets and jars of salt, sugar, *pinole*, corn, chickpeas, lentils and coffee, tubs full of lard, numerous tortilla baskets, chilies of all varieties, herbs and other condi-

condimentos; los ayates cargados de flor de jamaica y tamarindos; ahí sobre la alacena de carrizos suspendida del techo, los quesos envueltos en mantas; tarros de miel, botellones con aceite, vinagre, vino, aguardiente. Apiñados y en una tabla, los piloncillos y los medallones de chocolate envueltos en hojas de maíz. Colgando a lo largo de mecates, la longaniza, los chorizos rojos y verdes, cecina y las trenzas de cabezas de ajo que además de sus cualidades nutritivas se cree tienen propiedades mágicas para ahuyentar a los malos espíritus.

Las actividades se iniciaban a las cuatro de la mañana cuando se retiraba el nixtamal de las brasas que se dejaban encendidas durante la noche. Se lavaba, molía y preparaban la masa para las tortillas. A esa hora se tostaba el café en comal de barro y el aroma llenaba toda la casa. A las cinco mi padre bebía su primer taza y a las luces iniciales del día ya estaba con sus amigos en el jardín, junto a la fuente. Cada media hora se hacía café para llevarles. A las nueve se les servía el almuerzo con tortillas recién hechas. Más tarde se les llevaba antojitos, y luego la comida, y la cena. Ello implicaba un constante trabajo en la cocina.

Recuerdo los trajines durante las grandes fiestas. De La Merced, mercado principal de la ciudad, llegaban los manojos de flores y los canastones llenos de verdura y fruta. Comenzaba el ir y venir, desyerbando, cortando tallos y arreglando floreros; lavando y mondando verduras. Mujeres hincadas frente a los metates y

ments, net stuffed with roselle flower and tamarind. In the cane cupboard suspended from the ceiling were cheeses wrapped in muslin, jars of honey, great bottles of oil, vinegar, wine and brandy. Stacked on board were blocks of raw brown sugar and chocolate wrapped in corn husks. Hanging from ropes were spicy sausages such as longaniza, red and green chorizo, salted meat and strings of garlic which, apart from their nutritional value, were believed to ward off evil spirits.

The kitchen sprang into action as early as 4 o'clock in the morning when the corn used for making tortillas, *nixtamal*, was removed from the hot coals where it had been left overnight. It would then be washed, ground and made into tortilla dough. By this time, the coffee beans would be roasting on the clay griddle, their aroma permeating the entire house. My father would drink his first cup of coffee at 5am and, with the first light of day, join his companions in the garden next to the fountain. More coffee was made at half-hour intervals and taken out to them. At nine o'clock, they ate breakfast, served with freshly-made tortillas .Then came an assortment of snacks, then lunch and finally dinner. All this meant that the kitchen was never still.

I still remember the great hustle and bustle prior to a party. Bunches of flowers and baskets of fruit and vegetables were brought from the city's biggest market, La Merced. Then the coming and going, the cutting and arranging of flowers and the

otras de pie junto a los molcajetes moliendo moles y salsas, forjaban un ritmo lleno de elegancia y fervor por hacer bien las cosas. Surgían olores sobreponiéndose unos a otros, los de la canela, los del clavo, chocolate, cacahuate y el fuerte aroma de los chiles recién asados.

Cada mujer aportaba un algo de vida particular. María que pesaba 80 kilos y sus hijas, las Juanitas, gemelas de cuerpos delgados, con los dedos llenos de anillos hacían resonar los molinillos al batir el chocolate para sacarle espuma como se acostumbra en Oaxaca.

Doña Petra siempre se encargó de curar las ollas y cazuelas nuevas frotándoles ajo, mantequilla y leche caliente. Pronunciaba rezos populares que parecían no venir al caso como son las letanías del "Ruega por nosotros" o "Levantemos una valla de pureza" y oraciones en náhuatl que nadie entendía y que daban a su faena un carácter eminentemente ritual.

En algún rincón se escuchaba el ruidito de las que picaban cebolla. Era el golpe del cuchillo sobre la tabla y sus llantos y moqueos a consecuencia del zumo, quizá aumentados por los recuerdos, nostalgia y males de amor. Las apodaban "las lloronas". También sonaba el girar de los hielos al endulzar aguas frescas de jamaica, limón, tamarindo y horchata en lucientes vitroleros. Y brotaban las carcajadas de Isabel quien hacía pulques curados de guayaba, aguacate, fresa, chirimoya, tuna y avena, y quien por ser la catadora, siempre andaba borracha.

washing and peeling of vegetables would commence. Women kneeling by *metates* and others bending over *molcajetes*, ground the ingredients for sauces and mole, working rhythmically and energetically, keen to do a good job. One by one, the different aromas drifted through the kitchen — cinnamon, cloves, chocolate, peanuts and the strong smell of freshly roasted chilies.

Each woman was special in her own way. There was María — all 176 pounds of her — and her twin daughters known as the Juanitas, with their slender figures and fingers covered in rings which clinked against the little wooden hand mills as they beat the frothy chocolate drunk in Oaxaca.

Doña Petra was always in charge of seasoning new saucepans and pots by rubbing them with garlic, butter and hot milk. As she did this, she chanted apparently unrelated prayers such as "Pray for us" or "Let us build a wall of purity", and then other prayers in the Nahuatl language which no-one understood but which gave her and her work a ritual aura.

Over in the corner could be heard the sound of onions being chopped, the knife hitting the chopping board, mingled with the sobbing and sniffing of the girls who cut them. These girls were dubbed the *"lloronas"* ("those who weep"). Another sound was that of ice cubes clunking around in the great jars of water flavored with roselle flower, lemon, tamarind or horchata. And then suddenly, Isabel, who flavored *pulque* with guava, avocado, strawberry, sweet-sop, prickly

Entre risas se oían ayes de dolor provinientes de aquellas que descabezaban los dientes de maíz para el pozole. Se quejaban al sentir que se les desprendían las uñas y las puntas de sus dedos se llenaban de calentura. En cambio todo era alegría para aquellas que les tocaba desgranar las granadas de perlas rojas y transparentes. Sus manos jugaban haciendo cascadas como si virtieran joyas en la batea oscura.

La Chunca, originaria de Juchitán, cantaba dulces y tristes canciones en zapoteco dedicadas a los muertos, y cuando el ambiente estaba ya en honda melancolía, Josefa y su hermana Cruz rompían a cantar con alegría canciones michoacanas.

Todo era ruido, algarabía, y cuando mi padre entraba a revisar cómo iban las viandas, invadía un profundo silencio nacido del temor y sólo se escuchaban los pies descalzos sobre el suelo y el ruidito de las naguas de aquellas mujeres que se movían con toda ligereza para mostrar y dar a probar de lo que virtuosamente tenían ya cocinado.

pear or oatmeal, would burst into laughter: as official taster, she spent most of her time in a state of inebriation.

Interspersed with her laughter were cries of pain from the girls who had to remove the tips from the corn kernels to make *pozole*, as they felt as though their nails were being torn off and their fingertips started to burn. No such problem for the ones who removed the pearly red seeds from the pomegranates which cascaded like glistening rubies into the basin.

La Chunca, a native of Juchitán, used to sing sad, tender songs in the Zapotec language, dedicated to the dead. Then, when the atmosphere became too melancholy, Josefa and her sister Cruz would burst into song the happy songs of Michoacán.

What a din! However, no sooner did my father appear to see how the preparations were going, than you could have heard a pin drop among all the women. The only sound to be heard was that of bare feet scurrying across the floor and the rustling of petticoats as the girls hurried proudly

Cuando se hacían tamales se prendían varios fogones allá por las caballerizas para poner a cocer el nixtamal en botes. Dura tarea la de acarrearlos, hirvientes, hasta la cocina. En las mesas se extendían las grandes hojas de plátano para los tamales de Oaxaca, y en la barra de azulejos se separaban las hojas de maíz para los tamales tradicionales del Valle de México. Era asombroso ver con qué agilidad amasaban, rellenaban los tamales y los envolvían con precisión. Una vez preparados se acomodaban en los grandes botes especiales para cocerlos al vapor, y de nuevo se prendían los fogones de las caballerizas y se emprendía el acarreo. Las parrillas de la cocina se ocupaban para las ollas de atoles de vainilla, chocolate, fresa, champurrados a cargo de la gorda María y las Juanitas.

Las barbacoas requerían de mucho trabajo. Primero se iba a cortar las pencas de maguey allá en San Nicolás Contreras, donde también se efectuaban las compras de borregos. En casa se limpiaba el hoyo situado junto al abrevadero de los caballos. Estaba al lado de un viejo maguey de tallo muy alto coronado de flores blancas. La noche, víspera de la fiesta se ponía a cocer la barbacoa bajo tierra, y varios hombres abrigados con zarapes, cantando, bebiendo aguardiente, velaban al cuidado del horno. A mi padre le gustaba que las visitas presenciaran cuando sacaban la barbacoa, y ahí mismo se les ofrecía el consomé mientras los mariachis tocaban el son de La Negra. Siempre fue igual. Ya

to show him what they had cooked so far.

When they made *tamales*, a number of bonfires would be lit over by the stables, ready for cooking the great drums of *nixtamal*. It was no easy job to haul these, boiling-hot, up to the kitchen. Great banana leaves were laid out on the tables for making Oaxaca-style *tamales* and, on the tiled work-top, the husks would be removed from ears of corn for the traditional *tamales* eaten in the Valley of Mexico. It was astonishing to see the deftness with which the women kneaded the dough, then stuffed and wrapped up the *tamales*. When ready, they were placed in special, large pans for steaming. The bonfires would be stoked up once more and the running back and forth would recommence. The grills in the kitchen would be occupied by María and the Juanitas making great pots of *atole*, a drink made from cornmeal flavored with vanilla, chocolate or strawberries.

Barbacoa — pit-baked meat — certainly required a lot of work. First of all, they would have to go to San Nicolás Contreras, in the south of the city, to cut maguey leaves and to buy the lambs. Meanwhile, the pit next to the horses' drinking trough had to be cleaned out. The pit was next to and old maguey cactus, its towering stalk crowned with white flowers. On the evening prior to the fiesta, the lamb would be put into the pit to bake slowly and the men, in their woollen sarapes, would watch over it, singing and drinking brandy. My father used to like the guests to

🌿

para entonces, Don Perfecto, el encargado de hacer la barbacoa, andaba bien borracho y se ponía a zapatear de júbilo.

Meticuloso fue siempre el empeño en la decoración de las mesas y rincones de la casa. Para cada ocasión se ponía un decorado especial que demandaba de mucha inventiva y paciencia en el trabajo artesanal. Hacíamos palomitas de algodón y papel para adornar jaulas de carrizo; cortábamos papel picado para las banderitas que se encajaban en las frutas; adornos frutales y florales sobre cazuelas poco hondas de barro negro para hacer lucir los colores de las bugambilias o de las granadas. Al centro de la alberca de piedra, flotaba una canoa lacandona llena de verduras y flores. En las fuentes se ponían chinampas en miniatura y gardenias o girasoles. Para las fiestas de Día de Muertos se elaboraban veladoras flotantes que se encendían de noche; se hacían diminutas calacas de barro para adornar los panes y en sus guadañas anotábamos los nombres de los invitados.

Nunca faltaron las ollas de barro llenas de agua para que dieran olor a fresco y los incensarios con copal.

Mi padre decía: "Adornen la mesa como si fuera puesta para los dioses", y como exigía imaginación, nuevos arreglos, nos inspirábamos en los mismos dioses: recuerdo algunos como el de chupamirtos dedicado a *Huitzilopotchtli*, el de mariposas a *Quetzalpapalotl* y los florales dedicados a los dioses de la primavera y del amor, *Xochipilli* y *Xochiquetzal*. Cuando ter-

be present when the *barbacoa* was taken out and they would be served the broth right there, while mariachis played La Negra. It was always the same. By then, Don Perfecto, who was in charge of the *barbacoa*, would be drunk and would soon be dancing away to the music.

Decorating the tables and the house was a ritual in itself. A special theme was selected for each occasion and these often required considerable imagination, creativeness and patience. We would make little paper and cotton doves to decorate cane cages; we cut little flags out of tissue paper to stick into fruit. Fruit and flower decorations adorned the shallow, black clay dishes which set off the colorful bougainvillaea and pomegranates beautifully. In the middle of the stone pool was an Indian canoe laden with flowers and vegetables. The fountains would be filled with miniature floating gardens, gardenias or sunflowers. For the Day of the Dead (All Souls' Day) celebrations, floating candles were lit there and tiny clay skulls and the names of each guest adorned the traditional bread.

And there were always the clay jars full of water to freshen the air, and the incense holders containing copal.

My father used to tell me to decorate the tables fit for the gods. As this required imagination and endless new arrangements, we took our inspiration from the gods themselves. I remember the hummingbird arrangements dedicated to *Huitzilopochtli*, the butterflies dedicated to *Quetzalcoatl* and

minó de filmar "María Candelaria", la mesa se decoró con cientos de marranitos hechos de cascarón de huevo; cuando "La Red" utilizamos chinchorros y jábegas.

Fue importante el lucimiento de manteles blanquísimos y almidonados, ya deshilados o con bordados copiosos. Admiración causaron las servilletas que nos bordaban las otomíes de Tenango de Doria por sus animales surrealistas y de gran colorido. Ollas de distintas formas estéticas adornaban también las mesas, así como los molcajetes zoomorfos de piedra labrada que representaban tejones, iguanas o coyotes. Ya se usaban vajillas de Tonalá finamente decoradas, o las de Talavera de colores hueso y otoñales, o las verdes con peces blancos procedentes de Michoacán, o las de Guerrero color arcilla pintadas de estilizados animales, o la de Oaxaca de barro negro.

No sólo en las comilonas se procuró mantener el buen gusto en viandas y decoración. Recuerdo a mi padre comiendo solo con una de sus novias. En aras de ese cortejo decidió que el menú fuera de flores: tortas de colorín que los tepoztecos llaman "lenguas de pájaros" dado que la flor es roja y su forma alargada recuerda las lenguas de las aves; la sopa fue de flor de calabaza, los tamalitos de flor de maguey, la ensalada de mastuerzos y el agua de flor de jamaica. Se puso el mantel negro bordado de girasoles y a lo largo de la mesa se colocaron varios ramos de la misma flor adornados con grandes mariposas blancas disecadas.

the flower arrangements honoring the gods of spring and love, *Xochipilli* and *Xochiquetzal*. When he finished filming "María Candelaria" the table was decorated with hundreds of little pigs made out of egg shells; when "La Red" was completed, we used fishing nets as decorations.

It was important to set off the snow white, starched tablecloths with their drawn thread work or rich embroidery. The napkins, made specially for us by Otomí Indians from Tenango de Doria, always caused a sensation owing to their surrealistic, embroidered animals and brilliant colors. Pots of different shapes and forms decorated the tables as well as carved, stone mortars in the shape of badgers, iguanas or coyotes. Sometimes we used the finely decorated Tonalá ware, at others, the bone and autumn-colored Talavera pottery. The were also the green dishes decorated with white fish from Michoacán, clay-colored Guerrero crockery adorned with painted, stylized animals and the black clay pottery of Oaxaca.

Good taste in food and decoration was not reserved exclusively for the great banquets. On one occasion I recall my father dining alone with one of his girlfriends. In honor of this courtship, he had decided that the menu would be based entirely on flowers: little fritters containing the *colorín* flower, known by the Tepoztecos as "Birds' tongues" since the flower is tube-shaped and bright red in color; the squash flower soup and the little *tamales* stuffed with maguey flowers; the nasturtium salad and water to

El arte culinario, en la casa de mi infancia, se vivió con la misma intensidad conque se viven las artes mayores. La cocina nunca fue un lugar aparte del acontecer artístico e histórico, sino que a ella fluían todos los visitantes nacionales y extranjeros: un Rubinstein aprendiendo a comer tacos, un André Breton pidiéndole a la Chunca las pieles de iguana; un Salvador Novo aportando sus recetas y tomando otras de las indígenas; un Lázaro Cárdenas al que le servían como a un dios porque el pueblo lo adoraba como tal; una Pita Amor haciendo décimas sobre sus frutas preferidas y el don del buen comer; una Tina Modoti que todo lo fotografiaba. Ahí en la cocina se arrinconaban periodistas, músicos, pintores, antropólogos, arqueólogos, actores de cine y teatro que preferían comer calientito mientras desarrollaban nuevos proyectos. Hubieron pleitos, fuertes discusiones, pero también sobre la mesa de ébano se firmaron varios contratos cinematográficos. Diego Rivera se robaba a nuestras cocineras para convertirlas en modelos y Bob Quickly, escritor, se llevó a una de las Juanitas en calidad de esposa. La cocina, por su atmósfera, fue un rincón mágico, siempre fascinante.

drink flavored with roselle flower The table was laid with the black tablecloth embroidered with sunflowers and large, dried white butterflies set on fresh sunflowers were arranged here and there.

The art of cooking, in my childhood home, was felt with the same intensity as the higher arts. The kitchen was considered as being part and parcel of art and history. All visitors, both Mexican and foreign, gravitated automatically towards it. I have seen Rubenstein there, learning to eat tacos, André Breton asking La Chunca for the iguana skins, Salvador Novo exchanging recipes with the cooks, Lázaro Cárdenas being treated like a god because the people worshiped him as one. Pita Amor composing poems about her favorite fruits and the gift of good eating, and Tina Modoti taking photographs of everything. The kitchen was a gathering place for journalists, musicians, painters, anthropologists, archeologists, movie and theater stars, who sat in the warmth and ate while they planned new projects.. There would be discussions, even heated arguments, but a number of film contracts were signed right there on the ebony table. Diego Rivera robbed us of our cooks to use them as models and the writer Bob Quickley carried off one of the Juanitas as his wife. The kitchen, with its marvellous atmosphere, was a magic corner, a place of fascination.

Breve historia de la cocina mexicana

A brief history of Mexican cooking

El arte culinario tiene como finalidad cumplir con dos aspectos fundamentales: la nutrición y satisfacer el placer gustativo. Una vez resuelto el primer aspecto se desarrollan refinamientos en el segundo. La cocina es uno de los elementos principales de cada cultura y en ella influyen los recursos naturales de la región, el clima, las costumbres, los hechos históricos que introducen influencias extranjeras, así como la sensibilidad propia del pueblo.

La cocina mexicana ha destacado en el mundo por su rica variedad de manjares espléndidamente condimentados. En ella se aprecia una larga búsqueda y hallazgos en el empleo y combinación de ingredientes. La suculencia de los platillos mexicanos habla de una constante preocupación por halagar el paladar, el olfato y la vista, y mediante la riqueza de los nutrientes y sus delicias, se busca también enriquecer y refinar el espíritu.

The art of cooking has two main objectives: to nourish and to satisfy the palate. Once the first objective is assured, one can set about developing the second. Cooking is one of the principal elements in any culture and is influenced by the natural resources of the area, the climate, customs and historical factors such as foreign influences and the sensitivity of the people themselves.

Mexican cuisine is outstanding in the world for its wide variety of richly seasoned dishes; it has searched long for and achieved a highly original combination of ingedients. The richness of Mexican dishes reflects a constant desire to appeal to the palate, sense of smell and the eye and, through the wealth of ingredients, to enrich and refine the spirit.

Cooking in Mexico is regarded as a ritual activity and is carried out with painstaking care. The time and knowledge devoted to cooking speaks much of the spirit of Mexico's housewives. The popular saying "Tell me what you

La cocina en México alcanza el carácter de una actividad ritual en la que se pone gran esmero. El conocimiento y el tiempo que se invierten en cocinar hablan mucho del espíritu de las amas de casa. La frase popular "díme qué comes y te diré quién eres" hace evidente que a través de la cocina particular de cada casa se puede apreciar el grado de cultura que la familia tiene, su situación económica e incluso su jerarquía social. Sin embargo el comer bien no es exclusivo de las clases adineradas, pues se sabe que en los grupos de escasa economía se come bien gracias al sazón y al hábito de aprovechar especies vegetales de temporada y animales que se descubrieron comestibles en épocas de carestía. Aún en la actualidad, las familias de precarios recursos se dedican a la recolección de malvas, lechuguilla, quelites, quintoniles, chayotes, nopales, entre otros vegetales. En las viviendas más rústicas se encuentran macetas con yerbas de olor y medicinales. Animales como el tlacuache y las iguanas se aprovechan en deliciosos platillos. Seguramente como consecuencia de las mismas necesidades económicas, surgió el hábito de comer gusanos de maguey, chapulines, jumiles, acociles y huevas de hormiga roja y mosco lacustre. Nada de ello ofende al paladar, por el contrario, se consideran esquisiteces de una cocina exótica y refinada.

Decimos que cocina es cultura, y para poder seguir el desarrollo de lo que hoy llamamos cocina mexicana, o sea mestiza, hay que partir de la

eat and I'll tell you who you are" shows that it is even possible to ascertain the social background of a family, its level of culture and its financial status by what the familiy eats. However, eating well is not something exclusive to the rich; the not-so-well-off also eat well thanks to skillful seasoning and the practice of eating vegetables which are in season and different types of animals which, in lean times, were found to be edible. Even today, poorer families gather wild herbs and vegetables such as mallow, wild lettuce, *quelites*, *quintoniles*, *chayotes* and *nopales*. The most humble homes have pots filled herbs used for flavoring and for medicinal purposes. Animals such as oppossum and iguana are served in delicious stews, and it was no doubt as a result of financial difficulties that people began to eat *maguey* larvae, grasshoppers, *jumiles*, fresh-water shrimp, the eggs of the red ant and the lake fly. None of these is offensive to the palate; on the contrary, they are considered as delicacies and are some of Mexico's more refined and exotic dishes.

We have said cooking is culture. To see how Mexican cooking as we know it today, that is, mestizo cooking, evolved, we must go back to pre-Columbian times when the diet was purely Indian. Afterward, during the Spanish conquest and colonization, Mexican cooking was enriched by new elements brought from abroad by the Spaniards as part of the process of imposing their culture. A third influence from Europe was that of the empire of Maximilian of Habsburg.

época precolombina, cuando la dieta era puramente indígena. Después con la conquista y colonia hispana, dentro del fenómeno de aculturación, la cocina se enriquece con nuevos elementos extranjeros traidos por los españoles. Una tercera influencia europea acontece durante el Imperio de Maximiliano de Habsburgo.

Cocina prehispánica

A los pueblos de Mesoamérica se les llama también "Culturas del Maíz", dado que su alimentación se basaba en el consumo de dicha planta, la cual comenzó a cultivarse desde 7 mil años antes de nuestra Era. El maíz se preparaba de diferentes maneras: el elote hervido cuando aún la mazorca está tierna; desgranado y hervido con carne para conformar el pozole; en masa para hacer tortillas y tamales rellenos de aves, carne o pescado; combinado con frijoles; tostando el grano y convirtiéndolo en harina, o sea pinole; harina de maíz disuelta en agua y fermentada ligeramente; atoles simples y compuestos, dulces o salados, ya de chile o de cacao; masa mezclada con bledos y otras varias combinaciones. En la actualidad se conocen en el mundo más de 500 productos derivados del maíz.

La dieta prehispánica era de tipo mixto, incluía diversos productos vegetales y animales. Entre los primeros, en orden de importancia se encontraba el maíz, el chile (varias especies), el frijol, calabaza, chilacayote, chayote, jícama, camote, cuajilote, cuapinole, huachacote, mesquite

Pre-Hispanic Cooking

The peoples of Mesoamerica are often called "Corn Civilizations" as their basic diet consisted of this cereal first cultivated some 700 years B.C. In pre-Hispanic society it was prepared in various ways: young corn was boiled on the cob; the kernels were removed and boiled with meat to make the dish known as *pozole*; it was made into dough for tortillas or *tamales* stuffed with poultry, meat or fish; it was combined with beans; the grains were toasted and ground into *pinole* flour; the cornmeal was dissolved in water and fermented slightly; the flour was used to make sweet or savory drinks know *atole*, flavored with chocolate or chilies; or the dough could even be mixed with varous types of fungi growing on the actual ears. Today, throughout the world, there are more than five hundred products derived from corn.

The pre-Hispanic diet was mixed, i.e. it included, both animal and vegetable products. Among the latter were corn, various types of chili, beans, squash, *chilacayote, chayote, jícama*, sweet potatoes, *cuajilote, cuapinole, huachacote, mesquite* and a

y una serie de yerbas como los quelites, quintoniles, malvas, huazontles, cacomites; gran variedad de hongos y el corazón y la flor del maguey. Como condimentos se utilizaban el tomate verde, jitomate, jaltomate, miltomate, pepitas de calabaza, xonacatl, xoconostle y pimienta xocoxochitl.

Del mundo animal se consumían venado, conejo, liebre, tejón, comadreja, armadillo, marta, nutria, tlacuache, mapache, oso hormiguero, tapir, tepezcuintle y coyametl. Muy preciadas eran las aves como los pavos o guajolotes, palomas, codornices, perdices, chachalacas y otras gallináceas, así como aves acuáticas, muy abundantes sobre todo en los lagos vecinos de Texcoco, Tenochtitlán y Xochimilco. Se comían las culebras, tortugas, lagartos; serpientes y ranas. Hubo gran variedad de peces de agua dulce y salada. Se surtían de frutas deliciosas: piña, mamey, chirimoya, guanábana, anona, zapotes blanco, prieto, amarillo, chico y borracho; guayaba, tejocote, capulín, ciruela, nance, jobo, pitahaya, tuna y papaya.

De los ribereños del lago de Tex-

whole range of wild plants such as *quelites*, *quintoniles*, mallow, *huazontles*, cacomites, a wide variety of edible fungi, and the heart and flowers of the *maguey* cactus. Flavorings included various varieties of tomato, the green tomatillo, the *jaltomate* and the *miltomate*, pumpkin seeds, *xonacatl*, *xoconostle* and *xocoxochitl* pepper.

From the animal kingdom, they ate venison, rabbit, hare, badger, weasel, armadillo, pine marten, otter, opossum, raccoon, the great anteater, tapir, the spotted cavy and *coyametl*. Among the birds considered as delicacies were turkeys, doves, quail, *chachalacas* and other Gallinaceae, as well as water fowl, which was very plentiful, particularly around the neighboring lakes of Texcoco, Tenochtitlan and Xochimilco. They also ate snakes, tortoises, lizards and frogs, and there was a vast variety of fresh and salt-water fish. Fruits included pineapples, custard apples, white, dark, yellow, common and drunken sapodillas, guava, tropical plums, Mexican azarole, (*tejocote*) plums,

coco se dice que se alimentaban con ricos manjares: el *tecuitlatl*, hecho con lamas verdes; el *ezcahuitl*, gusanillos muy delgados y transparentes, el *ahuautli*, hueva de mosco; los *meocuilli* y los *tecaoli*, gusanos de maguey blancos y rojos, y otras larvas acuáticas conocidas como *acuiliztac*, *atepitz*, *atopinan* y *ahuihuitl*.

Por lo regular la gente del pueblo tenía una dieta sobria consistente en tres tortillas por día, atole, chile y frijoles o calabaza bien condimentados. Sólo en grandes ocasiones, siempre ligadas con la vida religiosa y ceremonial, se cocinaban manjares extraordinarios.

En el mes *Hueytozoztli*, "velada grande" (abril-mayo) se hacían tortillas de maíz modeladas a semejanza de la diosa *Chicomecoatl*, deidad de los mantenimientos. Las tortillas se rellenaban de frijoles y se bebía agua de chía.

En el mes *Etzcualiztli* (mayo-junio) se hacía un cocimiento de granos de maíz y frijol. El consumir ambos productos juntos equivalía a un despilfarro, y con ello hacían notar a las divinidades que las lluvias estaban en su apogeo y que había abundancia de alimentos.

En el mes *Huey Tecuhuitl*, "Gran fiesta señorial" (junio-julio), se llevaba a cabo la ceremonia dedicada a la diosa del maíz tierno, *Xilonen*. Se hacían tamales rellenos de carne de aves y en todas las casas se efectuaban convites. El pinole disuelto en agua era la bebida para tal ocasión y sólo los sacerdotes y gobernantes podían ingerir pulque.

prickly pears, papayas, sweet sops, sour sops wild cherry, *mamey, capulines, nances* and *pitahayas.*

Those who lived on the shores of Lake Tezcoco are said to have enjoyed such delicacies as *tecuitlatl* made from green algae; *ezcahuitl*, little, thin, transparent larvae; *ahuahtli* fly's eggs; *meocuilli* and *teocaoli, white* and red *maguey* larvae and various other water larvae known as *acuiliztac, atepitz, atopinan* and *ahuihuitl.*

The ordinary people generally had a very plain diet consisting of three tortillas a day, *atole*, chiles and highly seasoned beans or squash. Only on special occasions, which were always associated with religious and ceremonial activities, did they cook the more elaborate dishes.

During the month of *Hueytozoztli*, the "Great Vigil" (April-May), corn tortillas were made in the shape of *Chicomecatl*, the goddess of sustenance. The tortillas were then stuffed with beans and served with water flavored with *chía*, the seed of a variety of sage.

In the month of *Etzcualiztli* (May-June), corn kernels were cooked together with beans. As eating both of these together was considered extravagant, the ritual was supposed to show the gods that the rains were at their heaviest and that food was in great abundance.

In the month of *Huey Tecuhuitl*, the "Great Festival of the Lords" (June-July), a ceremony dedicated to the goddess of the young corn, *Xilonen*, was performed. *Tamales* filled with poultry or game were made and

En el mes *Tlaxochimaco* (julio-agosto) se rendía culto a *Huitzilopochtli*, la deidad solar, y los tamales se amasaban a su semejanza habiéndolos de gran tamaño como si se tratara de esculturas monolíticas. Los tamalones se rellenaban con guajolotes completos o con perros cebados. Se decoraban con flores y plumas y una falda de esqueletos hechos con masa de maíz y bledos para representar a los guerreros y víctimas sacrificadas a su culto. Este tamal se descuartizaba y se repartía entre los sacerdotes como alimento sacro a manera de comunión. En esta fiesta sacrificaban centenares de codornices y se condimentaban muy bien para halagar al gobernante y a la clase sacerdotal.

La ofrenda de alimentos a los dioses que eran múltiples, constituía una de las características rituales de mayor importancia. De igual manera sucedía con el culto a los muertos, quienes eran enterrados con bastimentos suficientes para que pudieran realizar el viaje póstumo por los nueve inframundos. Hasta la fecha, el 2 de noviembre, día en que se supone que feasts were held in every house. The drink, on this occasion, was *pinole* flour mixed in water; only the priests and rulers were allowed to drink *pulque*.

In the month of *Tlaxochimaco* (July-August), homage was paid to the god of the sun, *Huitzilopochtli*; great *tamales* resembling the deity were made, as if they were statues. These *tamales* were stuffed either with whole turkeys or fattened dogs. They were then decorated with flowers, feathers and a skirt of skeletons made out of corn dough and fungi, which represented the warriors and other victims sacrificed in the god's honor. The *tamal* was cut into pieces and shared among the priests as a sort of Holy Communion. During this festival, hundreds of quail were also sacrificed, seasoned strongly and offered to the priests and the ruler.

The offering of food to the numerous gods was, in fact, one of the most important aspects of pre-Hispanic ritual. Similar offerings were also made to the dead, who were buried with enough victuals to sustain

los difuntos visitan la tierra, se les ofrenda un altar cubierto de comida, dulces, bebidas, tabaco y aguardiente.

De acuerdo a los períodos de penitencia se realizaban ayunos parciales o totales. Por ejemplo se prohibía ingerir sal o cualquier tipo de vianda condimentada.

La antropofagia, entre los aztecas, tenía un sentido similar a las de la eucaristía cristiana. Las víctimas se cocinaban con todo el ritual necesario, se descuartizaban y se repartían entre los sacerdotes quienes al ingerir esa carne adquirían poderes para fungir como intermediarios entre los hombres y los dioses.

Nutrirse estaba sujeto a una estricta educación y significaba un ritual lleno de mesura. Los viejos consejeros dictaban reglas al respecto: "Mira que no te hartes de comida, sé templado, ama y ejercita la abstinencia y el ayuno"; sin embargo, había fechas prescritas para grandes banquetes. El cronista Bernal Díaz del Castillo comenta en su "Historia verdadera de la conquista de la Nueva España" que... "Cotidianamente a Moctezuma, rey azteca, le guisan gallinas, gallos de papada, faisanes, perdices de la tierra, codornices, patos mansos y bravos, venado, puerco de la tierra, pajaritos de caña, palomas, liebres, conejos, y muchas maneras de aves y cosas que se crian en la tierra, que son tantas que no las acabaré de nombrar tan presto".

Tal descripición confirma que las clases poderosas gozaban de manjares exquisitos, y esto se comprueba una vez más con lo sorprendido que quedó

them on their journey after death through the nine underworlds. Even today, on November 2, the day when the dead are supposed to come back to earth, the people make altars and pile them up with offerings of food, candies, drinks, tobacco and cane spirit.

During times of penance, people would fast completely, or partially by not eating any salt or seasoned food for example.

Cannibalism among the Aztecs had a similar significance to that of the Christian Eucharist. The victims were cooked with all the necessary ritual, cut into pieces and distributed among the priests who, on eating the flesh, were supposed to acquire the power to act as intermediaries between men and the gods.

Food and eating was subject to a strict education and was considered a ritual to be practiced with great moderation. The elders established rules such as "Ensure that you never eat so much that you have your fill, be moderate, love and practice abstinence and fasting". However, certain dates were set aside for great banquets. The chronicler Bernal Díaz del Castillo wrote in his famous work on the Conquest, the *"Historia verdadera de la conquista de la Nueva España"*, that "...Every day Moctezuma, King of the Aztecs, was served chicken, turkeys, local pheasant, native partridge, quail, tame and wild duck, venison, native pork, marsh birds, pigeon, hare, rabbit and all manner of birds and things which are raised in this land, which are so many

Hernán Cortés ante la variedad de ricos manjares que en su honor le ofreció el mismo Moctezuma.

Epoca Virreinal.—El arte culinario novohispano

A partir de la Conquista y especialmente durante la Colonia, la comida sufre interesantes cambios con la intromisión de nuevos elementos importados por los españoles: cebada, arroz, trigo, olivos, viñas, especias de la India, ganado vacuno y lanar y una serie de frutas.

El choque de dos culturas tan vigorosas presentó la lucha por la conservación de las tradiciones tanto mesoamericanas como hispanas, aunque la tendencia fue la imposición de la cultura española sobre los pueblos autóctonos de México. No obstante, por más que los españoles quisieron seguir siendo a la manera en que lo fueron

that I could not name them all very quickly".

This description shows that the ruling class dined on exotic dishes, a fact confirmed by Cortés'(s') suprise on seeing the great variety of delicacies that were offered to him by Moctezuma himself.

Colonial times — The art of cooking in New Spain

After the Conquest and in particular during colonial times, food in Mexico underwent interesting changes through the introduction of new ingredients imported by the Spaniards: barley, rice, wheat, olives, vines, eastern spices, cattle, sheep and a whole range of fruits.

The clash between two such strong cultures led inevitably to a struggle to preserve both Mesoamerican and Spanish traditions, although Spanish culture soon began to impose itself on the native peoples of Mexico. Nevertheless, much as the Spaniards would have liked to live as they had in Europe, they were forced to change

en Europa, tuvieron que modificar muchas de sus costumbres y también se vieron influidos por los modos de ser de los indígenas. De esta mezcla y especialmente del mestizaje, surge lo que hoy conocemos como cultura mexicana.

En la cocina se aprecia perfectamente este fenómeno de aculturación. Al principio de la colonia se demarcaron dos tipos de cocina, la hispana y la indígena, considerando a la segunda como uno de los rasgos diferenciales de las clases oprimidas, vencidas, conquistadas.

Fue gracias a los propios valores culinarios de la cocina indígena que ésta comenzó a tener gran aceptación. Las indias al servicio de las grandes casonas coloniales, continuaron cocinando sus tradicionales viandas e invadiendo las cocinas con aromas que provocaban antojos como son el de las tortillas cociéndose en comal de barro, los chiles asados, el maíz tostado para el pinole, entre tantos otros. Pronto las damas españolas y criollas, clandestinamente entraban a las cocinas para gozar de los manjares indígenas.

Al transcurso de los años, los españoles se adaptaron al medio ambiente que los rodeaba y dieron libertad a sus apetitos. Así se introducen a las mesas españolas las tortillas y salsas. Las yerbas que se comían en los pueblos son guisadas con carne de res. La combinación de productos originales indígenas con los traídos por los españoles da origen a la cocina mexicana.

Más tarde, las grandes invenciones

many of their customs and were even influenced by the Indians'(s') temperament and way of life. From this mixture of cultures and particulary from intermariage came what we know today as Mexican culture.

Cooking shows this acculturation process very clearly. In the early days of the Colony, there were two, well defined types of cooking: the Spanish and the Indian. Indian cooking was, in fact, considered as being characteristic of the oppressed, defeated, conquered classes.

However, because of its quality, native cooking began to be more widely accepted. Indian women working in the great colonial mansions continued to make their own traditional dishes and the kitchens would fill with the delicious aroma of tortillas being cooked on clay griddles, of freshly roasted chilies and corn being roasted to make *pinole*. So it was not long before Spanish and Creole ladies began to sneak into the kitchens to sample the native delicacies.

In time, the Spaniards adapted to their new environment and allowed their tastes to diversify. And so tortillas and chili sauce eventually found their way onto Spanish tables and herbs and vegetables eaten in Indian villages were cooked with beef. From this combination of Indian produce and ingredients imported by the Spaniards, Mexican cooking was created.

Later on, the nuns who did the cooking in the convents began to create new recipes, using all sorts of interesting ingredients. In 1700, in Mexico City alone there were 22 convents

surgen de la inspiración de las monjas quienes en sus conventos se dedican al arte culinario, aprovechando toda clase de elementos comestibles. Sólo en la Ciudad de México, en el año 1700, existían ya 22 conventos que se hicieron famosos por la riqueza de su cocina mexicana, la cual florecía en ocasión de los grandes festines dedicados a virreyes y arzobispos. Lo mismo sucedió en los conventos de Puebla de los Angeles, Michoacán y Oaxaca.

En la diaria tarea de alimentar a los monjes y sacerdotes, las cocinas conventuales alcanzan altos niveles en repostería con la invención de dulces cubiertos, natillas, marquesotes, huevos reales, jamoncillos, cajetas y buñuelos. Se dice que hay más de 300 variedades de dulces en México. Famoso es el rompope de Santa Clara, y más aún el mole poblano el cual nace del *mulli*, una salsa propia de los nahuas en la que se combinaban varios chiles. Una monja del Convento de Santa Rosa de Puebla, María del Perpetuo Socorro, para recibir a un nuevo arzobispo, Manuel Fernán-

which were famous for their marvelous Mexican cuisine, which really shone on the occasion of the great banquets held in honor of viceroys and archbishops. Other convents in Puebla, Michoacán and Oaxaca became renowned for their culinary expertise.

In the everyday task of feeding the monks and the priests, these convent kitchens reached considerable heights in the art of pastry-making and confectionery. The nuns invented all types of desserts, candies, custards, fudges, sweetmeats like *marquesotes, huevos reales, cajeta* and *buñuelos*. The advocat of Santa Clara (*rompope*) is famous throughout the country, as is the Puebla *mole*, which was originally a sauce called *mulli*, made by the Nahua Indians, combining several varieties of chili. In order to welcome the new archbishop, Manuel Fernández de Santa Cruz, a nun from Convent of Santa Rosa in Puebla, María del Perpetuo Socorro, decided to adapt *mulli* by adding condiments such as chocolate, peanuts, sesame seeds and cinnamon which would

dez de Santa Cruz, decide hacer el *mulli* agregándole otros condimentos como son el chocolate, cacahuate, ajonjolí, canela, con el fin de aminorar su picante. Anécdotas de esta índole conllevan a que platillos simples se conviertan en viandas de preparación muy compleja.

Epoca del Imperio de Maximiliano de Habsburgo

Cada acontecimiento histórico engrandece el destino de los pueblos. La intervención francesa en México tuvo como consecuencia la imposición del Imperio de Maximiliano de Habsburgo, durante el cual, la cocina sufrió modificaciones en aras de un alto refinamiento. En esa época de romanticismo trágico, la atmósfera monárquica exigió una alta cocina de gran influencia europea.

Maximiliano mandó embellecer el Paseo de la Reforma para su ir y venir desde el Palacio Presidencial al Castillo de Chapultepec, sitio de recreación y descanso de los emperadores. Finalmente hizo del castillo su residencia, donde los banquetes eran tan frecuentes que la cocina estuvo atendida por un inspector, un jefe llamado Tudor de origen húngaro, seis cocineros, cuatro confiteros, un panadero y más de una docena de ayudantes. Fue Tudor quien introdujo al país varios platillos de origen francés, italiano y austrohúngaro.

Un ejemplo de tal influencia es el menú de la cena efectuada en el Castillo de Chapultepec el día 29 de marzo de 1865, en honor le Bazaine, Mariscal de Francia:

make it less hot. Such anecdotes show how many a simple dish was transformed into a very complicated one.

The Empire of Maximilian of Habsburg

Every historical event enhances the destiny of a people. The French intervention in Mexico, which led to the imposition of the empire of Maximilian of Habsburg, was no exception. It was a period of refinement for Mexican cooking, a time of tragic romanticism when the monarchical atmosphere demanded a more sophisticated cuisine influenced by Europe.

Maximilian improved the appearance of the Paseo de la Reforma in Mexico City for his journeys between the Presidential Palace and Chapultepec Castle, which was his leisure retreat. He finally converted the castle into his permanent residence and the banquets there became so frequent that the kitchen had to be staffed by an overseer, a chef of Hungarian origin called Tudor, six cooks, four confectioners, a baker and more than a dozen assistants. It was Tudor who introduced a number of French, Italian and Austro-Hungarian dishes into the country.

An example of this influence is this menu for a dinner held in Chapultepec Castle on March 29, 1865, in honor of Bazaine, Marshal of France:

Menu du Dîner du grand
Maréchal de France

Potage tapioca
  Relèves
Bouchés aux huîtres
Poisson aux fines herbes
Filet braisé, sauce Richelieu
  Entrées
Côtelettes jardinière
Saumon à la tartare
Cailles Périgueux

Se sabe que tanto Maximiliano como Carlota llegaron a amar profundamente a México. La emperatriz apreció las tradiciones mexicanas y sintió gran afecto por las mujeres indígenas. Gustó de la comida tradicional, especialmente del chocolate, bebida que sustituyó al té. Por las tardes solía hacer reuniones para degustar ricos chocolates batidos en agua o leche, acompañados de confites, panecillos y otras golosinas.

El imperio de Maximiliano, aunque breve y de trágico fin, dejó un sello peculiar en la cocina mexicana, la cual enriquecida con tantas influen-

Menu du Dîner du grand
Maréchal de France

Potage tapioca
  Relèves
Bouchés aux huîtres
Poisson aux fines herbes
Filet braisé, sauce Richelieu
  Entrées
Côtelettes jardinière
Saumon à la tartare
Cailles Périgueux.

Maximilian and Charlotte both came to love Mexico deeply. The Empress was a great admirer of Mexican tradition and felt considerable affection for the native women. She enjoyed traditional Mexican cooking, particularly chocolate, which she eventually substituted for her usual drink, tea. She used to hold soirées to sample the frothy chocolate drinks made either with milk or water and served with candies, buns and other delicacies.

Maximilian's empire, though short-lived and ending tragically, left its stamp on Mexican cooking which,

cias, hoy está considerada como la tercera entre las más alabadas de la cocina internacional.

La delicadeza culinaria del siglo XIX

Durante el siglo XIX la mujer juega un papel relevante en la vida doméstica. Ser una buena mujer significaba tener un profundo conocimiento y grandes habilidades en la cocina. Las señoritas eran enviadas en retiros conventuales para aprender a bordar y a cocinar. Su prestigio aumentaba en la medida en que sazonaran o inventaran nuevos platillos. La dulcería y confitería era el trasfondo más importante de las reuniones sociales. Con gran celo, las mujeres guardaban en secreto sus recetas, ya que la cocina era un campo de competencia.

En 1856 aparece publicado el "Manual del cocinero dedicado a las señoritas mexicanas", donde se hace evidente el gusto de la época. Entre algunos platillos comunes de ese tiempo, cabe mencionar la olla podrida, sopa de almendras, tornachiles, manchamanteles, ternera en fricandó, torta de aguautle, angaripola, guisado de los trapitos, capones borrachos, buñuelos de viento, mamones de almendra, turrón de alicante, capirotadas y suspiros. Nombres ingeniosos y maneras de hacerse de lo más complicadas como lo ejemplifica la siguiente receta para hacer frijoles rellenos:

"Después de cocidos, y no tan blandos que se deshagan, se abren por la mitad con un cuchillo, se pone entre las dos mitades un poquito de queso

enriched by so many influences, is today ranked third best in the world.

Sophisticated 19th. century cuisine

During the 19th. century, women played an important role in home life. To be a good wife it was necessary to have a wide knowledge and ample skills in cooking. Young ladies were sent on retreats to convents where they were taught how to embroider and cook. Their prestige grew as their ability to season or invent new dishes increased. Confectionery was the centerpoint of all social gatherings and women would jealously guard the secret of their recipes as cuisine had by this time become a cause for great rivalry.

The "Manual of Cookery for Young Mexican Ladies", published in 1856, is a perfect illustration of the tastes of the time. Among the recipes listed were the stew known as *olla podrida*, almond soup, veal fricandeau, "drunken" capons, *tornachiles*, *manchamanteles*, *torta de aguautle*, *angaripola*, *trapitos* stew, *buñuelos* de *viento*, almond sponge cake, Alicante marzipan, bread pudding and "whispers": ingenious names and the most complicated of methods, as the following recipe for stuffed beans shows:

"After cooking the beans till soft but not disintegrated, cut in half. Place a little grated cheese between the two halves, coat with beaten egg and fry. Then prepare as for Portuguese beans or in tomato sauce."

rallado, y rebozándose con huevo batido, se fríen. Se guisan después como los portugueses o en caldillo de jitomate".

La Revolución Mexicana

El hambre de las clases oprimidas, la lucha por la tierra y la demanda popular de justicia social fueron las razones que desataron la Revolución Mexicana. La movilización de grandes masas populares peleando al frente y dirigidas por caudillos como Francisco Villa y Emiliano Zapata, han dejado maravillosos testimonios, fuente de inspiración para novelistas y autores cinematográficos. Los Archivos de la Nación nos proporcionan imágenes de aquella época que hacen evidente la solidaridad de las mujeres integradas a las tropas.

Las soldaderas no sólo llevaban a sus hijos a cuestas, sino que en enredos portaban ollas, cazuelas y comales para poder seguir cumpliendo con sus deberes del 'hogar' ahora trocado en campamentos. En campo abierto, en los cuarteles o patios de las ha-

The Mexican Revolution

Hunger among the oppressed classes, the struggle for land and the people's demand for social justice were the main causes of the Mexican Revolution. The mobilization of the masses who fought under rebel leaders such as Francisco Villa and Emiliano Zapata made such a vast impression that, time and time again, it has been a great source of inspiration to novelists and movie scriptwiters. In the National Archives are pictures dating from the time that show the great sense of solidarity that existed among the women who joined the fighting forces.

These women soldiers not only carried their children with them on their backs but also hung pots, pans and griddles round their waists so as to continue the tasks they had performed in their homes — now replaced by the rebel camps. In the open countryside,

ciendas tomadas por los revoluciona-
rios, hacían sus grandes cocinas im-
provisadas, y a pesar de las carencias
se afanaban en preparar platillos que
satisfacieran el hambre y gusto de los
guerrilleros. En los recesos, tras el
aturdimiento de balazos y explosivos,
surgían sonidos propios del hogar
como son el palmoteo de la hechura
de tortillas y el murmullo de la molienda de las salsas.

En momentos de victoria y en ocasión de festejarla, los grandes dirigen-
tes acompañados de sus tropas, go-
zaron de banquetes espléndidos. Barbacoas, moles verdes y rojos, pulques
curados y canastos llenos de tortillas
fueron acentuando el triunfo de la
Revolución Mexicana.

barracks or the patios of haciendas
taken over by the revolutionaries,
they cooked in make-shift kitchens
and, despite all the shortages of the
time, did their utmost to prepare tasty
meals to satisfy the guerrillas' appeti-
tes and tastes. In the breaks between
the din of flying bullets and explo-
sions were reassuring domestic sounds
of tortillas being slapped from palm
to palm or of chiles being ground for
the sauce.

To celebrate a victory, the leaders
and their troops feasted on *barbacoa*,
red and green *mole*, flavored *pulque*
and baskets of tortillas — the food
they had striven to obtain with the
triumph of the Revolution.

Utensilios básicos de la cocina mexicana

Basic utensils used in Mexican cooking

Los distintos materiales de los utensilios usados en la cocina influyen en el sazón y el sabor de la comida. En México, por tal razón se opta por usar los enseres tradicionales indígenas en los que predominan aquellos que son de barro, piedra o madera. Asimismo se prefiere cocinar en fogones de leña o carbón para impedir que las altas temperaturas eléctricas o el aroma de las parrillas de gas modifiquen los sabores naturales de los distintos condimentos. No obstante, como resultado de la velocidad conque se vive en la actualidad y por la invasión del aluminio, teflones y ollas express, éstos han sustituido en gran medida a los enseres tradicionales; sin embargo difícilmente encontramos una cocina mexicana que carezca de cazuelas, jarros, ollas de barro y morteros de madera o piedra. Aún conservan sus nombres indígenas, especialmente las voces nahuas que, como aztequismos, se han integrado al español que se habla en México.

The different materials of the utensils used in cooking can greatly affect flavor and tastiness. For this reason, in Mexico, the tendency is to use traditional Indian utensils, most of which are made of clay, stone or wood. Also, wood or coal fires are preferable to the intense heat of electric stoves or the smell from gas stoves, which can spoil the natural flavor of condiments. Nevertheless, as a result of the pace at which we live today and the invasion of aluminum, teflon and the pressure cooker, many of the traditional utensils have been replaced today by more modern ones. However, rarely do you find a Mexican kitchen that is not equipped with clay pots, casseroles and jugs, and stone or wood mortars. Some of these utensils are still known by their original Indian names, in particular those of the Nahua language spoken by the Aztecs, which have been incorporated into the Spanish spoken today.

Mexican pottery is one of the coun-

La cerámica mexicana es una de las más ricas artesanías. Es sorprendente la gran variedad existente y peculiar en cada una de las regiones del país. Sus maravillosas formas estéticas constituyen parte esencial de la decoración espontánea de las cocinas.

try's greatest crafts. The variety to be had is quite astounding and differs from region to region. Pottery in beautiful designs forms an essential part of the natural decor of many kitchens.

Cazuelas, ollas y jarros

La mayoría de los alfareros usan la técnica de modelado a mano y tornos. Dependiendo de la calidad del barro éste puede ser puro o mezclado con dos o varias clases de arcilla o incluso con plumilla de tule como sucede en Metepec. Para su cocción abundan los hornos circulares construidos sobre la tierra, pero los hay también subterráneos con la boca a ras del suelo. Para su decorado se usan tierras, anilinas o esmaltes, y en lugares como Tzintzuntzan añaden a las grecas óxido de cobre.

Las cazuelas se utilizan especialmente para los guisos poco caldosos o secos como el arroz. En cambio las ollas por su profundidad se utilizan para los caldos, pozoles, ponches, café.

Cazos de cobre

Los cazos de cobre originarios de Michoacán y especialmente de Santa Clara, son utilizados para el pozole, las carnitas, cocimientos al vapor de tamales, calabaza en piloncillo y otros dulces.

Casseroles, cooking pots and jugs

Most Mexican potters make their wares by hand modeling or on a potter's wheel. Depending on quality, the clay can be used on its own or mixed with varoius other types or, as in Metepec, with the flower heads of rushes. The pieces are fired in round kilns built either on the ground or else underground with the mouth at ground level. They are decorated with aniline or earth dyes and enamels or, in places like Tzintzuntzan, copper oxide is mixed in the frets.

Generally, casseroles are used to cook dishes which do not contain a lot of liquid or which are composed of dry ingredients such as rice. Pots, on the, other hand, because of their depth, are used for preparing broth, *pozoles*, punch and coffee.

Copper pans

Copper pans, originating from Michoacán and in particular from Santa Clara, are used for *pozole*, fried pork pieces, *tamales*, pumpkin in syrup and other sweet dishes.

El metate

Instrumento de origen prehispánico consistente en una pequeña mesa de piedra, de tres patas que sirve de mortero y cuya superficie declinante permite escurrir el chile ya molido. Su auténtico nombre en nahuatl es *metlatl* del que se deriva el aztequismo metate. Su complemento es un rodillo de piedra llamado *metlapilli*. Se utiliza para diferentes moliendas como son de chiles e ingredientes del mole o bien para nixtamal y café. Para moler pepita de calabaza o cacao se prende fuego debajo a fin de que se desprenda la grasa con mayor facilidad.

El molcajete

Mortero hondo de piedra con tres patas. Su nombre original es *temolcaxitl* del cual se deriva el aztequismo molcajete. Su complemento es una piedra pequeña en forma de pera llamada *texolotl*, en nahuatl, o *tejolote* según el aztequismo.

Metate

Of pre-Hispanic origin, this utensil consists of a small stone tablet on three legs and is used for grinding. It slopes downwards to one end so that the ground chili can collect. Its original name in Nahuatl is *metatl*, from which the word *metate* is derived. It goes with stone roller called a *metlapilli*. The *metate* is used for grinding chilies, the ingredients of *mole*, corn kernels and coffee. When used to grind pumpkin seeds or cocoa beans, a small fire is lit underneath it so that the oil will run out more easily.

Molcajete

This is a deep stone mortar which also has three legs. Its original name is *temolcaxitl*, from which the word *molcajete* is derived. It comes together with a pear-shaped stone used for grinding, known as a *tejolote*, from the Nahuatl *texolotl*.

El comal

Disco de barro que se coloca sobre el fuego y que sirve para cocer las tortillas. En él se asan los chiles, tomates, hongos e incluso se pueden hacer huevos estrellados sin grasa alguna. Su complemento son las piedras o los llamados *tenamaxtles*, piezas zoomorfas de barro que lo sostienen a cierta distancia de las brasas.

The Comal

This is a clay (or metal) disk which is placed over the heat and is used to cook or heat tortillas. Chili, tomatoes, mushrooms and even eggs can be cooked on it without using any fat. When cooking over a fire, the comal is placed on stones called *tenamaxtles*, small clay animal shapes. These lift the comal off the live coals.

El soplador

Abanico para soplar el fuego e incrementarlo. Todos son tejidos con palma o tule teñidos de hermosos colores. Por su belleza artesanal se utilizan como objetos de decoración en las cocinas y en las mesas.

Soplador

This is a type of fan used for getting the fire going. They are woven of palm or rushes, dyed different colors. As they are very attractive, they are often used to decorate the kitchen or the table.

Bateas

Cuencas de madera casi planas u hondas en las que se preparan ensaladas de frutas o verduras. Sirven también para almacenar alimentos.

Batea

This is a shallow wooden dish used in preparing fruit and vegetable salads or for storing food.

Jícaras

Aztequismo derivado de la palabra nahuatl *xicalli*, "calabazo" y como su nombre lo dice es una vasija natural hecha de calabazas secas o de guajes. Muchas de ellas son trabajadas con lacas incrustadas de muy hermosos diseños y colores. Otras son labradas con punzón. Se acostumbra servir en ellas algunos platos tradicionales como son el pozol de Tabasco o el tazcalate de Chiapas. Por la redondez de su base es utilizan unos anillos tejidos de palma para poder asentarlas.

Jícara

This word is derived from the Nahuatl *xicalli*, meaning gourd. It is the dried shell of a pumpkin or gourd, used as a container. Many of them are elaborately decorated with beautifully colored designs in lacquer. Others are engraved. They are used for serving traditional dishes such as Tabasco *pozole* or *tazcalate* from Chiapas. As they are almost spherical in shape, they are often set upon circular bases woven of palm.

Tenates o chichihuites

Recipientes tejidos de palma o tule, abiertos o con tapadera y que especialmente sirven para mantener calientes las tortillas. Las jícaras también tienen esta función. Se utilizan mucho para guardar los chiles secos y otras yerbas y condimentos.

Tenates o chichihuites

These are containers woven of palm or rushes and are either uncovered or have a lid. They are used for keeping tortillas hot; *jícaras* can also be used for the same purpose. Alternatively, they are used for storing dried chilies and other herbs and condiments.

Molinillo

Batidor de madera, labrado a mano, cuya cabeza contiene suficientes hendiduras y anillos movibles que sirven de agitadores, es el instrumento tradicional para batir chocolate y hacerlo espumoso. Palas y cucharas de madera ya lisas o bien talladas son instrumentos complementarios de los enseres de cocina. Varios grupos indígenas hacen los llamados cuchareros consistentes en una repisa ricamente decorada en la que se colocan las palas, cucharas y molinillos.

Molinillo

This is a carved, wooden, handbeater, the top of which has indentations and loose rings to aid beating. It is used traditionally for beating chocolate until it is frothy. As well as these, carved or smooth wooden spatulas or spoons are used as kitchen utensils and are often hung with the *molinillos* on special wooden racks made by various Indian groups.

Brasero

Pequeño fogón de barro, transportable, cuyo diseño permite separar las brazas de la parrilla. En la actualidad se han popularizado los de lámina.

Brasero

This is a small, portable, clay brazier designed to keep the coals away from the grill. Today, metal braziers have almost completely supplanted the clay ones.

ingredientes de la cocina de México

ingredients in Mexican cooking

Acitrón:
Tallo de biznaga (cactus) confitado que se emplea en platillos salados para dar textura y un sabor a dulce.

Acitrón:
Candied barrel cactus, used in savory dishes to give contrasting texture and a touch of sweetness.

Achiote:
Semillas de un árbol del mismo nombre que se usan molidas para condimentar y dar un color rojo a carnes, pescados y salsas.

Achiote:
The seeds of the annatto tree, used ground to a paste to flavor and give an orange-red color to meat and fish dishes and sauces.

Adobo:
Pasta hecha de varios especias y chiles molidos, utilizado para condimentar carnes y pescados.

Adobo:
A paste of various chilies and spices ground together. Used for seasoning meat and fish.

Aguacate:
Se usa en ensaladas y como guarnición de unos guisos. La hoja se utiliza como condimento.

Avocado:
Used in salads or as a garnish for cooked dishes. The leaf is also used as flavoring.

Ajonjolí:
Semilla de color beige con sabor y olor a nuez que se usa en la elaboración de ciertos guisos, y para espolvorear.

Sesame seeds:
Beige (unhulled) seeds with a nutty flavor and aroma, used in some sauce for meat and poultry, and as a garnish.

Alcaparras:
Capullos encurtidos de un arbusto. Se usan sobretodo con pescado.

Capers:
The pickled flower buds of the caper shrub. Used mainly in fish dishes.

Anís:

Semilla cuyo sabor es dulce y aromático. Se utiliza en dulces, bebidas, pasteles y algunos guisos.

Azafrán:

Estigma de la flor del mismo nombre, utilizado para dar aroma, sabor y un color amarillo fuerte. El verdadero azafrán no se produce en México, y el 'azafrán' doméstico es la estigma del cártamo. A veces se sustituye con una raíz (curcuma) o una semilla.

Cacahuate:

En la cocina mexicana se utiliza sobretodo molido en mole y pipián, y para preparar dulces y galletas.

Canela:

De sabor fuerte y aromático, se usa en forma de raja o molida en platillos tanto salados como dulces. Un ingrediente primordial del café de olla.

Cilantro:

Posiblemente el cilantro fresco es la hierba de olor más apreciada y usada en la cocina mexicana. Es ingrediente o aderezo en un sinnúmero de platillos. Siempre se vende con todo y raíz.

Comino:

Semilla de sabor y olor fuerte que, por lo tanto, se usa en cantidades muy pequeñas en la preparación de caldos y guisos de carne.

Aniseed:

An aromatic seed with a warm, sweet flavor. Used in desserts, drinks, cakes and some savory dishes.

Saffron:

The stigmas of the saffron crocus, which give aroma, taste and a strong yellow color to food. True saffron is not produced in Mexico, and local 'saffron' is the stigma of safflower. Sometimes turmeric or a hard seed are used as substitutes.

Peanut:

In Mexican cooking mainly used ground to a paste in sauces for meat, and in the preparation of cookies and candies.

Cinnamon:

Bark of the cinnamon tree, with a strong, aromatic taste. Used in sticks or ground in both sweet and savory dishes. An essential ingredient of 'café de olla'.

Coriander:

Fresh coriander is perhaps the best loved and most widely used herb in Mexican cooking. It features as an ingredient or garnish in a large number of dishes. Always sold with its roots.

Cumin:

Seed with a strong aroma and flavour. Used sparingly in broths and meat dishes.

Cuitlacoche:

Hongo negro que sale al elote. Muy apreciado en quesadillas o en sopa. También se conoce como huitlacoche.

Cuitlacoche:

Black fungus that grows on ears of corn. Highly esteemed as a filling for quesadillas (turnovers), it can also be made into a delicious soup. Also called huitlacoche.

Charales:

Pescados muy pequeños blancos o semi-transparentes que normalmente se venden secos.

Charales:

Tiny white or semi-transparent fish, usually sold dried.

Chaya:

Hoja que tiene un sabor semejante al de la col. Se come sobretodo en Yucatán, donde se usa desde la época pre-hispánica.

Chaya:

Leaf with a cabbage-like taste. Appreciated mainly in Yucatán, where it has been used since pre-Hispanic times.

Chayote:

Especie de calabaza tropical. En México se encuentran tres tipos; uno de color verde claro y forma de pera, uno más pequeño de color crema, y el chayote con espinas, de color verde obscuro. La semilla que contiene es comestible.

Chayote:

A tropical squash, also known in English as christophene and cho-cho. Three varieties are found in Mexico: pale green and pear-shaped; a smaller, cream-colored one, and the dark green spiny chayote. The seed is edible.

Chía:

Semilla de un especie de salvia.

Chía:

Seed of a variety of sage.

Chicharrón:

Piel de cerdo, la cual se curte con especias, se seca y luego se frie hasta que quede esponjada. Se prepara en salsa de chile y se come también natural en tacos, botanas y como guarnición.

Chicharrón:

Pork skin which is first cured with spices, dried, then fried until puffed and crisp. Used cooked in chili sauce, and dry as a taco filling, snack and garnish.

Chiles:

Planta originaria de México donde existen más de cien variedades. Los chiles utilizados en las recetas del presente libro son:

Chilies:

A plant native to Mexico, where there are more than a hundred varieties. The chilies used in the recipes of this book are.

FRESCOS:

Cuaresmeño. De color verde más bien obscuro y de forma ovalada.

Chilaca. Alargado, delgado, de color verde obscuro.

Habanero. De color verde, amarillo o anaranjado, este chile pequeño, redondeado y muy picante se utiliza sobreotdo en guisos y salsas provenientes de Yucatán y Campeche.

Jalapeño. De color verde obscuro o vivo (rojo cuando maduro), de 5 a 6 cm. de largo y en forma de cono.

Piquín. Dos tipos de chile reciben este nombre. Uno está muy pequeño, redondo, y se prepara en vinagre cuando aún está verde. El otro, también muy pequeño (1cm. o menos de largo) se usa fresco.

Poblano. Grande y de color verde obscuro.

Serrano. De color verde vivo, delgado y de tamaño pequeño (3 a 4 cm.). También se prepara en escabeche.

SECOS:

Ancho. El chile poblano una vez maduro y secado. Arrugado y de color café rojizo obscuro.

Cascabel. Pequeño, redondo (2 a 3cm. de diámetro) y de color café rojizo.

Chipotle. Arrugado y de color café claro, es el chile jalapeño maduro, secado y ahumado. Se usa seco pero se aprecia más en adobo.

FRESH:

Cuaresmeño. A darkish green oval shaped chili.

Chilaca. Long and thin, bright to dark green.

Habanero. This small rounded chili, which may be green, yellow or orange, is extremely hot. Used mainly in dishes and sauces originating from the states of Yucatán and Campeche.

Jalapeño. A conical, mid to dark green chili (red when ripe), 5 to 6cm. long.

Piquín. Twe varieties of chili are called piquín. The tiny round one is pickled while still green. The other, also very small (under 1cm. long), is used fresh.

Poblano. A large, dark green variety.

Serrano. A small (3 to 4cm.), bright green chili. Also used pickled.

DRIED

Ancho. The ripened, dried poblano chili. Wrinkled, and dark red-brown in color.

Cascabel. A small, round (2 to 3cm. across), dark red chili.

Chipotle. Small, wrinkled and light brown, in it the ripened, dried and smoked jalapeño chili. Used dried, but preferred in adobo sauce.

Guajillo. Largo, punteagudo, liso y de color café rojizo.

Morita. Pequeño, en forma de cono, y de color café claro.

Mulato. Muy parecido al chile ancho, pero de color aún más obscuro, casi negro.

Pasilla. El chile chilaca maduro y seco, de color rojo muy obscuro, casi negro.

Piquín. La variedad alargada, una vez maduro y secado, se usa molido.

Chorizo:

Salchicha hecha de carne de puerco picada o molida, sazonada con varias especias, chile y pimentón dulce.

Epazote:

Planta aromática usada como condimento.

Flor de Jamaica:

Las flores secas de una variedad de hibisco. Se usan para preparar agua fresca un poco ácida y muy refrescante.

Guaje:

Vainas largas (10 a 20cm.) y planas que contiene unas semillas redondas parecidas a la lenteja verde y de sabor fuerte a chicharro crudo.

Guajillo. A fairly long, pointed, brownish-red chili with a smooth skin.

Morita. Small, conical and reddish brown.

Mulato. Very similar in shape to the ancho, but darker in color, almost black.

Pasilla. The ripened, dried chilaca chili. Very dark red, almost black.

Piquín. The long variety is allowed to ripen, then dried. Ground, it becomes cayenne pepper.

Chorizo:

Sausage made of chopped or ground pork, seasoned with various spices, chili and paprika.

Epazote:

A strong tasting herb, used sparingly. Sometimes known in English as wormseed or Mexican tea.

Flor de Jamaica:

The dried flowers of a variety of hibiscus, sold as sorrel or roselle and available in Latin American and Caribbean markets. Used to make a rather sour drink that is very refreshing.

Guaje:

These long (15 to 20cm.), flat pods contain seeds resembling large green lentils, with a strong taste of raw peas.

Hierba santa:
La hoja grande en forma de corazón de una especie de pimiento, con fuerte sabor a anís. También se conoce como hoja santa.

Higuera:
Las hojas de la higuera se usan como condimento.

Jumiles:
Insectos grisáceos que se utilizan en ciertas salsas.

Limón:
En todas las recetas se usa el limón agrio común.

Mejorana:
Planta aromática de sabor fuerte a especias. Uno de los componentes del tradicional manojo de hierbas de olor.

Mezquite:
Arbol americano cuya sabia se emplea como ablandador para granos de maíz.

Mixiote:
Piel de las hojas del maguey.

Nopales:
Las paletas de un cactus. De preferencia se usan cuando pequeñas y tiernas, después de limpiarse muy cuidadosamente de sus espinas.

Orégano:
Planta aromática. Normalmente se usa seco, como ingrediente y como condimento.

Hierba santa:
The large heart shaped leaf of a variety of pepper, tasting strongly of aniseed. Also known as hoja santa.

Higuera:
The leaf of the fig tree, used as flavoring.

Jumiles:
Grayish insects used in some sauces.

Lemon:
The small green lemons commonly used in Mexico are know elsewhere as sour limes.

Mejorana:
An aromatic herb with a strong, spicy taste. Included in the traditional bouquet garni.

Mezquite:
An American tree whose sap is used to tenderize corn kernels.

Mixiote:
The outer membrane of agave (maguey) leaves.

Nopal:
Pads of the prickly pear cactus. Use preferably when they are small and tender, after scrupulouosly cleaning off all traces of thorns.

Orégano:
Sometimes known as wild marjoram. The Mexican variety is not the same as Greek or Italian oregano. Used dried as both ingredient and garnish.

Pingüica:
Fruto pequeño de un arbusto; de color café amarillento y de sabor amargo. Se usa seca.

Pepitas:
Semillas de calabaza o de melón, con o sin cáscara. Se muelen para usarse.

Perejil:
Dos tipos de perejil se conocen en México; el común, de hoja lisa, y el perejil chino. Se usa más el perejil liso.

Piloncillo:
Azúcar sin refinar de varios tonos de café. Se vende prensado en forma de cono.

Pinole:
Maíz tostado y molido.

Pulque:
Bebida de bajo contenido alcohólico, producto de la fermentación natural del jugo del maguey. Es de orígen pre-hispánica.

Tamarindo:
Una vaina de árbol que contiene una pulpa ácida de color café.

Tequesquite:
Cal (óxido de calcio) que se usa para cocer los granos de maíz en la preparación de la masa para tortillas (nixtamal).

Tomate verde:
Nativo de México, este fruto parece a un pequeño tomate, pero está cubierto con una hoja.

Pingüica:
A type of bearberry, yellowish brown and rather bitter. Used dried

Pepitas:
Pumpkin or melon seeds, with or without the shell, which are ground for use.

Parsely:
Two types of parsley are found in Mexico: flat-leaved and curly. The former is the one generally used.

Piloncillo:
Unrefined sugar which comes in various shades of brown. Sold pressed into cones.

Pinole:
Ground, roasted corn.

Pulque:
A pre-Hispanic drink, low in alcohol, produced by the natural fermentation of the sap of the maguey cactus.

Tamarind:
The seed pod of a tree, containing a sour, brown pulp.

Tequesquite:
Lime (calcium oxide) used in cooking corn for the preparation of tortilla dough (nixtamal).

Tomatillo:
Indigenous to Mexico, this looks like a very small green tomato but is wrapped in a papery husk. Used both raw and cooked but never skinned.

Tejocote:

Fruta muy apreciada en México parecida a una manzana muy pequeña. Al principio verde y rojo, se va madurando para adquirir un color oro. La pulpa pastosa, que contiene semillas muy duras, sabe un poco a manzana.

Tomillo:

Hierba aromática, componente del tradicional manojo de hierbas de olor.

Vainilla:

Planta nativa de México. Se usa la vaina o el extracto natural.

Xoconostle:

Tuna (fruto del cactus) pequeña, ácida y de color verde y rosa.

TÉCNICAS

Tostar. Asar

En muchas recetas se tiene que tostar o asar ciertos ingredientes, como son chiles, tomates o ajos. Tradicionalmente este proceso se hace en un comal (ver p. 42) de metal o a veces directamente sobre la flama, pero también se puede utilizar una parrilla.

Moler

Tradicionalmente se muelen los ingredientes en un molcajete (ver p. 41), pero hoy en día éste se sustituye normalmente con la licuadora eléctrica.

Tejocote:

A very popular fruit in Mexico resembling a very small apple. At first green and red, it ripens to a rich golden yellow. The floury flesh, containing several hard seeds, tastes a little like apple.

Thyme:

One of the herbs included in the traditional bouquet guarni.

Vanilla:

A plant originating from Mexico. The pod or natural extract should be used.

Xoconostle:

A small, sour, pink and green prickly pear.

TECHNIQUES

Toast, Roast

Many recipes specify that some ingredients must be toasted or roasted (e.g. chilies, tomatoes, garlic). Traditionally this is done on a metal comal (see p. 42) or sometimes directly over a flame, but a broiler can also be used.

Blend

Traditionally, ingredients are ground in a molcajete (see p. 41), but today electric blender is more common.

Menús propios de las fiestas tradicionales

Menus for special occasions

Sugerencias de menús

Como en todo el mundo, en México la combinación de viandas tiene su razón de ser. No es propio mezclar en un menú mariscos y carnes, por ejemplo, o ingerir alimentos tan contrastados que puedan ocasionar malestares estomacales.

La comida cotidiana, especialmente la doméstica, se compone de una sopa aguada, una sopa seca, guisado, ensalada, postre y café. Sin embargo hay platillos tan fuertes y plenamente condimentados que por sí solos bastan, como es el caso del pozole, la birria, el puchero o el clemole, entre otros. Hay platos sumamente condimentados como el caso del mole poblano, y no obstante se complementan con otros: arroz y frijoles.

Se cuida de no abusar del jitomate y cuando el guisado lo lleva, entonces se recurre al arroz blanco. Por cuestiones estéticas o por contener un

Menu suggestions

Like anywhere else in the world, Mexico's combination of dishes has its *raison d'être*. Seafood and meat should not be mixed on the same menu nor should one include highly contrasting ingredients which may cause stomach upsets.

Lunch, especially at home, usually consists of soup, a "dry soup" (rice or pasta), the main course, salad, dessert and coffee. However, certain dishes are so heavy and filling that they are a meal in themselves: *pozole, birria, puchero or clemole*, for example. Some dishes, such as *mole poblano*, are substantial but are nevertheless served with rice or beans.

For example, if the main course already contains tomato, then it is avoided in the rice course. For esthetic reasons or perhaps, even, symbolic ones, color too is important: for instance, in important fiestas,

significado simbólico es común también pensar en el colorido de la comida, y en grandes fiestas vemos puestas en las mesas tres tipos de arroz, verde, blanco y rojo, los colores de la bandera nacional. Los tamales se toman con atoles y sobran los platillos más comunes como son el arroz y los frijoles e incluso las salsas. Los antojitos mexicanos se pueden servir en forma independiente o bien de manera surtida, lo cual se ve con frecuencia en los restaurantes; la finalidad es "probar de todo".

Las aguas frescas, los pulques curados, las ensaladas de fruta o verdura tienen mucho que ver con la temporada del año y lo que ésta produce. En ocasiones no es posible hacer los chiles en nogada porque no es época de granadas.

Hace tiempo, todavía en el siglo pasado, en México se acostumbraba comer cuatro o cinco veces al día: el desayuno entre las 4 y 7 de la mañana consistente en café y pan o un atole y un tamal o bien jugos y frutas; el almuerzo entre las 9 y 11 de la mañana el cual por ser "el que da

meals often include red, green and white rice, representing the colors of the Mexican flag. *Tamales* are served with atole and the most common dishes are rice, beans and the immense variety of chili sauces. Traditional snacks are served separately or, as is often the case in restaurants, as a selection so that you can "try a bit of everything".

Water flavored with fresh fruit, flavored *pulques* and fruit or vegetable salads depend to a large extent on the season: the famous chilies in walnut sauce are not always available because the dish requires pomegranates, which have a very short season.

Even up till the last century, it was custom in Mexico to have four or five meals a day: breakfast, between 4am and 7am, consisted of coffee and bread, *atole* and *tamales*, or fruit or juice; brunch, between 9am and 11 am, was quite a heavy meal, as it was to provide the days' calories, and consisted of eggs cooked in a variety of ways, beans, tortillas or specialties such as *chilaquiles, enchiladas, sopes* or *garnachas*, cured or dried meat or

las energías para el día" podía contener huevos cocinados de diferentes maneras, frijoles, tortillas o antojitos como chilaquiles, enchiladas, sopes o garnachas, o bien cecina, carnes secas o cualquier guisado ligero; la comida entre dos y tres de la tarde siendo ésta la más fuerte, incluye, como se dijo anteriormente, sopas aguada y seca, guisado, ensalada, postre y café; la merienda entre seis y siete de la tarde, casi siempre como motivo de reunión social y familiar, se acostumbra servir chocolate, café o té acompañados de panecillos o golosinas; y por último la cena que puede ser fuerte o ligera según se apetezca y que por lo regular consiste en tamales, antojitos, caldos o bien los guisados del día recalentados.

En la actualidad sólo se come tres veces al día, siguiendo los menús tradicionales del desayuno o almuerzo, comida y cena.

A través de las fiestas tradicionales podemos encontrar los menús típicos que corresponden a cada época del año:

any other light dish. Lunch, served between 2pm and 3pm, was the main meal and included soup, a "dry soup", main course, salad, dessert and coffee; tea, between 6 and 7 in the evening, was usually a family or social gathering where chocolate, tea or coffee was served with buns and candies; and finally, dinner or supper, which could be either a heavy or light meal as desired, usually consisted of *tamales*, appetizers, soup or the day's main course reheated. Today, however, it is customary to eat three meals a day: breakfast, lunch and supper.

Each of the various traditional fiestas throughout the year has its own special menu:

On January 6, Epihany or the Day of the Three Kings, the special meal is "tea", at which coffee, *atole* or chocolate is served with traditional Three Kings' Bread which contains little porcelain or plastic dolls representing the Infant Jesus. The person or persons or persons who get one of the dolls in their piece of bread have to organize a party for February 2,

El seis de enero, día de los Reyes Magos se lleva a cabo una merienda en la que se sirve café, atole o chocolate con la tradicional rosca de reyes en cuyo interior se encuentran unos muñequitos de porcelana o imitación y que representa al niño Dios. Aquel o aquellos a quienes les tocan los muñequitos obtienen el compromiso de hacer una fiesta el 2 de febrero, día de la Candelaria en que se levanta del nacimiento al niño Dios; en esta ocasión se lleva a cabo una tamalada.

El tres de mayo, día de la Santa Cruz se festeja al albañil, y es costumbre que en todas las construcciones los dueños de las mismas y los arquitectos ofrezcan una comida a los albañiles: barbacoa, la cual se acompaña con arroz, frijoles, tortillas para taquear, el consomé propio de la barbacoa y salsas borracha y verde, sin faltar las cervezas y el pulque.

En Semana Santa, como la mayoría del pueblo mexicano es eminentemente católico, se practica la vigilia, casi nadie como carne y se consume pescado y mariscos al por mayor. En estas fechas las viandas de tipo pre-

Candlemass, when the Infant Christ is removed from the Nativity. The menu on this occasion is *tamales*.

May 3, the Day of the Holy Cross, is also Bricklayers' Day and it is customary for construction site owners and architects to give their bricklayers a celebration lunch consisting of *barbacoa* with rice, beans and tortillas for making tacos, the *barbacoa* broth, green and "drunken" chili sauce, all washed down with the inevitable beer and *pulque*.

As most Mexicans are Catholic, they abstain from eating meat during Easter or Holy Week, and fish and shellfish are consumed in large quantities. The traditional dishes eaten throughout Easter include *romeritos* with shrimp fritters, *tamales* stuffed with *charales* or *nopales*, potato cakes, chilies and *chilacayotes* stuffed with cheese, and bean rolls with tuna fish, sardines or cheese, to name but a few.

September 15, the anniversary of the Mexican Independence, is the most important national holiday. The people as a whole celebrate it with special lunches and dinners, where the

hispánico son: romeritos con tortas de camarón; tamales de charales o de nopal, tortas de papa, chiles poblanos y chilacayotes rellenos de queso, rollo de frijoles con atún, sardinas o queso, entre otros platillos.

El 15 de septiembre es la fiesta patria más importante como aniversario de la Independencia de México. El pueblo entero lo festeja con comidas y especialmente cenas en las que se sirven moles diversos combinados con arroz tricolor, aguas frescas de jamaica (roja) horchata (blanca) y limón (verde) y frijoles; sopas de chile o rajas con crema y carnes asadas; pozoles ricamente aderezados y birrias, como platos únicos; antojitos de toda especie y golosinas. A la ciudad de México llegan comerciantes de todas partes y en las calles montan sus puestos de comida ofreciendo gran variedad de platillos típicos. Prácticamente la ciudad huele a fritangas. Lo mismo pasa el 20 de noviembre cuando se conmemora la Revolución Mexicana.

El 1 y 2 de noviembre se celebra una fiesta de carácter mágico-religiosa, "días de los muertos" en los que

menu usually consists of various types of *mole* served with red, green and white rice, roselle flower (red), *horchata* (white) and lemon (green) water, chili soup or chilies in cream and broiled meat. Other traditional dishes on this occasion are richly garnished *pozole*, *birria* and appetizers of all kinds and candies. Food sellers come to Mexico City from all over the place and set up their stalls in the streets with a vast variety of typical dishes. The smell of frying pervades the city. The celebration on November 20, the anniversary of the Revolution, is very similar.

November 1 and 2 are considered as a somewhat magical-cum-religious festival and are known as the Days of the Dead. The souls of our ancestors are supposed to return to earth on these days to visit their families and beloved. Altars are made in each house in their honor and are decorated with candles, yellow flowers known as *cenpoalxuchitl* and purple flowers called "tigers' claws". The offerings placed on the altars consist mainly of food: the special All Souls bread,

se supone que las almas de nuestros antepasados vuelven a la tierra para reunirse con sus seres queridos y familiares. En cada casa se levanta un altar en su honor en el que, hermosamente decorado con velas, flores amarillas de cenpoalxuchitl y las púrpuras llamadas "garra de tigre", se hace la ofrenda de alimentos: panes de muerto, moles, aguas frescas, pulque y aguardiente, tamales y atoles, café, cigarros y sobre todo chilacayotes y calabazas en dulce de piloncillo. Desde luego hay variaciones, pues todos se esmeran en ofrendar el mejor y más caro platillo de su región.

A partir del 16 de diciembre antecediendo a la navidad, se llevan a cabo día con día las famosas Posadas en las que se hace un simulacro de la peregrinación de la Virgen María y San José en busca de un sitio para dar a luz al niño Dios. Lo más peculiar de estas fechas son los buñuelos y sus atoles correspondientes. Según la tradición es de buena suerte romper un plato por cada buñuelo que se coma, así que los alfareros producen gran cantidad de platos de arcilla no

mole, fruit drinks, *pulque* and cane spirit, *tamales* and *atole*, coffee, cigarettes, and *chilacayote* and pumpkin in syrup. Variety is vast because everyone wants to have the best and most expensive offering in his area.

From December 16 up till Christmas Eve, celebrations called *posadas* are held every night, reenacting the journey of Mary and Joseph to Bethlehem and their search for an inn (*posada*) where Mary could give brith to the Infant Jesus. Crisp *buñuelo*s and *atoles* are served at the *posadas*. According to tradition, a plate should be broken for every *buñuelo* eaten, in order to bring good luck. Consequently potters make vast quantities of unfired clay dishes and the streets, particularly in Oaxaca where the tradition is very popular, are soon filled with broken pottery.

Christmas is a time for eating anything and everything, especially appetizers and main dishes such as *birria* and *pozole*. On Christmas Eve the menu usually consists of roast suckling pig, roast turkey, *romeritos*, codfish and beet salad with peanuts. *Piñatas*

cocida, y las calles, sobre todo en Oaxaca de donde es la tradición, se llenan de tepalcates.

En estas fiestas navideñas se consume también de todo, especialmente antojitos y platillos fuertes como la birria y el pozole. El 24 de diciembre se sirve lechón, pavo al horno, romeritos, bacalao y ensalada de betabel con cacahuates. Se rompen piñatas (ollas de barro decoradas con papel y llenas de frutas y colaciones) y eso hace que todo mundo ande comiendo cacahuates, limas, naranjas, cañas, tejocotes, guayabas, que son frutas de temporada y con las cuales se hace el ponche, bebida a la que se le agregan pasas y aguardiente.

— large, round clay pots decorated with paper and filled — are broken and everyone rushes to eat the contents: peanuts, sweet limes, oranges, sugarcane, azaroles, guavas and other seasonal fruit also used to make hot Christmas punch that also includes raisins and cane spirit.

Cómo sustituir algunos ingredientes mexicanos en Estados Unidos y Europa

How to substitute some Mexican ingredients in the United States and Europe

Dos de los elementos básicos de la cocina mexicana son la masa de maíz y los chiles. Un engaño sería decir que éstos pueden ser suplidos por otros ingredientes que darían la misma consistencia y sabor; sin embargo se pueden lograr semejanzas que permitan elaborar algunos platillos.

Por ejemplo, la masa de maíz se utiliza para hacer tamales, bebidas y especialmente tortillas; éstas últimas son indispensables no sólo como complemento de toda la comida mexicana sino como parte básica para hacer tacos. Resulta posible hacerlo con tortillas de harina de arroz o trigo, especialmente si es integral. De hecho, en el norte de México se utilizan más que las de maíz. La misma función pueden tener las crepas francesas, suaves, fáciles de enrollar y utilizables en la torta azteca. En todo caso, siguiendo la recetas a continuación de

Two of the basic elements in Mexican cooking are tortilla dough and chilies. It would be wrong to claim that these could be replaced by other ingredients giving the same flavor and consistency. However, it is possible to substitute certain alternatives in some dishes.

For example, tortilla dough is used in making *tamales* and various drinks as well as tortillas themselves. Tortillas are a must in Mexican cooking generally and, in particular, in making tacos. They can be made from rice or wheat flour too, especially if it is wholemeal. In fact, in the north of the country, such tortillas are more usual than the corn tortillas. They can also be replaced by French crêpes, provided they are soft and easy enough to roll up, in the Aztec pie recipe. In any case, when following recipes for making flour tortillas or crêpes,

61

tortillas de harina y crepas, se debe procurar hacerlas muy delgadas para que, al requerir tostadas, éstas sean fácil de endurecerse o tostarse sobre una sartén o comal.

Los chiles, y especialmente por la gran variedad existente en México, son el mayor problema. Incluso si usted va a guisar una vianda que está recetada con chile pasilla y por carecer de él utiliza otras especies, el resultado será que tendrá otro guisado y no el que deseaba hacer. El chile no se caracteriza sólo por ser picante, porque de serlo así se podrían utilizar condimentos fuertes como la mostaza, especias o nabos. Lo que hace peculiar a cada chile es *su sabor*.

Una dificultad mayor es que es muy común el mezclar varios chiles para conseguir un especial sabor y consistencia. En estas recetas, si no se tienen los condimentos necesarios, el resultado en el guiso no será del todo satisfactorio. Y desde luego hay guisos que no requieren de chile y otros que en última instancia pueden prescindir de él.

Es posible que los buenos amantes de la cocina puedan encontrar condimentos iguales o semejantes. No creo que sólo en México se dé el chile aunque posiblemente las especies sean diferentes en otros lugares. De ser así, manos a la obra, a experimentar. Es maravilloso seguir las tradiciones, pero también lo es descubrir variantes.

Lo cierto es que la cocina mexicana se ha internacionalizado y que muchos productos se exportan y distribuyen en otros países. En el mundo se elaboran 500 productos derivados de

make sure they are as thin as possible so that if you need to toast them, they will crisp quickly in a frying pan or on a griddle.

Chilies are a big problem, especially because of the enormous variety available in Mexico. If you are going to make a dish which requires pasilla chili and you use another variety instead, the result will be different. Chilies are not merely hot; if they were, other condiments such as mustard, spices or turnip could be used. Each chili has its own individual *flavor* too.

Another major difficulty is that a mixture of chilies is often used to get just the right taste and consistency. of the right ingredients, the dish will just not turn out right.

Some dishes do not require chili and others, as a last resort, can be made without it.

Great lovers of cooking will possibly be able to find similar or equivalent ingrediènts. I am sure that Mexico is not the only country where chilies are grown, although perhaps the varieties produced elsewhere are different. If so, don't be afraid to experiment. It's good to preserve tradition but it's also fun to come up with variations.

What is true is that Mexican cooking has become international, and many products are exported and sold in other countries. More than 500 products derived from corn are sold throughout the world, so it is certainly not impossible to obtain them elsewhere.

In the States not only the border towns are full of stores specializing

maíz, lo que nos hace pensar que no es imposible conseguirlo.

En Estados Unidos, no sólo la frontera está llena de tiendas que venden productos alimenticios mexicanos, sino que encontramos sitios en muchas ciudades importantes como son Nueva York y Los Ángeles, por mencionar algunas. Las tiendas de productos mexicanos, abundan; es cuestión de localizarlas, hacer buen contacto, volverse cliente.

Entre los alimentos naturales y en conserva que se exportan he encontrado una excitante lista:

Tortillas de harina.
Tortillas de maíz.
Maíz (semilla entera).
Maíz (quebrado).
Maíz.
Harina de maíz.
Maíz precocido para pozole.
Pozole.
Elotes.
Mole poblano.
Adobo rojo.
Adobo verde de pepita.
Tamales.
Atoles.
Pulques curados.
Frijoles puercos.
Frijoles refritos.
Salsa mexicana.
Salsa verde.
Salsa de chile de árbol.
Chiles chipotles adobados.
Chiles serranos y jalapeños en vinagre.
Pancita.
Achiote.
Epazote seco.
Y gran variedad de chiles secos.

in Mexican foods, but also much larger cities such as New York and Los Angeles, to mention just two. There are plenty of Mexican foodstores — it is just a question of finding them, making contact and becoming a customer.

Among the fresh and canned products I have found exported are:

Flour tortillas
Corn tortillas
Corn (whole kernels)
Corn (cracked kernels)
Corn
Cornmeal
Pre-cooked corn for *pozole*
Pozole
Sweetcorn
Mole poblano
red *adobo*
green pumkin seed *adobo*
tamales
atoles
flavored *pulques*
beans with pork
refried beans
Mexican sauce
green chili sauce
chile de arbol sauce
chiles chipotles adobados
pickled *serrano* and *jalapeño* chilies
pancita (tripe)
achiote
dried *epazote*
and a whole range of dried chilies.

COMO SUSTITUIR ALGUNOS INGREDIENTES MEXICANOS

Si usted, siendo mexicano se encuentra fuera de México, puede dejar de sufrir por la nostalgia de nuestra comida; y si usted es extranjero adicto a nuestras costumbres, puede cocinar comida mexicana. Todo es cuestión de encontrar las tiendas en las que se distribuyen los productos de importación.

If you are Mexican outside Mexico, it's time to stop yearning for home cooking; and if you are a foreigner addicted to our food, then you too can make Mexican specialties. It's just a question of finding the stores that sell these imported products.

Equivalencia entre libras y kilogramos

1 onza	28.35 gramos
2 onzas	56.70 gramos
3 onzas	85.50 gramos
4 onzas	113.40 gramos
5 onzas	141.75 gramos
6 onzas	170.10 gramos
7 onzas	198.45 gramos
8 onzas (½ libra)	226.80 gramos
10 onzas	283.50 gramos
16 onzas (1 libra)	453.60 gramos

Pounds-kilograms conversion table

1 ounce	28.35 grams
2 ounces	56.70 grams
3 ounces	85.50 grams
4 ounces	113.40 grams
5 ounces	141.75 grams
6 ounces	170.10 grams
7 ounces	198.45 grams
8 ounces (½ pound)	226.80 grams
10 ounces	283.50 grams
16 ounces (1 pound)	453.60 grams

Nixtamal, masa y tortillas

Nixtamal, dough and tortillas

Como preparar la masa de maíz

El maíz listo para molerse y convertirse en masa se llama *nixtamal*, el cual se prepara de la siguiente manera. A un kilogramo de maíz agregue 50 gramos de cal y póngalo a hervir en cuatro litros de agua. Esto debe hacerse a fuego vivo y conforme se consume el agua hay que removerlo para que cueza parejo. Si el agua se consume demasiado, se le agrega más pero que esté hirviendo, nunca agua fría porque se endurece y se retarda más su cocimiento. La seña de que está en su punto es tomando un grano y frotándolo, si se desprende la cáscara es que está listo. Entonces se saca del fuego y se deja enfríar. Luego se frotan los granos para descascararlos y se van echando a otro recipiente para que no se confundan. Se muele en el metate o en molino. La molienda debe impedir que se hagan grumos y para ello se va usando poquita agua.

How to make tortilla dough

Corn prepared for grinding and being made into dough is called *nixtamal* and is made in the following way. Add 2oz. unslaked lime to 2lb. corn kernels and boil in 4 quarts water over a high heat. As the water is absorbed, stir to ensure that the corn cooks through completely. If all the water is used up, add more boiling water (do not add cold water or the corn will take more time to cook). To test whether done, squeeze a corn kernel between your fingers; if done, the outer skin should peel off. Remove from heat and leave to cool. Rub the kernels together to remove skin and place in a separate container. Grind in a *metate* or mill. To avoid lumps forming during grinding, add a little water. (Cornmeal for making tortillas is obtainable as *masa harina*).

Como hacer tortillas de maíz

Para las tortilllas es necesario contar con un comal de barro o de lámina, o en su defecto con una sartén.

Si la masa ha estado en reposo durante algún tiempo es necesario amasarla de nuevo para quitarle la resequedad y darle una condición homogénea. Luego se forman pequeñas bolas que quepan en la palma de la mano. Se van tomando las bolas una por una y se "tortean", o sea que se van golpeándo pasándolas de una mano a otra para adelgazar su volumen conservando la forma redonda. Deben quedar como discos. Si se rompen se pueden remendar con los dedos mojados uniendo los bordes de los boquetes.

Se cuecen sobre el comal, y cuando están cocidas de lado que se encuentra en contacto con el comal, se voltean. La mejor seña de que están en su punto es cuando se inflan, aunque esto no sucede en todas las ocasiones. Entonces, para cerciorarse bas-

How to make corn tortillas

To make tortillas you need a clay or metal griddle or, failing that, a frying pan.

If the dough has been resting for some time, you will have to knead it again to make it smooth and pliable. Form small balls of dough that fit into the palm of your hand pat each one between your palms, moving it from one to the other until it forms a very thin pancake. If the dough tears, patch the break and stick it down with moistened fingers.

Cook on the griddle turning once. When ready, the tortillas should puff up, although this is not always so. To check if done, lift gently; if the tortilla sticks to the griddle, it is not completely cooked. To keep warm, wrap in a napkin and place in a *chiquihuite, jícara* or other container.

As the tortillas tend to sweat, after a few minutes unwrap the napkin and separate them to avoid sticking, then wrap up again.

ta con tratar de levantarlas; si aún siguen pegadas es que no están cocidas. Conforme quedan listas, de una en una, se envuelven en una servilleta y ésta a su vez se guarda en en chiquihuite, jícara o en su defecto una fuente para que conserven su calor.

Como sudan, es frecuente que se peguen y por eso, pasado unos minutos de haberlas guardado se abre la servilleta y se despegan una a una para volverlas a guardar.

Si las tortillas hechas no se consumieron durante el día, se deben guardar en una servilleta, envolverlas en una bolsa de plástico y meterlas al refrigerador. De esta manera al día siguiente se pueden recalentar.

Las tortillas nunca se desperdician. Pueden extenderse al sol para que endurezcan de inmediato y guardarlas en una bolsa de papel. Posteriormente se pueden usar para hacer migas, chilaquiles, tostadas u otros platillos.

Las tortillas varían en su tamaño y entre más chiquitas y delgaditas son, más gustan y cuando se utilizan para

If freshly-made tortillas are not eaten the same day, wrap them in a napkin, then a plastic bag and place in the refrigerator. In this way they can be successfully reheated.

Tortillas need never go to waste. If you wish, place them in the sun immediately to dry and put in a paper bag. They can then be used later for making tortilla crumbs, *chilaquiles*, *tostadas* or other dishes.

Tortillas vary considerably in size but are generally preferred small and very thin for making tacos.

In Oaxaca, tortillas are much bigger — as much as 6, 12 or 15 inches in diameter — and are, incredibly, made by hand in the same way. Tortillas can be soft or crisp; the dough used is the same but the method of cooking is different. To make crisp tortillas, instead of a griddle deep a bottomless pot with sloping sides is used to receive the heat directly. The tortillas are slapped on the outside of the pot and turned once.

hacer taquitos tienen una presencia encantadora.

En Oaxaca las tortillas son muy grandes, de 15, 30 y 40 centímetros de diámetro, y aunque parezca increíble se tortean a mano. Las hay suaves y tostadas. El procedimiento es muy distinto: la masa es la misma pero no se usa comal sino una olla sin fondo que recibe el calor del fuego. En el exterior de la olla, aprovechando sus curvaturas, se pegan las tortillas, primero por un lado y luego por el otro.

Tortillas de harina

Ingredientes

½ kilo de harina
6 cucharaditas de manteca vegetal o cerdo
1 cucharadita de sal

Manera de hacerse

La harina se pasa por un cernidor para quitarle todos los grumos y quede en polvo muy fino. Se extiende un poco sobre la mesa, se le espolvorea la sal y se le distribuyen las cucharadas de manteca. Se amasa todo lo necesario para que los ingredientes se mezclen homogeneamente, rociándola con agua tibia o un poco caliente, nunca con agua fría. Se divide en bolas más o menos del tamaño de un huevo y se dejan reposar sobre una superficie previamente harinada para que no se peguen. Después de 20 minutos, de una en una, se ponen las bolas sobre la mesa, también harinada

Wheat flour tortillas

Ingredients

1 lb. flour
6 teaspoons vegetable shortening or lard
1 teaspoon salt

Method

Sift the flour to remove any lumps and sprinkle, together with the salt, over a work-top or table. Dot teaspoons of shortening evenly over the flour and knead all the ingredients together to a smooth dough, adding a little warm or hot (*not* cold) water if necessary. Divide the dough into egg-sized balls and leave to stand on a floured board for 20 minutes. Roll out each ball on a floured board with a wooden rolling-pin until very thin. Cook on a griddle or frying-pan for at least 2 minutes each side. Freshly made flour tortillas are best for tacos as they are at their softest. If kept

y se extienden con un rodillo de madera cuidando de que queden en forma de disco muy delgado. Se van poniendo sobre la parrilla, sartén o comal, de uno y otro lado por lapso de dos minutos o más. Recién hechas son ideales para hacer tacos, dada su suavidad y flexibilidad. Si se han guardado de un día para otro, se deben recalentar para tal fin, aunque ya son menos flexibles.

overnight, they should be reheated but will not be as soft as when fresh.

Otra clase de tortillas de harina (tipo crepa)

Ingredientes

150 gramos de harina
 70 gramos de mantequilla
  1 huevo
 ¼ de litro de leche

Manera de hacerse

Se cierne la harina en un recipiente, se le agrega la sal espolvoreada, la mitad de la mantequilla fundida, el huevo entero y la sal. Se bate homogeneamente evitando grumos. Si está demasiado seca se le agrega leche o un poco de agua tibia. Debe quedar como el batido que se hace para los hot cakes. Se pone una sartén sobre el fuego, se engrasa de vez en vez con la mantequilla restante y se vacía un poco de pasta procurando se extienda cubriendo el fondo del sartén. No eche demasiada pasta, sino la necesaria para que las tortillas sean delgadas. Se voltean por el otro lado, y conforme salgan se envuelven en una servilleta,

Flour tortilla variation (Crêpe type)

Ingredients

5 oz. flour
3 oz. butter
1 egg
1 cup milk

Method

Sift the flour into a mixing bowl and add the salt, half of the butter, melted, and the egg. Beat until smooth adding milk or warm water if the batter seems very thick. It should be about the same consistency as pancake batter. Put a frying pan on the heat and grease with some of the remaining butter. Pour in enough batter to cover the base of the frying pan, but not too much or the tortillas will be too thick. Grease the pan as required. When the tortillas are cooked on one side, turn and cook on the other. To keep warm, wrap in a napkin then put in a plastic bag or a covered dish.

bolsa de plástico o dentro de una fuente tapada.

Esta clase de tortillas similares a las crepas pueden hacerse mezclando harina con un poco de germen de trigo cernido.

These crêpe-like tortillas can be varied by adding a little sifted wheat-germ to the flour.

2

Recados

Prepared seasonings

Al hablar de recados o recaudos nos referimos a un conjunto de especias y diversos condimentos que se usan para el guiso de determinadas viandas. En México es común que en los mercados los vendan ya preparados y en sus mezclas exactas, pero si en casa se tienen suficientes condimentos basta con hacer las mezclas uno mismo utilizando las cantidades al gusto personal.

Puchero:

Pimienta, clavo, ajo, canela, comino, orégano, azafrán.

Mechado:

Pimienta, clavo, canela, ajos asados, cebollas asadas, pimienta de Tabasco.

Adobado:

Pimienta, clavo, canela, ajo, achiote, orégano, comino.

Chilaquil:

Pimienta, clavo, achiote, ajo, orégano, pimienta de Tabasco y seis chi-

These prepared seasonings include a whole range of spices and condiments used in the preparation of certain dishes. In Mexico, most markets sell these seasonings already made up in the right proportions.

However, if you have all the necessary ingredients in your own house, you can make them up yourself using your own proportions according to taste.

Puchero:

Pepper, cloves, garlic, cinnamon, cumin, oregano, saffron.

Mechado:

Pepper, cloves, cinnamon, toasted garlic, broiled onions, Melegueta pepper.

Adobado:

Pepper, cloves, cinnamon, garlic, *achiote*, oregano, cumin.

Chilaquil:

Pepper, cloves, *achiote*, garlic, oregano, Melegueta pepper, six dried

les secos (pasilla, guajillo, chipotle o mulato).

Bistec:
Pimienta negra o blanca y ajo.

Tamales:
Pimienta, clavo, achiote, pimienta de Tabasco, seis chiles secos (de la especie que se desee), orégano y ajo.

Escabeche:
Pimienta, clavo, orégano, ajo, comino.

Salpimentado:
Pimientas gordas y negras, clavo, canela, orégano, ajo asado, cebollas asadas.

Especia:
Pimienta, canela, clavo, ajo, orégano, azafrán.

Alcaparrado:
Pimienta, clavo, ajo, canela, azafrán, ron o aguardiente.

chilies (pasilla, guajillo, chipotle or mulato).

Steak:
Black or white pepper and garlic.

Tamales:
Pepper, cloves, achiote, Melegueta pepper, six dried chilies (as desired), oregano and garlic.

Escabeche:
Pepper, cloves, oregano, garlic, cumin.

Salpimentado:
Allspice, black pepper, cloves, cinnamon, oregano, toasted garlic, broiled onions.

Spice:
Pepper, cinnamon, cloves, garlic, oregano, saffron.

Alcaparrado:
Pepper, cloves, garlic, cinnamon, saffron, Bacardi rum or brandy.

Yerbas finas:

Laurel, tomillo, mejorana, yerbabuena, perejil, albahaca.

Adobo rojo:

Chiles pasilla y guajillo, harina, aceite de olivo, ajonjolí, pimienta, clavo, comino, laurel y orégano.

Adobo verde:

Pepita de calabaza, aceite de olivo, pimienta negra, comino, tomillo, mejorana.

Mole poblano:

Cacahuate, ajonjolí, pepitas de calabaza, semillas de chiles, almendra, clavo, pimienta, chocolate y vinagre.

Concentrado:

Una hoja de aguacate, una de cebolla y semillas de cilantro.

(Nota: las yerbas secas, por su deshidratación concentran su aroma y sabor, por lo que no se deben emplear en las mismas cantidades que cuando se encuentran frescas).

Fine herbs:

Bayleaves, thyme, marjoram, mint, parsley, basil.

Red adobo:

Pasilla and guajillo chiles, flour, olive oil, sesame seeds, pepper, cloves, cumin, bayleaf, oregano.

Green adobo:

Pumpkin seeds, olive oil, black pepper, cumin, thyme, marjoram.

Mole poblano:

Peanuts, sesame seeds, pumpkin seeds, chilie seeds, almonds, cloves, pepper, chocolate and vinegar.

Concentrado:

One avocado leaf, one onion leaf, coriander seeds.

(Note: dried herbs are more concentrated in flavor and aroma and so should be used in smaller quantities than when fresh).

Salsas y picantes

En México existe una gran variedad de salsas, tantas como diferentes chiles hay, y sobre todo por la combinación de éstos con otros condimentos. En una mesa mexicana, la salsa es indispensable.

Salsa mexicana

Ingredientes

3 jitomates grandes
5 chiles serranos
1 cebolla
1 rama de cilantro
3 cucharadas de aceite de olivo
  sal y pimienta

Manera de hacerse

Los chiles se torean, o sea se frotan y se asan. Se pica el jitomate crudo, la cebolla, el cilantro y los chiles; todo esto se mezcla y se le agrega el aceite, la sal y la pimienta.

Chili sauces and chilies

Mexico has as many varieties of chili sauce as it has chilies, particulary as different chilies are frequently combined with other condiments.

Chili sauce is a must on any Mexican table.

Mexican sauce

Ingredients

3 large tomatoes
5 serrano (green) chilies
1 onion
1 sprig fresh coriander
3 tablespoons olive oil
  salt and pepper

Method

Rub the chilies between hands then toast. Chop the raw tomatoes, onion, coriander and chilies.

Mix together with the oil, salt and pepper.

Salsa de jitomate

Ingredientes

2 jitomates grandes
1 cucharada de cebolla picada
2 chiles verdes serranos
1 manojo de cilantro

Manera de hacerse

Los chiles y los jitomates se asan y se pelan. Se muelen en el molcajete junto con la cebolla y el ajo, agregándoles un poquito de agua. Encima se les esparce el cilantro finamente picado.

Salsa de tomate

Ingredientes

20 tomates verdes
5 chiles verdes serranos
2 dientes de ajo
1 cebolla chica
1 manojo de cilantro

Manera de hacerse

En un poco de agua se ponen a cocer los chiles y los tomates, cuidando de que no hiervan demasiado. Se pelan y se muelen con la cebolla, ajo y sal. Encima se esparce el cilantro finamente picado.

Salsa de la güera

Ingredientes

6 chilacas
2 dientes de ajo
1 cucharada de cebolla picada
1 cucharadita de orégano

Tomato sauce

Ingredients

2 large tomatoes
1 tablespoon diced onion
2 serrano chilies
1 bunch coriander

Method

Roast and peel the tomatoes. Blend in a *molcajete* together with the onion and garlic, adding a little water. Sprinkle over the finely chopped coriander.

Tomatillo sauce

Ingredients

20 tomatillos
5 green serrano chilies
2 cloves garlic
1 small onion
1 bunch coriander

Method

Soften the chilies and tomatillos in a little water but do not overcook. Peel and blend with the onion, garlic and salt. Sprinkle with the finely chopped coriander.

La güera sauce

Ingredients

6 chilaca chilies
2 cloves garlic
1 tablespoon chopped onion
1 teaspoon oregano

Manera de hacerse

Se asan las chilacas y se muelen con el ajo, la cebolla y un poquito de agua. Se sazonan con sal y se les esparce el orégano.

Salsa mocha

Ingredientes

15 tomates
¼ de cebolla
2 dientes de ajo
3 chiles chipotles

Manera de hacerse

De preferencia se debe usar chiles chipotles en conserva, pero si son secos se deben poner a hervir durante media hora.
Los tomates se cuecen en agua cuidando de que no hiervan demasiado. Se muelen junto con los ajos, la cebolla y el chile.

Salsa pek

Ingredientes

3 chiles habaneros

Method

Toast the chilacas and grind with the garlic, onion and a little water. Season with salt and sprinkle with the oregano.

Mocha sauce

Ingredients

15 tomatillos
¼ onion
2 cloves garlic
3 chipotle chiles

Method

Used canned chipotle chilies preferably; alternatively, boil dried chilies for half an hour before using. Cook the tomatillos in water, making sure they do not overcook. Blend with the garlic, onion and chili.

Pek sauce

Ingredients

3 habanero chilies

100 gramos de pepita de calabaza
2 dientes de ajo
¼ de cebolla

4 oz. pumpkin seeds
2 cloves garlic
¼ onion

Manera de hacerse

Las pepitas, una vez que se les quita la cáscara, se tuestan ligeramente. Los chiles se asan, y todo junto se muele en mortero o licuadora con un poco de agua y sal al gusto. Se fríe y se deja hervir durante 10 minutos.

Method

Remove the hulls from the seeds and toast lightly. Toast the chilies and grind all ingredients in a mortar or blender with a little water and salt to taste. Cook for 10 minutes in a little oil.

Salsa chilorito de árbol

Ingredientes

1 taza de chiles de árbol
3 jitomates
2 dientes de ajo
½ cebolla

Chilorito de árbol sauce

Ingredients

1 cup árbol chiles
3 tomatoes
2 cloves garlic
½ onion

Manera de hacerse

Se fríen los chiles, se asan los jitomates y ambos se muelen con los dientes de ajo y la cebolla. Sal al gusto.

Method

Fry the chilies, roast the tomatoes and blend together with the garlic and onion. Add salt to taste.

Salsa chimalistac

Ingredientes

10 chiles anchos
¼ de cebolla
1 diente de ajo
100 gramos de piloncillo
1 cucharadita de sal

Chimalistac sauce

Ingredients

10 ancho chilies
¼ onion
1 clove garlic
4 oz. raw sugar
1 teaspoon salt

Manera de hacerse

Los chiles anchos se ponen a hervir y se muelen con los demás ingredientes. Hay que moler bien y varias veces para lograr un sabor homogéneo.

Method

Boil the ancho chilies and blend with the rest of the ingredients. Blend several times to ensure a smooth flavor.

Salsa de chile guajillo

Ingredientes

200 gramos de chile guajillo
2 jitomates
1 cucharada de vinagre
2 pizcas de tomillo
2 dientes de ajo
1 cebolla

Manera de hacerse

Se pone a hervir el chile guajillo, se desvena y se deja remojando en el agua donde hirvió con la cucharada de vinagre y el tomillo. Se asan los jitomates y los dientes de ajo y se muelen con el chile. La cebolla se pica finamente y se revuelve en la salsa.

Salsa de chile pasilla

Ingredientes

8 chiles pasillas
½ cebolla
2 dientes de ajo
½ taza de leche
1 cucharadita de maizena
2 jitomates

Manera de hacerse

Los chiles se desvenan y se remojan en agua hirviendo durante 15 minutos. Los jitomates se asan. Todo se muele junto y se fríe con muy poco aceite.

Salsa tepozteca

Ingredientes

10 chiles verdes serranos
½ cebolla

Guajillo chili sauce

Ingredients

7 oz. guajillo chili
2 tomatoes
1 tablespoon vinegar
2 pinches thyme
2 cloves garlic
1 onion

Method

Boil the guajillo chilies, remove the veins and leave to soak in the same water with the vinegar and thyme. Roast the tomatoes and the garlic and blend together with the chili. Chop the onion finely and mix into the sauce.

Pasilla chili sauce

Ingredients

8 pasilla chilies
½ onion
2 cloves garlic
½ cup milk
1 teaspoon cornstarch
2 tomatoes

Method

Remove the veins from the chilies and soak in boiling water for 15 minutes. Roast the tomatoes and blend all the ingredients. Fry in a very small amount of oil.

Tepozteco sauce

Ingredients

10 green serrano chilies
½ onion

1 hoja de árbol de aguacate
10 tomates verdes

Manera de hacerse

Los chiles y los tomates se asan y se muelen con la cebolla y la hoja de aguacate. Sal al gusto.

Salsa de guaje

Ingredientes

10 chiles verdes serranos
1 manojo de guajes
¼ de cebolla

Manera de hacerse

Se asan los chiles. En el molcajete se muelen bien la cebolla con un poco de agua y sal y luego se mediomacha-can los chiles y los guajes.

Salsa de jumiles

Ingredientes

1 puño de jumiles vivos, los que quepan en la mano
15 tomates verdes
2 dientes de ajo
2 hojas de epazote
¼ de cebolla

Manera de hacerse

Todo se muele junto en el molcajete. Para esta salsa los tomates se muelen verdes.

Salsa borracha

Ingredientes

200 gramos de chile pasilla

1 avocado leaf
10 green tomatillos

Method

Roast the chilies and the tomatillos and blend together with the onion and avocado leaf. Add salt to taste.

Guaje sauce

Ingredients

10 serrano chilies
1 bunch guajes
¼ onion

Method

Roast the chilies. Blend the onion in a molcajete together with a little salt and water then add the chilies and guajes and mash roughly.

Jumiles sauce

Ingredients

1 generous handful live jumiles
15 green tomatillos
2 cloves garlic
2 epazote leaves
¼ onion

Method

Grind all ingredients together in a molcajete. Uncooked tomatillos are used for this sauce.

Drunken sauce

Ingredients

7 oz. pasilla chilies

2 cebollas
2 dientes de ajo
6 chiles verdes en vinagre
½ litro de pulque
100 gramos de queso añejo

Manera de hacerse

Los chiles se tuestan, se desvenan, se remojan durante media hora y se muelen con el ajo. Se les agrega el aceite y el pulque el necesario para que quede espesa; se sazona con sal. Para servirse se le agregan los chiles en vinagre, la cebolla finamente picada y el queso rallado.

(Nota: Esta salsa no sirve después de pasadas algunas horas porque fermenta con rapidez).

Guacamole mixteco

Ingredientes

3 aguacates grandes
2 jitomates
1 cebolla
4 chiles verdes serranos
3 ramas de cilantro

2 onions
2 cloves garlic
6 pickled green chilies
1 pint pulque
4 oz. crumbly white cheese

Method

Roast the chilies and remove the veins; soak for half an hour and grind with the garlic. Add enough oil and pulque to make a thick sauce and season with salt. To serve, add the pickled chilies, the finely chopped onion and the grated or crumbled cheese.

(Note: this sauce should be served immediately as it soon starts to ferment).

Mixtec guacamole

Ingredients

3 large avocados
2 tomatoes
1 onion
4 serrano chilies
3 sprigs coriander

Manera de hacerse

Los aguacates se deshuesan, se saca la pulpa y se deshace con una espátula de madera. El jitomate se asa y se muele en el molcajete junto con los chiles, la cebolla y los ajos. Se sazona con el aceite, sal y pimienta y se le esparce el cilantro finamente picado. Se vacía en una fuente y se le dejan los huesos para evitar que se ponga negro.

Guacamole verde

Ingredientes

3 aguacates grandes
8 tomates verdes
2 dientes de ajo
6 chiles verdes serranos
3 ramas de cilantro
1 cebolla mediana
  sal al gusto

Manera de hacerse

Los aguacates se deshuesan y su pulpa se deshace con una espátula de madera. En el molcajete se muelen los tomates verdes crudos, los dientes de ajo y las ramas de cilantro y sal. Los chiles serranos y la cebolla se pican finamente. Todo se revuelve muy bien.

Picantes a la mesa

Chiles verdes serranos

Estos se pueden poner al natural, o bien asados después de torearlos, partirlos y sazonarlos con limón y sal. Los chiles serranos en vinagre son muy comunes en toda la república. (Ver chiles en vinagre).

Method

Remove the stones from the avocados, spoon the flesh out into a bowl and mash with a wooden spatula. Roast the tomatoes and blend in a molcajete with the chilies, onion and garlic. Season with the oil, salt and pepper and sprinkle with the finely chopped coriander. Mix all ingredients together and place the stones in the guacamole to stop it discoloring.

Green guacamole

Ingredients

3 large avocados
8 green tomatillos
2 cloves garlic
6 serrano chilies
3 sprigs coriander
1 medium onion
  salt to taste

Method

Remove the stone from the avocados and mash the flesh with a wooden spatula. Grind the raw tomatillos in a molcajete with the garlic, coriander and salt. Chop the serrano chilies and the onion finely and mix all the ingredients together.

Serving chilies

Serrano chilies

These can be served plain or should be rubbed between the hands, toasted, then chopped and seasoned with salt and lemon juice. Pickled serrano chilies are very common all over Mexico (see Pickled chilies).

Chiles jalapeños

Igual que los serranos. (Ver chiles jalapeños rellenos).

Chiles manzanos

Se asan, se pican y se combinan con cebolla finamente picada, jugo de limón y sal.

Chiles habaneros

Se asan, se pican y se combinan con cebolla finamente picada, jugo de naranja agria y sal.

Chile cascabel

Se pueden hacer salsas semejantes a las del chile pasilla y guajillo, pero lo más común es que el chile cascabel se use en los caldos dejándolo hervir en ellos. Tiene la particularidad de que, siendo un chile bola, al hervir su interior se llena de caldillo sin enchilar el caldo. Quien quiere picante lo revienta en su propio plato consiguiendo un picosísimo zumo natural.

Venas de chile

Los chiles secos por lo regular se desvenan y se les quitan las semillas, las cuales se acostumbra guardarlas ya para usarlas como condimento o simplemente servirlas al centro de la mesa en un platito para aquellos que gusten del picante. Pueden ser venas y semillas de un solo chile o bien de varias especies.

Chile ancho

Se asa, se pone a sudar, se le quita la piel, se lava y desvena. Cortado

Jalapeño chilies

As for serrano chilies (see also Stuffed jalapeño chilies).

Manzano chilies

Roast, chop and mix with finely diced onion, lemon juice and salt.

Habanero chilies

Roast, chop and mix with finely diced onion, bitter orange juice and salt.

Cascabel chilies

These can be made into sauces in the same way as pasilla or guajillo chilies, but they are more commonly used as an ingredient in broths. As the chili is round, it fills up with liquid but does not make the broth itself hot. For a more spicy version, simply break open the chili into your bowl and let the liquid run out.

Chili veins

The veins and seeds are usually removed from dried chilies and kept as seasoning or served in a small dish in the center of the table for those who like their food really hot. The veins and seeds can be from one or a variety of chilies.

Ancho chilies

Roast, place in a plastic bag to sweat then peel off the skin. Wash

en rajitas muy finas se sazona con sal, pimienta y un poco de vinagre.

Picardía

Con este nombre se le conoce a la jícama picada en cuadritos y reposada en mucho jugo de limón y chile verde serrano picado en grandes cantidades. La jícama se separa y sólo se rocía con el mismo caldillo enchilado.

Chile piquín

Cuando aún está verde se prepara en vinagre (ver chiles en vinagre). Por ser muy pequeños se les conoce como municiones. Cuando madura tomando tonos rojos se deja secar y se muele. El polvo es muy usado para comer frutas y verduras.

Chiles en vinagre

Ingredientes

1 kilogramo de chiles serranos o jalapeños
2 litros de vinagre
1 litro de aceite
2 kilogramos de zanahoria
1 kilogramo de cebolla
4 cabezas de ajo
la cuarta parte de una coliflor
1 cucharada de pimientas
3 clavos
8 hojas de laurel
3 ramas de tomillo
2 ramas de mejorana

Preparación de los ingredientes

Las cabezas de ajo se cortan en cuatro;

and remove veins and seeds. Cut into very fine strips and season with salt, pepper and a little vinegar.

Picardía

This is the name given to diced jícama steeped in plenty of lemon juice with chopped serrano chilies. To serve, remove the jícama and pour over it the strained liquid.

Chili piquín

When still green, these chilies are pickled (see Pickled chilies). As they resemble small balls, they are often called "*municiones*" (buckshot). The red, ripe chilies are usually dried and ground (cayenne pepper) and used to season fruit and vegetables.

Pickled chilies

Ingredients

2 lb. serrano or jalapeño chilies
1 quart vinegar
1 pint oil
4 lb. carrots
2 lb. onions
4 heads garlic
¼ cauliflower
1 tablespoon peppercorns
3 cloves
8 bayleaves
3 sprigs thyme
2 sprigs marjoram

Preparing the ingredients

Cut the heads of garlic into four and

las cebollas en ocho gajos; la coliflor se desflora en ramilletes pequeños y las zanahorias se cortan en rodajas. Los chiles se parten en cruz sólo por la punta.

Manera de hacerse

En el aceite se ponen a freír diez dientes de ajo y cuando están dorados se sacan. Se echan las zanahorias, coliflor, cebolla, chiles y ajos; se agrega el vinagre y las especias y yerbas de olor; se le agrega una taza de agua, se tapa y se deja hervir hasta que todo esté suave. Se envasa y está listo después de reposar un día.

the onion into eight segments; separate the cauliflower into flowerets. Slice the carrot into rounds. Make a crosswise slit at the end of each chili.

Method

Fry ten cloves of garlic in the oil until golden. Remove from the pan then fry the carrots, cauliflower, onion, chilies and garlic. Add the vinegar, spices and herbs and one cup water. Cover and boil until the vegetables are soft. Bottle and leave to stand for at least one day before using.

4

Aguas frescas, pulques y bebidas fuertes

Fruit drinks, pulque and alcoholic beverages

Se acostumbra en México colocar las jarras de aguas en una batea con hielos, adornada con hojas de plátano u otras especies y flores. De esta manera el agua se enfría, y sólo cuando es muy dulce se le agregan hielos.

It is customary in Mexico to serve great jars of flavored water set in a shallow bowl of ice cubes and decorated with banana or other leaves and flowers. The drink cools down gradually and ices is only added to the actual drink if it is very sweet.

Aguas frescas

De tamarindo

Ingredientes

2 litros de agua
½ kilogramo de tamarindo
1 taza de azúcar

Manera de hacerse

Los tamarindos se pelan y se ponen a remojar durante dos horas; con una cuchara se les desprende la pulpa y se tira la vaina que envuelve a los huesos; se pasa por un colador y se endulza.

Flavored waters

Tamarind

Ingredients

2 quarts water
1 lb. tamarinds
1 cup sugar

Method

Peel the tamarinds and soak for two hours. Scrape out the flesh with a spoon and discard the pod containing the stones. Strain and sweeten.

De pitahayas

Ingredientes

2 litros de agua
½ kilo de pitahayas (se pueden mezclar rojas y naranjas)
1 taza de azúcar

Manera de hacerse

Las pitahayas se pelan, se muelen, cuelan y se vierten en el agua. Se endulza.
Si la pitahaya es de la de cáscara fucsia y pulpa gris, no debe mezclarse con pitahayas rojas o naranjas, ya que el sabor de esta especie es sumamente delicado, poco dulce y sumamente refrescante.

De tunas

Ingredientes

2 litros de agua
20 tunas
6 ramas de perejil
1 limón
1 taza de azúcar

Manera de hacerse

El perejil se muele con media taza de agua, se cuela. Las tunas se pelan, se deshacen con un tenedor y se cuelan. El agua se endulza, se le echan las tunas, el jugo de perejil y el jugo del limón.

Lágrimas de la Virgen

(Agua fresca que se pone en los altares y se sirve en las reuniones del Viernes de Dolores)

Pitahaya

Ingredients

2 quarts water
1 lb. pitahayas (red and orange fruit may be mixed)
1 cup sugar

Method

Peel, blend and strain the pitahayas and add to the water. If the pitahaya has a fuchsia —colored skin and gray flesh it shauld not be mixed with red or orange fruit, as this variety is very delicate in flavor, not too sweet and very refreshing.

Prickly pears

Ingredients

2 quarts water
20 prickly pears
6 sprigs parsley
1 lemon
1 cup sugar

Method

Blend the parsley with half cup water and strain. Peel the prickly pears, mash the flesh with a fork and strain. Dissolve the sugar in the water and add the prickly pear pulp, parsley water and lemon juice.

Virgin's tears

(This drink is placed on altars and served in gatherings on the religious holiday of Viernes de Dolores).

Ingredientes

2 litros de agua
4 betabeles
1 taza de azúcar

Manera de hacerse

El agua se endulza y se le agrega el jugo de los betabeles crudos pasados por un estractor. En caso de carecer de este aparato también se puede hacer cociendo los betabeles, moliéndolos y colándolos. Es mucho más nutritiva y de mejor sabor haciéndolo con el betabel crudo.

Chía

Ingredientes

2 litros de agua
6 limones
1 taza de chía
1 taza de azúcar

Manera de hacerse

El agua se endulza y se le agrega el jugo de los limones y la chía previamente remojada hasta que adquiere viscocidad y se esponja.

Ingredients

2 quarts water
4 beets
1 cup sugar

Method

Dissolve the sugar in the water, extract the juice from the uncooked beet with an extractor and add to the water. If you do not have a juice extractor, cook the beets, blend and strain. The drink is far more nutritional and tasty, however, if the beets are used raw.

Chía

Ingredients

2 quarts water
6 lemons
1 cup chía
1 cup sugar

Method

Dissolve the sugar in the water and add the juice of the lemons. Soak the chía until the seeds swell and add to the lemon water.

Agua de la Candelaria

(Se toma el 2 de febrero, cuando se festeja la Candelaria)

Ingredientes

2½	de agua
1	taza de azúcar
1	jícama mediana
2	betabeles
2	lechugas
50	gramos de pasitas
½	taza de pingüicas
200	gramos de ciruelas pasas
50	gramos de almendras
50	gramos de cacahuates
100	gramos de piñones
5	naranjas

Manera de hacerse

El agua se endulza y se le agregan los piñones, cacahuates y almendras molidos, los betabeles cocidos y partidos en cuadritos, e igualmente partidas las naranjas peladas y la jícama; la lechuga se corta en tiritas finas y por último se le agregan las pasas y las pingüicas.

Tascalate

Ingredientes

3	litros de agua
½	taza de chocolate en polvo o molido si es de tableta
½	taza de pinole
1	taza de azúcar

Manera de hacerse

Todo se revuelve en el agua y se bate con molinillo.

Candlemass drink

(Drunk on February 2, Candlemass)

Ingredients

5	pints water
1	cup sugar
1	medium jícama
2	beets
2	lettuce
2	oz. de raisins
½	cup pingüicas
7	oz. prunes
2	oz. almonds
2	oz. peanuts
4	oz. pine nuts
5	oranges

Method

Dissolve the sugar in the water and add the ground pine nuts, peanuts and almonds, the cooked, diced beets and the peeled and diced oranges and jícama. Cut the lettuce into thin strips and finally add the raisins, prunes and pingüicas.

Tascalate

Ingredients

3	quarts water
½	cup chocolate powder or ground chocolate
½	cup pinole
1	cup sugar

Method

Mix all the ingredients into the water and whisk with molinillo.

Tepache

Ingredientes

1 piña grande y bien madura
400 gramos de cebada
1½ de piloncillo
2 rajas de canela
8 clavos de especia
3 litros de agua

Manera de hacerse

La piña se lava muy bien, se corta en pedazos con todo y cáscara, se machaca y se pone dentro de una olla o vitrolero con el agua, la canela y los clavos. Se deja reposar dos días. La cebada se pone a hervir junto con el piloncillo en un litro de agua hasta que los granos revienten. Se agrega a la piña y se deja tapado junto al calor de la estufa (durante dos días) para que fermente. Se cuela, se pone en otro recipiente limpio y se le agrega hielo picado.

Horchata de arroz

Ingredientes

2 litros de agua
1 taza de arroz
⅛ cucharadita de canela en polvo
½ limón
1 taza de azúcar

Manera de hacerse

El arroz se lava en un colador bajo el chorro de agua y se deja remojando en un plato con agua durante tres horas. Se escurre y se pone a hervir en dos litros de agua. Cuando ya está cocido se deja enfriar, se pasa

Tepache

Ingredients

1 large, very ripe pineapple
14 oz. barley
¾ lb. raw sugar
2 sticks cinnamon
8 cloves
3 quarts water

Method

Wash the pineapple carefully and cut into pieces, unpeeled. Mash and place in a large clay pot or preserving jar. Add the water, cinnamon and cloves. Leave to stand for two days. Boil the barley with the sugar in one quart water until the grains burst open. Add to the pineapple, cover the jar and put next to a warm stove for another two days to ferment. Strain into a clean container and serve with crushed ice.

Rice drink

Ingredients

2 quarts water
1 cup rice
⅛ teaspoon powdered cinnamon
½ lemon
1 cup sugar

Method

Wash the rice under running water in a strainer and leave to soak for three hours in a bowl of water. Drain and boil in two quarts water. When the rice is cooked, leave to cool and force through a sieve, mashing the grains

por un colador machacándolo en él con una cuchara y usando la misma agua en que se coció. Se le agrega el azúcar, unas gotas de limón y la canela.

with a spoon. Add the sugar, a few drops lemon juice and the cinnamon.

Horchata de pepita de melón

Ingredientes

2 litros de agua
150 gramos de pepita de melón (de prefencia seca)
100 gramos de almendras
1 limón

Manera de hacerse

El agua se endulza. Las almendras se ponen a remojar en agua caliente y se pelan y se muelen junto con las pepitas de melón; se echan al agua y se agrega la cáscara de limón raspada. Se deja reposar durante cuatro horas y se cuela cambiando el agua de recipiente. El colador debe ser de trama muy fina.

Melon seed drink

Ingredients

2 quarts water
5 oz. melon seeds (preferably dry)
4 oz. almonds
1 lemon

Method

Dissolve the sugar in the water. Soak the almonds in hot water, peel and grind together with the melon seeds. Mix with the water and grated lemon rind. Leave to stand for four hours then strain through a very fine sieve.

Jamaica

Ingredientes

2 litros y medio de agua
2 tazas de flor de jamaica
1 taza de azúcar

Manera de hacerse

En medio litro de agua se pone a hervir la jamaica durante 15 minutos; el agua se endulza y se le agrega el jugo de jamaica.

Pulques curados

De melón

Ingredientes

2 litros de pulque puro
1 melón
300 gramos de azúcar
2 clavos
2 pimientas negras
1 raja de canela

Manera de hacerse

El melón se muele con todo y sus semillas, los clavos y las pimientas; se mezcla en un litro de pulque y se cuela en una manta de cielo húmeda. Se le agrega el pulque restante, se endulza y se deja reposar durante dos horas.

De pitahaya

Ingredientes

2 litros de pulque puro
6 pitahayas rojas o anaranjadas
1 clavo

Roselle drink

Ingredients

5 pints water
2 cups roselle flowers
1 cup sugar

Method

Boil the roselle flowers for 15 minutes in one pint water then add the sugar and remaining water.

Flavored pulques

Melon

Ingredients

2 quarts good pulque
1 melon
10 oz. sugar
2 cloves
2 black peppercorns
1 stick cinnamon

Method

Blend the melon, flesh and seeds, with the cloves and peppercorns; mix with one quart pulque and strain through damp cheesecloth. Add the remaining pulque, sweeten and leave to stand for two hours.

Pitahaya

Ingredients

2 quarts good pulque
6 red or orange pitahayas
1 clove

1 pimienta negra
1 raja de canela
300 gramos de azúcar

Manera de hacerse

Se muelen las especias y las pitahayas peladas. se mezclan con un litro de pulque, se cuelan por una manta de cielo húmeda, se les agrega el otro litro de pulque y se endulza. Se deja reposar una hora.
(Nota: como lo indican las recetas anteriores, el pulque curado se puede hacer de cuantas frutas hay: mango, tuna, guayaba, piña, tejocote, ciruelas, zapotes, etc. Lo mismo con algunas legumbres como apio y aguacate.)

De almendras

Ingredientes

2 litros de pulque puro
300 gramos de almendras
6 naranjas

Manera de hacerse

Se muelen las almendras con el jugo de naranja, se mezcla con un litro de

1 black pepper corn
1 stick cinnamon
10 oz. sugar

Method

Grind the spices and blend with the peeled pitahayas. Mix with one quart pulque, strain through damp cheesecloth and add the remaining pulque. Sweeten and leave to stand for an hour. (Note: pulque may be flavored using the above method with fruit of any kind: mango, prickly pear, pineapple, tejocote, plums, sapodilla, etc. It can also be flavored with vegetables such as avocado or celery.)

Almond

Ingredients

2 quarts good pulque
10 oz. almonds
6 oranges

Method

Grind the almonds with the orange juice. Mix into one quart pulque. Strain

94

pulque; se cuela en una manta de cielo húmeda, se endulza y se deja reposar tres horas.

(Nota: como lo indica la receta anterior, en lugar de almendras se puede hacer de cacahuate, piñones, avellanas, dátiles.)

Los pulques curados de avena o cebada llevan de ingredientes: media taza de avena o cebada, 4 yemas de huevo, 4 pimientas negras, 2 rajas de canela, 2 litros de pulque puro y 300 gramos de azúcar. Los cereales se dejan reposar en el pulque, se les agregan las especias molidas; se cuelan en manta de cielo húmeda y se les agregan las yemas de huevo batidas con el azúcar. Se deja reposar durante 1 hora.

Bebidas fuertes

Toronmendra
(bebida de la costa)

Ingredientes
15 toronjas
¼ de aguardiente
250 gramos de almendras
½ taza de jarabe para endulzar o miel

Preparación de los ingredientes y manera de hacerse

Las almendras se machacan y vierten en el alcohol el cual, bien tapado, debe almendrarse durante 10 días mínimo. Las toronjas se exprimen cuidando de que no caigan semillas al jugo. Se le agrega el aguardiente colado en

through damp cheesecloth, add the remaining pulque, sweeten and leave to stand for three hours.

(Note: as in the previous recipe, almonds may be replaced by peanuts, pine nuts, hazelnuts or dates.)

Flavor pulque with oatmeal or barley as follows: half cup of either cereal, 4 egg yolks, 4 cloves, 4 black peppercorns, 2 sticks cinnamon, 2 quarts good pulque and 10 oz. sugar. Soak the cereal in the pulque and add the ground spices. Strain through damp cheesecloth and add the egg yolks beaten with the sugar. Leave to stand for one hour.

Alcoholic beverages

Toronmendra
(from the coast)

Ingredients
15 grapefruit
¼ quart sugarcane spirit
9 oz. almonds
½ cup corn syrup or honey

Preparing the ingredients and method

Crush the almonds and leave to soak in the alcohol, covered, for at least ten days. Squeeze the juice out of the grapefruit making sure it contains no pips. Strain the spirit through a fine sieve, add the fruit juice and

un cedazo fino y se endulza. Se le agregan dos tazas de hielo picado.

sweeten. Add two cups crushed ice.

Colonche

(bebida de Aguascalientes)

Ingredientes

10 kilogramos de tunas
¼ de aguardiente de caña o ron
1 raja de canela
1 hoja de higuera
2 cucharadas de canela en polvo
½ pastilla de jabón neutro
1 olla nueva

Preparación de los ingredientes

Ocho días antes, la olla debe curarse. El exterior y especialmente la base, se unta con jabón y se expone al fuego durante cinco minutos. Se lava, se deja secar y se repite la operación. En los siete días subsecuentes se le echa alcohol procurando que se impregnen bien las paredes, se escurre y se pone a secar al sol. Esto debe hacerse cada mañana.

Manera de hacerse

Una vez curada la olla se echan en ella las tunas peladas y se ponen a hervir, se retiran del fuego y cuando se enfrían de nuevo se ponen al fuego. Tres veces se repite esta operación. Se dejan reposar toda la noche. Al día siguiente se cuelan con un lienzo. Por cada diez tazas de jugo de tuna se agrega ½ taza de aguardiente, la hoja de higuera y la raja de canela. Se lava la olla, se deja secar, se baña con alcohol, se deja

Colonche

(from Aguascalientes)

Ingredients

20 lb. prickly pears
¼ quart sugarcane spirit or rum
1 stick cinnamon
1 fig leaf
2 tablespoons powdered cinnamon
½ tablet neutral soap
1 new earthenware pot

Preparing the ingredients

A week beforehand, season the pot by smearing the outside and especially the bottom with soap and holding it over a direct heat for five minutes. Wash the pot, allow to dry and repeat the operation. Every morning of the following week, pour alcohol around the pot, making sure the sides are well impregnated, and leave to dry in the sun.

Method

Put the peeled prickly pears in the prepared pot and bring to the boil. Remove from heat, leave to cool and then bring to the boil again. Repeat this operation three times. Leave to stand overnight and the following day, strain through a linen cloth. For every ten cups of juice add ½ cup cane spirit and then the fig leaf and cinnamon stick. Wash the pot, leave to dry then pour the prickly pear juice back in. Cover, seal and leave to ferment.

secar y en ella se pone el jugo de tuna ya preparado. Se tapa muy bien, y en cuanto fermente está listo.

Menjengue

(bebida de Querétaro)

Ingredientes

10	litros de agua
3	litros de pulque puro
1½	kilogramo de piloncillo
½	kilogramo de maíz prieto
20	hojas de maíz secas
1	kilogramo de azúcar
2	piñas maduras
10	plátanos
	canela en polvo

Manera de hacerse

Se quiebra el maíz. El piloncillo se deshace en el agua y se le agrega el maíz quebrado, el pulque, las hojas cortadas en tiritas, se tapa y se deja junto al calor de la estufa durante tres días. Se cuela, se endulza y se le echan la piña picada y los plátanos rebanados en rodajas. Se tapa y se deja reposar durante 24 horas. Al servirse se le pone canela en polvo.

Menjengue

(from Querétaro)

Ingredients

10	quarts water
3	quarts good pulque
3	lb. raw sugar
1	lb. prieto corn
20	dry corn husks
2	lb. sugar
2	ripe pineapples
10	bananas
	powdered cinnamon

Method

Crush roughly the corn kernels. Dissolve the sugar in the water and add the corn, pulque, the husks cut into strips, and cover. Put next to a warm stove for three days. Strain, sweeten and add the chopped pineapple and sliced bananas. Cover and leave to stand for 24 hours. Add the powdered cinnamon just before serving.

Ponche navideño

Ingredientes

12 litros de agua
300 gramos de tejocotes
250 gramos de ciruelas pasas
150 gramos de nuez
4 cañas
6 naranjas
10 guayabas
3 rajas de canela
1 kilogramo de azúcar
1 litro de aguardiente

Manera de hacerse

Las cañas se cortan en rajas. La fruta se lava muy bien, se parten las guayabas y junto con los tejocotes, la caña, las ciruelas pasas y la canela se ponen a hervir. Ya que están bien cocidas se les agrega el azúcar. Se retira del fuego y se le agrega el aguardiente.

Esta bebida se toma bien caliente.

Christmas punch

Ingredients

12 quarts water
10 oz. tejocotes
9 oz. prunes
5 oz. pecans
4 pieces sugarcane
6 oranges
10 guavas
3 sticks cinnamon
2 lb. sugar
1 quart sugarcane spirit

Method

Cut the sugar cane into strips, wash the fruit thoroughly and cut the guavas into pieces. Boil in the water with the sugar cane, tejocotes, prunes and cinnamon. When cooked, add the sugar. Remove from heat and add the brandy.

Antojitos mexicanos

appetizers and snacks

Quesadillas

Para hacer las quesadillas se necesita medio kilogramo de masa para tortillas, o más, según la cantidad que se quieran hacer. La masa se amasa muy bien y se envuelve en un trapo húmedo. Se toma una porción del tamaño de un huevo, se tortea dejándola un poco más gruesa que las tortillas, se rellena de queso, cuitlacoche, flor de calabaza, sesos o del guisado que se quiera; se dobla y se ponen en un comal; se voltea de un lado y otro para que se cuezan. Se van colocando dentro de un canasto bien envueltas para que no pierdan calor. Y ya que están todas cocidas, se van friendo. Se sirven con salsa al gusto (ver recetas).

De queso

Se usa queso de hebra, el cual es de Oaxaca y tiene la facultad de deshacerse rápidamente. Se le pone una hoja de epazote.

Quesadillas

To make quesadillas you need one pound of tortilla dough or more, depending on how many you want to make. Knead the dough well and wrap in a damp cloth. Take egg-sized portions of the dough and flatten it between the palms of your hand until it is slightly thicker than a tortilla. Place a portion of cheese, cuitlacoche, squash flowers, brains or any other filling on one side of the quesadilla, fold and seal. Cook on a griddle turning once to cook through. Wrap well in a napkin and place in a basket to keep warm. When all the quesadillas are cooked, fry on both sides and serve with chile sauce as desired (see recipes).

Cheese quesadillas

Use a stringy cheese such as Oaxaca or mozarella, or any other that melts quickly, and place an epazote leaf in each quesadilla before folding and sealing.

De cuitlacoche

El cuitlacoche se lava muy bien y se fríe con cebolla picada, ajo picado y una rama de epazote.

De sesos

Para media cabeza de sesos de res, se pica una cebolla finamente, 3 chiles verdes serranos y tres hojas de epazote y sal al gusto. Los sesos se pican y se fríe todo junto en mantequilla. A la masa se suele agregarle dos tuétanos calientes, media cucharadita de levadura y dos huevos.

De flor de calabaza

Un manojo de flor de calabaza se fríe junto con una cebolla picada, dos hojas de epazote, se tapa y se deja cocer en su propio jugo.

De hongos

Para dos tazas de hongos se pican 6 dientes de ajo, media cebolla y tres hojas de epazote. Todo se fríe y se deja cocer hasta que el jugo de los hongos se consume.

Cuitlacoche quesadillas

Wash the cuitlacoche thoroughly and fry with chopped onion, garlic and a sprig of epazote.

Brain quesadillas

For half a set of beef brains, finely chop one onion, three serrano chilies and three epazote leaves and add salt to taste. Chop the brains and fry all the ingredients in butter. Add the hot marrow of two bones, half teaspoon baking powder and two eggs to the tortilla dough.

Squash flower

Fry one bunch squash flowers with a chopped onion and two epazote leaves. Cover and leave to cook in their own juice.

Mushrooms

Chop six cloves garlic, half an onion and three epazote leaves and fry with two cups mushrooms until all the liquid is absorbed.

Las quesadillas se pueden rellenar también de picadillo, tinga, mole. Cuando no se tiene masa en casa, se pueden utilizar tortillas, aunque el sabor no es el mismo.

Quesadillas can also be filled with picadillo, tinga or mole (see recipes). If you have no tortilla dough available, simply use tortillas, although the flavor will not be exactly the same.

Sopes

para ocho personas

Ingredientes

½ kilogramo de masa para tortillas
2 tazas de frijoles refritos
2 chorizos o dos tazas de hongos guisados o 5 docenas de ostiones
2 tazas de salsa
1 taza de queso rallado
1 lechuga tierna picada
1 cebolla picada
manteca

Manera de hacerse

Se toma una bola de masa del tamaño de un huevo, se tortea dejándola gorda y se pone al fuego sobre un comal; cuando ya se puede levantar sin que la masa se pegue, se voltea del otro lado, para que se cueza bien. Se pellizca alrededor como formando un

Sopes

for eight people

Ingredients

1 lb. tortilla dough
2 cups refried beans
2 chorizos *or* 2 cups cooked mushrooms *or* 5 dozen oysters
2 cups chili sauce
1 cup grated cheese
1 lettuce, shredded
1 chopped onion
lard

Method

Take an egg-sized portion of the dough and flatten between the palms of your hands to a fairly thick disk. Cook on a griddle, turning once. Pinch up the sides to form a rim to stop the liquids running off. Wrap in a napkin to keep warm.

101

plato con borde para impedir que se escurran los líquidos que se le agregarán. Se guardan envueltos en una servilleta para que no pierdan su calor.

Se preparan los ingredientes: salsa verde o roja (ver receta), frijoles refritos (ver receta), cebolla picada finamente, lechuga picada finamente, chorizo frito y queso rallado.

Los sopes se fríen en manteca caliente, se les unta frijoles refritos, se les pone un poco de chorizo, salsa, queso rallado y lechuga.

En lugar de chorizo se les puede poner hongos (ver receta) o incluso ostiones los cuales con el calor del comal adquieren un sabor a ahumados. Los sopes de ostiones son típicos de San Blas, Nayarit.

Prepare the ingredients as follows: green or red chili sauce (see recipes), refried beans (see recipe), finely chop the onions and shred the lettuce, fry the chorizo and grate the cheese.

Fry the sopes in hot lard and spread some beans on each one. Then add a little chorizo, sauce, grated cheese and lettuce. As as alternative, use mushrooms (see recipe) instead of chorizo, or even oysters, which acquire a slightly smoked flavor with the heat of the griddle. Oyster sopes originate from the resort of San Blas on the Nayarit coast.

Coyoles

para ocho personas
(cocina del Valle de México)

Ingredientes

½ kilogramo de masa de maíz azul
3 tazas de frijoles de la olla sin caldo (ver receta)
3 tazas de requesón
1 taza de manteca o tres tuétanos calientes
10 chiles verdes
1 manojo de epazote

Manera de hacerse

En caso de usar tuétanos en lugar de manteca, se hierven y se utilizan estando bien calientes.

Coyoles

for eight people
(from the Valley of Mexico)

Ingredients

1 lb. tortilla dough made from blue corn
3 cups boiled beans without liquid (see recipe)
3 cup curds or cottage cheese
1 cup lard or the hot marrow of three bones
10 green chilies
1 bunch epazote

Method

If using marrow instead of lard, bring to the boil first and use hot. Mix the tortilla dough with the lard or marrow

Se mezcla la masa con la manteca o los tuétanos y se deja reposar. El chile verde se muele varias veces con muy poca agua hasta que quede hecho un puré. Se mezcla con la masa. Los frijoles se muelen. Se agarra una bola de masa del tamaño de un huevo y se tortea en forma elíptica. Al centro se le ponen frijoles, requesón y una rama de epazote. Se cierran y tortean de nuevo. Se cuecen en comal volteándolos de un lado y otro.

and leave to stand. Blend the green chile several times with a little water until a smooth purée is formed. Add to the dough. Blend the beans. Take an egg-sized ball of the dough and pat out into an oval shape. Place a portion of beans, cottage cheese or curds and a sprig of epazote down the center, fold over, and pat between hands again. Cook on a griddle, turning once.

Chalupas poblanas

para ocho personas

Ingredientes

½ kilogramo de masa para hacer tortillas
250 gramos de lomo de puerco
3 tuétanos
3 tazas de salsa verde (ver receta)
4 cebollas
150 gramos de manteca

Manera de hacerse

Los tuétanos se hierven junto con la carne de puerco, un pedazo de cebolla y sal.

Chalupas poblanas

for eight people

Ingredients

1 lb. tortilla dough
8 oz. pork loin
    marrow from 3 bones
3 cups green chile sauce (see recipe)
4 onions
5 oz. lard

Method

Boil the marrow bones with the pork, one piece of onion and salt. Mix the hot marrow with the tortilla dough

Los tuétanos bien calientes se mezclan con la masa.

Se hacen tortillas muy chicas, de dos a tres centímetros de diámetro y muy delgadas. Sobre el comal de barro se pone otro un poco hondo de lámina. Ahí se ponen las tortillas, se les echa manteca requemada, salsa verde, el lomo desmenuzado, la cebolla finamente picada. Encima se rocían de un poco de manteca requemada.

and make into very small, thin tortillas meausuring about an inch indiameter. Place a metal griddle on top of the clay griddle and place the tortillas on it. Brush with the hot lard on each place a portion of green chili sauce, shredded pork and the finely chopped onion. Sprinkle with a little hot lard.

Chilaquiles rojos

para seis personas

Ingredientes

20 tortillas
200 gramos de manteca
6 chiles anchos
1 jitomate
2 dientes de ajo
4 chiles de árbol

Manera de hacerse

Las tortillas sobrantes en las comidas, no se tiran sino que se cortan en tiritas o triángulos y se dejan endurecer. Estas se fríen en manteca, se dejan escurir. Se prepara una salsa dorando los chiles, remojándolos y moliéndolos con el tomate asado y pelado, los dientes de ajo y un pedazo de cebolla. Se calienta una cucharada de manteca, se fríe la salsa, se agregan los chilaquiles y una taza de agua, y cuando resecan está listo para servirse con rodajas de cebolla encima, queso desmoronado, pechuga deshebrada y crema.

Red chilaquiles

for six people

Ingredients

20 tortillas
7 oz. lard
6 ancho chilies
1 tomato
2 cloves garlic
4 arbol chilies

Method

Do not throw away left-over tortillas but cut into strips or triangles and leave to harden. Fry in lard and drain. To make the sauce, roast the chilies, soak and blend with the toasted, peeled tomato, the cloves of garlic and a slice of onion. Heat one tablespoon lard and fry the sauce in it. Add the fried tortilla pieces and one cup water. When all the liquid is absorbed, remove from the heat and serve garnished with rings of onion, crumbled cheese, shredded, cooked chicken breast and cream.

Chilaquiles verdes

La misma receta anterior pero cambiando los chiles anchos y de árbol por serranos y el jitomate por 30 tomates verdes (ver receta salsa verde).

Enchiladas de mole

para ocho personas

Ingredientes

36 tortillas recién hechas
1 litro de mole poblano (ver receta)
3 pechugas de pollo
2 tazas de queso fresco demoronado
2 cebollas chicas
2 tazas de crema
1 diente de ajo

Manera de hacerse

Las pechugas se ponen a cocer con un pedazo de cebolla, un ajo y sal. El mole poblano se recalienta y en él se revuelcan las tortillas, se rellenan de pechuga desmenuzada y se doblan. En cada plato se colocan de tres a cuatro enchiladas, se les vierte un poco de mole encima, rodajas de cebolla, queso desmoronado y dos cucharadas de crema.

Enchiladas rojas

La misma receta anterior sólo que sustituyendo el mole por salsa roja (ver receta).

Green chilaquiles

As for the above recipe, but instead of ancho and arbol chilies use serrano chiles, and 30 green tomatillos instead of the tomato (see recipe for green chili sauce).

Mole enchiladas

for eight people

Ingredients

36 freshly-made tortillas
1 quart mole poblano (see recipe)
3 chicken breasts
2 cups soft white cheese, crumbled
2 small onions
2 cups cream
1 clove gartic

Method

Cook the chicken breasts with a piece of onion, garlic and salt. Reheat the mole and turn the tortillas in it. Fill with the shredded, cooked chicken and fold over.
Place three of four enchiladas on each plate, pour over a little mole and garnish with onion rings, crumbled cheese and two tablespoons cream.

Red enchiladas

As in the above recipe but use red chili sauce (see recipe) instead of mole.

Enchiladas verdes

La misma receta anterior sólo que utilizando salsa verde (ver receta).

Green enchiladas

As in the above recipe but use green chili sauce (see recipe) instead of mole.

Enchiladas Cacahuamilpa

para diez personas
(cocina de Guerrero)

Ingredientes

30 tortillas
1 manojo de rabanitos
1 lechuga
2 pechugas de pollo
5 chiles poblanos
2 cebollas chicas
100 gramos de cacahuates
300 gramos de queso fresco
¼ de crema
½ pieza de pan francés duro
½ taza de leche
  manteca la necesaria
  sal al gusto

Preparación de los ingredientes

El pan se remoja en la leche y luego se muele junto con los cacahuates hasta hacer un puré espeso utilizando la leche restante.
Se asan los chiles, se desvenan y se licuán con la cebolla, sal y un poco de agua. Se raya el queso y se pican finamente la otra cebolla, los rábanos y la lechuga. La pechuga de pollo se cuece y se desmenuza.

Manera de hacerse

En dos cucharadas de manteca se fríe el puré de chile y cebolla y se le agre-

Cacahuamilpa enchiladas

for ten people
(from Guerrero)

Ingredients

30 tortillas
1 bunch radishes
1 lettuce
2 chicken breasts
5 poblano chilies
2 small onions
4 oz. peanuts
12 oz. crumbly white cheese
½ pint cream
½ stale French loaf
½ cup milk
  lard as required
  salt to taste

Preparing the ingredients

Soak the bread in the milk then blend with the peanuts, adding the rest of the milk gradually to form a thick purée.
Roast the chilies, remove the veins and blend with one onion, salt and a little water. Grate the cheese and finely chop the other onion, the radishes and the lettuce. Cook the chicken breasts and shred.

Method

Fry the chili and onion purée in two tablespoons lard, add the bread and

ga el puré de pan y cacahuate y la crema. Se sazona con sal y se deja hervir hasta que espese. Las tortillas se van friendo una por una, cuidando de que queden suavecitas; se revuelcan en la salsa y se rellenan de pollo formando taquitos que se van colocando en un platón. Se bañan con la salsa y se aderezan con los rábanos, lechuga y cebolla.

peanut mixture and the cream. Season with salt and boil until thick. Fry the tortillas one by one, taking care not to crisp them. Dip into the sauce and fill with the chicken. Roll up and place in a serving dish. Pour over the remaining sauce and garnish with radish, lettuce and onion.

Crepas mexicanas

para diez personas
(cocina de Chihuahua)

Ingredientes

2 tazas de harina
1 cucharada de sal
4 huevos
1 barra de mantequilla
2 tazas de hongos ya cocinados
2 tazas de cuitlacoche ya cocinado
2 tazas de calabaza ya cocinada
200 gramos de queso derretible
1 taza de crema
4 nueces de castilla
6 chiles jalapeños

Preparación de los ingredientes

Por separado cocine el cuitlacoche, los hongos y la flor de calabaza como lo indican las recetas que se encuentran en el capítulo "Legumbres y ensaladas".
Haga 24 crepas batiendo la harina, sal y huevos en dos litros de agua tibia. Engrase un sartén con mantequilla y vierta una o dos cucharadas del batido procurando que cubra el

Mexican crepes

for ten people
(from Chihuahua)

Ingredients

2 cups flour
1 tablespoon salt
4 eggs
1 stick butter
2 cups cooked mushrooms
2 cups cooked cuitlacoche
2 cups cooked squash flowers
7 oz. easy-melting cheese
1 cup cream
4 walnuts
6 jalapeño chilies

Preparing the ingredients

Cook the cuitlacoche, mushrooms and squash flowers separately, according to the instructions in the chapter on Vegetables and Salads. Beat together the flour, salt, eggs and 2 quarts warm water. Grease a frying pan with butter and pour in one or two tablespoons of the crêpe batter, making sure it completely covers the base of the pan. Turn the crêpe to cook through.

fondo de la sartén. Voltée la crepa. Para cada una es necesario engrasar la sartén. Envuélvalas en una servilleta para que no pierdan calor.

Manera de hacerse

Embarre un refractario con mantequilla y coloque en él, en forma mixta, 8 tacos de crepas rellenas de hongos, 8 de flor de calabaza y 8 de cuitlacoche. Pele las nueces sin nada de cáscara tierna y muélalas con la crema. Viértala sobre las crepas, cubra con queso partido en rebanadas delgadas. Adorne con los chiles jalapeños partidos por la mitad. Meta al horno el refractario hasta que el queso se funda.

Papadzul

para diez personas
(cocina yucateca)

Ingredientes

½ kilogramo de pepita gruesa de calabaza
½ kilogramo de jitomates
2 chiles habaneros
10 huevos
1 kilogramo de tortillas
1 manojo de epazote
1 cebolla
  aceite o manteca
  sal al gusto

Preparación de los ingredientes

A las semillas de calabaza se les quita la cáscara, dejándoles la telita verde que las cubre; se tuestan ligeramente.

Grease the pan before making each crêpe. Wrap in a napkin to keep warm. Makes 24.

Method

Grease a heat-resistant dish with butter and fill with an assortment of crêpe tacos: 8 filled with mushrooms, 8 with squash flowers and 8 with cuitlacoche. Shell and peel the walnuts and blend with the cream. Pour over the crêpes and garnish with slices of cheese and the halved chilies. Heat in the oven until the cheese melts.

Papadzul

for ten people
(from the Yucatan)

Ingredients

1 lb. large pumpkin seeds
1 lb. tomatoes
2 habanero chilies
10 eggs
2 lb. tortillas
1 bunch epazote
1 onion
  oil or lard
  salt to taste

Preparing the ingredients

Remove the hulls from the seeds, leaving the thin green membrane that surrounds them, and toast lightly.

En litro y medio de agua se ponen a hervir los tomates, chiles habaneros y una rama de epazote.

Se muele bien la pepita en metate rociándola con el agua en que hierven los tomates. Se amasa apretándola para sacarle la grasa verde que sirve para aderazar el platillo y la cual se separa en un plato. La pepita se pone en tres tazas de agua caliente, a fuego muy lento, se desbarata y se cuida de que no hierva porque se puede cortar. Se ponen a cocer los huevos hasta que queden duros, se pelan, y se pican. Se pelan los tomates y se les quitan las semillas. Se muelen con los chiles. Se pica la cebolla muy finamente.

Manera de hacerse

La cebolla picada se fríe en aceite y se le agrega el puré de jitomate, chile y epazote hasta que sazona bien. Las tortillas, suaves y calientitas, se remojan en la pepita, se hacen taquitos de huevo y se van colocando en un platón. Se cubren con el resto de la pepita, otro baño de salsa de jitomate y por último la grasa extraída de la masa de la pepita. Una vez ya listos se sirven inmediatamente.

Boil the tomatoes, chilies and one sprig of epazote in three pints water. Grind the pumpkin seeds well in a metate sprinkling with the water in which the tomatoes were boiled. Knead the mixture to extract the green oil which is put to one side as a garnish. Simmer the ground seeds in three cups hot water until the mixture thins; do not allow to boil as it may curdle.

Boil the eggs till hard, shell and chop. Peel the tomatoes and remove the seeds. Blend with the chilies.

Chop the onion finely.

Method

Fry the chopped onion in oil, add the tomato, chili and epazote purée and cook through. Warm the tortillas and coat with the seed mixture, fill with the chopped, hard-boiled eggs, roll up and place on a serving dish.

Pour over the remaining pumpkin seed mixture then the tomato sauce and finally, the oil extracted from the seeds. Serve immediately.

Caldos
y sopas

Caldo de caguama

para diez personas
(cocina de Tabasco)

Ingredientes

800 gramos de pecho de caguama
500 gramos de carne de caguama
  6 jitomates
  1 cebolla grande
  1 taza de chícharos desvainados
 10 dientes de ajo
  2 tazas de vino tinto
 ½ taza de aceite
 12 chiles verdes
 ¼ de taza de vinagre
  1 cucharada de orégano
  2 pizcas de jenjibre
    sal y pimienta al gusto

Preparación
de los ingredientes

Se lava la carne y se parte en raciones.
Los chiles se parten en rajas.
Se pican los ajos, la cebolla y los jitomates; todo esto se mezcla con el aceite, el vinagre, el vino, orégano y jenjibre.

Soups
and broths

Green turtle soup

for ten people
(from Tabasco)

Ingredients

1½ lb. turtle breast
1   lb. turtle meat
6   tomatoes
1   large onion
1   cup shelled peas
10 cloves garlic
2   cups red wine
½ cup oil
12 green chilies
¼ cup vinegar
1   tablespoon oregano
2   pinches ground ginger
    salt and pepper to taste

Preparing
the ingredients

Wash the meat and cut into portions.
Cut the chilies into strips.

Chop the garlic, onion and tomatoes. Mix with the oil, vinegar, wine, oregano and ginger.

Manera de hacerse

Se pone a cocer la carne en tres litros y medio de agua y cuando comienza a ablandarse se le agrega la mezcla de condimentos, los chícharos, la sal y la pimienta. Bien tapada la olla se deja hervir hasta que todo esté bien cocido.

Caldo de indianilla

para ocho personas
(cocina del Valle de México)

Ingredientes

1 pollo grande
1 taza de arroz
1 taza de garbanzos
3 zanahorias
4 dientes de ajo
3 cebollas medianas
2 ramas de perejil
4 ramas de cilantro
4 limones
1 manojo de guajes
4 chiles verdes (serranos)

Preparación de los ingredientes

La víspera se dejan remojando los garbanzos, y el día siguiente se hierven hasta que se cuecen. El arroz se remoja durante 20 minutos y se lava dentro de un colador bajo el chorro de agua fría y también se pone a cocer con un diente de ajo. Los garbanzos tardan más tiempo por lo que esto se hace por separado.

El pollo se descuartiza, se separan los trozos y se lava muy bien; se parten dos cebollas por la mitad, se pelan los dientes de ajo y se mondan las za-

Method

Cook the meat in seven pints water and when almost cooked, add the mixed seasonings, peas, salt and pepper. Cover the pan and boil until well cooked.

Indianilla soup

for eight people
(from the Valley of Mexico)

Ingredients

1 large chicken
1 cup rice
1 cup chickpeas
3 carrots
4 cloves garlic
3 medium onions
2 sprigs parsley
4 sprigs coriander
4 lemons
1 bunch guajes
4 serrano chiles

Preparing the ingredients

Soak the chickpeas overnight then boil till cooked. Soak the rice for 20 minutes and rinse in a strainer under cold, running water. Cook with one clove garlic. As the chickpeas take longer, do not cook them with the rice.

Cut the chicken into portions and wash carefully. Cut two onions in half, peel the cloves of garlic and the carrots. Finely chop the parsley, coriander, chilies and one onion and place in separate dishes.

nahorias. El perejil, el cilantro, los chiles y una cebolla se pican finamente y se ponen en platitos por separado.

Manera de hacerse

En una olla con cuatro litros de agua se pone a cocer el pollo con los tres dientes de ajo, las dos cebollas partidas, el perejil picado y las zanahorias; sal al gusto. Una vez cocido se retira del fuego y se cuela el caldo. El pollo se desmenuza y se agrega al caldo junto con los garbanzos, el arroz y las zanahorias, todo cocido. Se pone al fuego para que de un hervor y se sirva bien caliente en platos hondos de barro.

Al centro de la mesa se colocan los platitos con el cilantro, la cebolla, los chiles picados y los limones partidos por la mitad. Los guajes se dejan en sus vainas para que cada quien las pele al momento de apetecerlos.

Caldo salpimentado

para seis personas
(cocina yucateca)

Ingredientes

2 alones de pavo o cuatro de pollo
1 huacal de pavo o dos de pollo
2 cucharadas de sal de cocina
   media lima
   una rama de yerbabuena
8 pimientas gordas
15 pimientas negras
1 cucharada de orégano fresco
   una raja de canela
5 clavos

Method

Cook the chicken in four quarts water together with three cloves garlic, the halved onions, chopped parsley and the carrots. Add salt to taste. When cooked, remove from the heat and strain. Shred the chicken and return to the broth with the cooked chickpeas, rice and carrots. Bring to the boil and serve piping hot in clay bowls.

In the center of the table place the dishes of chopped coriander, onion and chile and another with the halved lemons. Serve the guajes in their pods so that each person can help himself.

Salpimentado broth

for six persons
(from the Yucatan)

Ingredients

2 turkey or 4 chicken wings
1 turkey or 2 chicken carcasses
2 tablespoons cooking salt
   half sweet lime
1 sprig mint
8 whole allspice
15 black peppercorns
1 tablespoon fresh oregano
1 stick cinnamon
5 cloves

2 cabezas medianas de ajo
2 cebollas
6 cominos

2 medium heads garlic
2 onions
6 cumin seeds

Preparación de los ingredientes

En una olla con agua y el jugo de un limón se pone a hervir un trapito limpio del tamaño de un pañuelo chico, con el fin de desinfectarlo.
Se asan los ajos hasta que adquieran un color café claro.
Las especias (pimientas gordas y negras, orégano, canela, clavos y cominos) se tuestan ligeramente, se muelen y se envuelven en el trapito, bien atado para formar la "muñequita".

Preparing the ingredients

Boil a clean, handkerchief-sized cloth in a pan with lemon juice to disinfect it.
Toast the garlic until pale brown.
Lightly toast the spices (peppercorns, allspice, oregano, cinnamon, cloves and cumin seeds) and grind, Wrap in the cloth and tie well to make a spice bag.

Manera de hacerse

En cuatro litros de agua fría se ponen a cocer los alones y el huacal con la sal. Se quita la espuma de los primeros hervores y se le agregan las cebollas, los ajos, la "muñequita", la lima y la yerbabuena. Se deja hervir a fuego lento hasta que el agua se consuma a 2 litros y medio. Cuando está listo, se desgrasa y se cuela.
Independientemente de consumirlo como consomé, se suele reservar en el refrigerador para utilizarlo en otros guisos que requieran de caldo.

Method

Place the wings and carcasses in four quarts cold water, season with salt and boil. Remove any scum as it forms on the surface of the broth and add the onions, the garlic and the spice bag, lime and mint. Reduce over a low heat to about 10 cups. When ready, remove any grease from the surface and strain. This can be served as consommé or kept in the refrigerator and used in other dishes requiring stock.

Caldo tlalpeño

para ocho personas
(cocina de Jalisco)

Tlalpeño soup

for eight people
(from Jalisco)

Ingredientes

1 gallina
4 zanahorias

Ingredients

1 boiling hen
4 carrots

4 calabacitas	4 zucchini
3 chiles chipotles secos	3 dried chipotle chilies
½ cebolla	½ onion
2 dientes de ajo	1 lb. green beans
½ kilogramo de ejotes	1 sprig coriander
1 rama de cilantro	1 large avocado
1 aguacate grande	2 cloves garlic

Preparación de los ingredientes

Se limpia muy bien la gallina, se corta en partes y se lava. Una vez lavada la verdura se corta por los extremos y parte en rajas. Los chiles chipotles se abren, se les quitan las semillas y se fríen en un poco de aceite.

Manera de hacerse

Se pone a cocer la gallina en dos litros de agua fría. Se le agregan las calabacitas, zanahorias, cebolla, ajo, ejotes, los chipotles y la rama de cilantro con sal al gusto. Se deja hervir a fuego vivo hasta que la carne y verduras están bien cocidas. Si es necesario se le agrega agua fría. Si no se quiere muy picoso, los chipotles se agregan al último dejándolos sólo un hervor. Se sirve bien caliente, procurando que cada plato tenga de todas las verduras y se le agregan una a dos rebanadas de aguacate.

Preparing the ingredients

Clean the boiling hen thoroughly, cut into portions and wash. Wash the vegetables well, top and tail and cut into strips. Open the chipotle chilies, remove the seeds and fry in a little oil.

Method

Boil the hen in two quarts cold water then add the zucchini, carrots, onion, garlic, green beans, chipotles, coriander and salt to taste. If necessary, add more cold water. If you prefer a mild soup, add the chipotles towards the end of the cooking time. Serve piping hot, ensuring that each bowl has an assortment of all the vegetables, and garnish with a couple of slices of avocado.

Puchero mexicano

para ocho personas
(cocina del Valle de México)

Mexican stew

for eight people
(from the Valley of Mexico)

Ingredientes

300 gramos de lomo de puerco sin rebanar

Ingredients

10 oz. pork loin

300 gramos de cuete de res sin rebanar	10 oz. eye of round steak
100 gramos de jamón crudo	4 oz. uncooked ham
3 costillas de puerco ahumadas	3 smoked pork chops
1 hueso de tuétano	1 marrow bone
1 hueso poroso	1 bone for broth
200 gramos de chorizo	7 oz. chorizo
200 gramos de garbanzo	7 oz. chickpeas
4 papas amarillas	4 yellow-fleshed potatoes
3 elotes tiernos	3 young ears of corn
4 calabacitas tiernas	4 young zucchini
3 zanahorias	3 carrots
1 chayote mediano	1 medium chayote
la cuarta parte de una col	¼ cabbage
1 camote de yuca	1 yucca root
2 nabos	2 turnips
2 plátanos machos	2 plantains
4 peras de San Juan	4 pears
4 cebollas medianas	4 medium onions
4 dientes de ajo	4 cloves garlic
50 gramos de manteca	2 oz. lard
350 gramos de jitomate	¾ lb. tomatoes
4 cucharadas de aceite de olivo	4 tablespoons olive oil
2 cucharadas de vinagre	2 tablespoons vinegar
1 cucharada de orégano	1 tablespoon oregano
2 cucharadas de semilla de cilantro	2 tablespoons coriander seeds
medio chile ancho	half ancho chili.
medio bolillo duro	half stale bread roll
50 gramos de manteca	2 oz. lard
3 cucharadas de sal de cocina	3 tablespoons cooking salt

una rama de cilantro	1 sprig coriander
una rama de perejil	1 sprig parsley
10 pimientas	10 peppercorns

Preparación de los ingredientes

Un día anterior se dejan remojando los garbanzos para facilitar su cocimiento.

La verdura se lava y se le quita la cáscara a las papas, chayote, zanahorias, nabos y yuca, no así los plátanos. Excepto la col, la verdura y la fruta deben partirse en cuatro partes; los elotes en gruesas rodajas.

Se remoja el pan; el chile ancho se desvena; se tuestan las semillas de cilantro; se pelan los dientes de ajo. Todo esto junto se muele. Posteriormente se volverá a moler al agregarle un pedazo de chorizo cocido en el caldo.

Se asan los jitomates, se pelan y se pasan por un colador; al jugo se le agregan las cucharadas de aceite de oliva y vinagre, sal al gusto, una cebolla finamente picada y el orégano.

Manera de hacerse

A fuego intenso, en una cacerola profunda, se ponen dos litros de agua, las carnes de lomo y cuete, los huesos, la pimienta, los garbanzos remojados desde la víspera y la sal. Una vez que alcanza los primeros hervores se baja a fuego lento durante dos horas. Se le va quitando la espuma conforme ésta suba. Se agregan las costillas ahumadas, el jamón, el chorizo y las verduras, menos el plátano. Cuando todo está bien cocido se sacan

Preparing the ingredients

Soak the chickpeas overnight to reduce cooking time.

Wash the vegetables and peel the potatoes, chayote, carrots, turnips and yucca but not the plantains. Cut the fruit and vegetables, except for the cabbage, into quarters; cut the corn into thick rounds.

Soak the bread, remove the veins from the ancho chili, toast the coriander seeds and peel the cloves of garlic then blend all the ingredients. This mixture has to be blended again later with a piece of chorizo cooked in the broth.

Roast the tomatoes, peel and force through a sieve. To the tomato purée add the olive oil and vinegar, salt to taste, one finely chopped onion and the oregano.

Method

Put 2 quarts water in a large saucepan together with the pork and steak, the bones, pepper, the chickpeas soaked overnight and salt, and bring to the boil over a high heat. When boiling, turn down the heat and simmer for two hours. Remove any scum as it forms on the surface. Add the smoked chops, ham, chorizo and the vegetables but not the plantains. When cooked, remove the zucchini and yucca to stop them going mushy. Blend

las calabazas y la yuca para que no se desbaraten, y un pedazo de chorizo que debe molerse junto con el mole. Este se agrega al caldo, se disuelve bien en él y se deja de nuevo hervir con más agua hasta cubrir todos los ingredientes. Se añaden los plátanos machos. La olla debe permanecer sin tapadera.

El caldo se cuela y se pone en otra cacerola a fin de poder recalentarlo. Se sirve en platos hondos. Las verduras se sirven aparte y se aderezan con la salsa de jitomate. La carne se rebana, fríe en manteca junto con la yuca, y se sirve en otro plato. Hay quienes gustan de comerlo todo mezclado, aunque la tradición es que se sirva simultáneamente en platos aparte para que cada quien los combine a su gusto.

a piece of the chorizo with the bread and spice mixture, add to the broth and mix well. Bring to the boil again, adding more water, if necessary, to cover all the ingredients. Add the plantains and continue boiling uncovered. Strain the broth into a separate pan so that it can be reheatted. Serve hot in bowls. The vegetables should be served separately, with the tomato sauce. Slice the meat and fry in the lard with the yucca; serve separately. Some people prefer to serve all the ingredients in the same dish although, traditionally, they are served separately so that each person can combine them as he wishes.

Puchero vaquero

para diez personas
(cocina de Zacatecas)

Ingredientes

```
  1 kilogramo de carne de res gorda
  ¼ kilogramo de lonja
  ¼ kilogramo de ubre
  1 chayote
  1 calabaza
  1 col
  1 plátano manzano
  3 cucharadas de recaudo rojo
  1 taza de arroz
100 gramos de fideo
  1 lima agria
  2 naranjas agrias
 10 rábanos
  5 chiles habaneros
```

Cowboy stew

for ten people
(from Zacatecas)

Ingredients

```
  2 lb. fat beef
  ½ lb. pork belly
  ½ lb. udder
  1 chayote
  1 squash
  1 cabbage
  1 plantain
  3 tablespoons prepared red seasoning
  1 cup rice
  4 oz. vermicelli
  1 sour lime
  2 bitter oranges
 10 radishes
  5 habanero chilies
```

1 manojo de cilantro
1 cebolla
5 chayas

1 bunch coriander
1 onion
5 chayas

Preparación de los ingredientes

Las verduras y el plátano se lavan y se mondan y parten en pedazos medianos.

La carne se remoja en agua salada durante diez minutos. Se lava y se corta en trozos chicos.

Haga un salpicón picando finamente el cilantro, la cebolla y los rábanos. Agréguele sal y el jugo de una naranja agria. Después de media hora, escúrralos para quitar el jugo. Prepare el chile tamulado: ase los chiles habaneros, píquelos, exprímales una naranja agria y déles el punto de sal. Disuelva en una taza de agua el recaudo y páselo por un colador para evitar grumos.

Preparing the ingredients

Wash the vegetables and the plantain, peel and cut into medium-sized pieces. Soak the meath in salt water for ten minutes. Rinse and cut into small pieces.

Make a *salpicón* seasoning by chopping the coriander, onion and radish together finely. Add salt and the juice of one of the oranges; marinate for half an hour then drain off the liquid. To prepare the chili sauce, roast the chilies, chop, and squeeze the other orange over them. Season with salt. Dissolve the red seasoning in one cup water and strain to remove any lumps.

Manera de hacerse

Se pone a cocer la carne en dos litros de agua hasta que espume. Se saca la espuma y se le añaden las verduras y el plátano. Cuando se han cocido se sacan. Se agrega la chaya, el fideo y el arroz; cuando esté cocido se vuelven a agregar las verduras y al primer hervor se apaga la lumbre.

En un tazón se sirve el caldo procurando lleve arroz y fideos; en un plato extendido se sirve la carne y las verduras. El salpicón y el chile tamulado se colocan en platones al centro de la mesa para que cada quien se sirva al gusto.

Method

Cook the meat in two quarts water, removing any scum as it forms. Add the vegetables and the plantain. When cooked, remove the vegetables and add the chayas, vermicelli and rice. When these are cooked through, return the vegetables to the broth and bring to the boil. Remove from the heat.

Serve the broth in soup bowls making sure that each contains a portion of both rice and pasta. Serve the meat and vegetables on an oval serving dish. The salpicón and the chili should be served in dishes in the center of the table so that each person can help himself.

Clemole

para ocho personas
(cocina de Morelos)

Ingredientes

1 kilogramo de cuete de res
4 huesos de tuétano
1 hueso poroso
3 papas medianas
2 elotes tiernos
6 calabacitas tiernas
2 zanahorias
1 nabo
¼ de kilogramo de ejotes
   media cebolla chica
1 diente de ajo
2 ramas de cilantro
3 hojas de yerbabuena
6 chiles verdes (serranos)

Preparación de los ingredientes

El cuete se parte en trozos pequeños. Se pelan las papas y se raspan las zanahorias y el nabo hasta eliminar la cáscara. Se corta la verdura en cuatro partes, y los elotes en rodajas. Un pedazo de cebolla, el ajo, una rama de cilantro y los chiles verdes se muelen.

Clemole

for eight people
(from Morelos)

Ingredients

2 lb. eye of round steak
4 marrow bones
1 soup bone
3 medium potatoes
2 young ears of corn
6 young zucchini
2 carrots
1 turnip
½ lb. green beans
½ small onion
1 clove garlic
2 sprigs coriander
3 leaves mint
6 serrano chilies

Preparing the ingredients

Cut the steak into small pieces. Peel the potatoes and scrape the carrots and turnip. Cut the vegetables into quarters and the ears of corn into rounds. Blend a piece of onion with the garlic, one sprig coriander and the green chilies.

Manera de hacerse

Se ponen a cocer la carne y los huesos, quitando de vez en vez la espuma que sube. Cuando la carne está casi cocida se agrega el pedazo de cebolla restante, la verdura y las hojas de yerbabuena. Cuando esté cocido todo, se agrega la salsa para que le de sabor en el último hervor, así como la rama de cilantro.

Se sirve bien caliente. Al centro de la mesa, en un plato con caldo del mismo clemole se ponen los tuétanos sacados de los huesos para comerlos untados en tortillas calientes.

Caldo de charal

para ocho personas
(cocina michoacana)

Ingredientes

100 gramos de charales secos
1 cebolla grande
2 dientes de ajo
1 jitomate grande
2 xoconoxtles
2 chiles jalapeños
2 ramas de perejil y 2 ramas de cilantro
1 cucharada de manteca
una pisca de mejorana
sal al gusto

Preparación
de los ingredientes

A los charales se les quita la cabeza, se doran ligeramente en aceite, se ponen al fuego en dos litros de agua con sal al gusto y se dejan hervir hasta que suavizan.

Method

Boil the meat and the bones, removing any scum as it forms. When almost cooked, add the remaining onion, vegetables and mint. When the vegetables and meat are completely cooked, add the chili sauce and the remaining sprig of coriander and bring to the boil.

Serve very hot. The marrow should be removed from the bones and served in the center of the table to spread on hot tortillas.

Charal soup

for eight people
(from Michoacan)

Ingredients

4 oz. dried charales
1 large onion
2 cloves garlic
1 large tomato
2 xoconoxtles
2 jalapeño chilies
2 sprigs parsley
2 sprigs coriander
1 tablespoon lard
1 pinch marjoram
salt to taste

Preparing
the ingredients

Cut the heads off the charales and fry lightly in oil. Add two quarts water to the pan and salt to taste. Boil until the fish are tender. Chop the onion, garlic, parsley and coriander.

Se pica la cebolla, el ajo, el perejil y el cilantro.
Los chiles y los xoconoxtles se cortan en rajitas.
Se muele el jitomate crudo.

Cut the chilies and xoconostles into strips.
Blend the tomato.

Manera de hacerse

En la manteca se fríen la cebolla y el ajo, se le agrega el jitomate molido, el cilantro y perejil, los xoconoxtles y los chiles. Se sazonan y luego se les agrega los charales y el caldo en que se cocieron.

Method

Fry the onion and garlic in the lard and add the puréed tomato, coriander, parsley, xoconostles and chilies. Season and add the charales and broth.

Sopa de lima

para ocho personas
(cocina yucateca)

Lime soup

for eight people
(from the Yucatan)

Ingredientes

2 litros de caldo salpimentado (ver receta)
1 pechuga de pavo o dos de pollo
3 limas frescas
2 jitomates
1 chile güero o chilaca
1 chile habanero
   una rama de cilantro
   una rama de epazote
6 tortillas
1 cucharada de manteca
1 limón

Ingredients

2 quarts salpimentado broth (see recipe)
1 turkey or 2 chicken breasts
3 sweet limes
2 tomatoes
1 güero or chilaca chili
1 habanero chili
   1 sprig coriander
   1 sprig epazote
6 tortillas
1 tablespoon lard
1 lemon

Preparación de los ingredientes

Se asan los jitomates, se pelan, se les quitan las semillas, se muelen y fríen para sazonarlos.
Se cortan las tortillas en tiritas y se fríen en manteca.

Preparing the ingredients

Roast the tomatoes, peel and remove seeds, then blend. Fry the tomato purée and season.
Cut the tortillas into strips and fry in the lard.

Se cortan las limas en ocho o más gajos.

Se asa el chile habanero, se pica y se le pone el jugo de limón y sal al gusto.

Manera de hacerse

Se pone a cocer la pechuga en el caldo salpimentado, con media lima, el chile, el puré de jitomate y las ramas de cilantro y epazote. Cuando la pechuga está cocida, se apaga el fuego hasta que enfríe el caldo (el reposo) ya fría se desmenuza la pechuga y se vuelve a echar en el caldo el cual se pone a fuego lento hasta que vuelva a hervir.

El chile habanero y las tortillitas se sirven como complemento.

Sopa de tortilla a la vena

para ocho personas
(cocina de Jalisco)

Ingredientes

20 tortillas
1 pechuga de pollo, cocida
1 taza de aceite
  media cebolla
1 diente de ajo
2 jitomates medianos
100 gramos de chile pasilla
2 litros de caldo

Preparación de los ingredientes

Se dejan enfríar las tortillas y se cortan en rajas finas y pequeñas; se doran en aceite y se dejan reposar en un platón para que se escurran. Se

Cut the limes into eight or more segments.

Toast the habanero chili, chop and add lemon jnice and salt to taste.

Method

Boil the turkey or chicken breasts in the salpimentado broth with the lime, the güero or chilaca chili, tomato purée and the sprigs of coriander and epazote. When the meat is cooked, remove from the heat and leave to cool. When cold shred the meat and return to the broth; bring to the boil once more on a low heat.

Serve with the habanero chili and tortilla strips.

A la vena tortilla soup

for eight people
(from Jalisco)

Ingredients

20 tortillas
1 cooked chicken breast
1 cup oil
½ onion
1 clove garlic
2 medium tomatoes
4 oz. pasilla chili
2 quarts broth

Preparing the ingredients

Cool the tortillas and cut into small, thin strips. Fry gently in the oil and drain on absorbent kitchen paper on a plate.

pueden desgrasar mejor absorviéndoles el aceite con servilletas de papel.
Se asan los jitomates, se mondan y se muelen con la cebolla y el ajo.
Se desvena el chile pasilla. Las venas y semillas se fríen y se ponen en la mesa en un platito con sal y jugo de limón.
Los chiles se dejan remojando durante una hora, se hierven durante diez minutos y se muelen.

Roast the tomatoes, peel and blend with the onion and garlic.
Remove the veins from the pasilla chili. Fry the veins and seeds and serve in a separate dish with salt and lemon juice.
Soak the chilies for an hour then boil for ten minutes and blend.

Manera de hacerse

En dos cucharadas de aceite se fríe el chile junto con el puré. Se agrega el caldo y las rajas de tortilla. Se le desmenuza la pechuga. Se deja hervir durante diez minutos. Las semillas de chile se sirven al gusto.

Method

Fry the chili together with the tomato purée in two tablespoons oil. Add the broth and tortilla strips. Shred the chicken breast, add to the broth and boil for ten minutes. Each person helps himself to chili seeds.

Sopa de la Capilla

para ocho personas
(receta del poeta Salvador Novo)

Chapel soup

for eight people
(a recipe from the poet Salvador Novo)

Ingredientes

½ kilogramo de flor de calabaza
3 elotes
60 gramos de mantequilla
2 cucharitas de harina
2 panes blancos (francés) o seis si son "Bimbo"
2 litros de leche
½ taza de crema
2 yemas de huevo
   sal y pimienta
3 cucharadas de manteca

Ingredients

1 lb. squash flowers
3 ears corn
2-3 oz. butter
2 teaspoons flour
2 bread rolls or six slices bread
2 quarts milk
½ cup cream
2 egg yolks
   salt and pepper
3 tablespoons lard

Preparación de los ingredientes

Después de lavar bien la verdura, se

Preparing the ingredients

Wash the vegetables thoroughly. Boil

ponen a cocer los elotes en agua y una vez bien cocidos se desgranan. La mitad de los granos se licúan con poca agua y se cuelan.

Se pica finamente la cebolla y a la flor de calabaza se le elimina el tallo. Ambas se ponen a cocer, con una cucharada de manteca en su propio jugo dentro de una cacerola tapada. Cuando están suaves se muelen, de preferencia en mortero procurando queden semienteras.

Los panes se cortan en cuadritos y se fríen.

Manera de hacerse

Los elotes molidos se deshacen en la leche y se cuelan. Luego se agregan las flores y los granos de elote enteros. En la mantequilla se fríe la harina. Antes de que dore, se agrega el batido de leche y se sazona con sal y pimienta. Se retira del fuego una vez que espese y se le agregan las yemas bien batidas en la crema, y por último los cuadritos de pan frito.

the ears of corn in water until tender and remove the kernels. Blend half the corn in a little water and strain. Finely chop the onion and squash flower, with the stalks removed, then fry in one tablespoon lard. Leave to cook in their own juice in a covered saucepan. Blend when soft, preferably in a mortar so as not to overblend. Cut the bread into cubes and fry.

Method

Mix the sweetcorn purée with the milk and strain. Add the squash flowers and the whole kernels. Melt the butter and add the flour. Before it starts to brown, add the milk mixture gradually and season with salt and pepper. Remove from the heat as soon as it thickens, add the egg yolks well mixed with the cream and lastly the fried croutons.

Sopa de los emperadores

para diez personas
(cocina de la Ciudad de México)

Ingredientes

1 kilogramo de arroz
2 pollos medianos
6 jitomates
2 cebollas
6 alcaparras
2 chiles morrones
10 aceitunas
¼ kilogramo de pasitas

Emperors' soup

for ten people
(from Mexico City)

Ingredients

2 lb. rice
2 medium chickens
6 tomatoes
2 onions
6 capers
2 red bell peppers
10 olives
½ lb. raisins

½ kilogramo de manteca
8 huevos
¼ kilogramo de pan molido
½ taza de vinagre
3 cucharadas de recado de especies

1 lb. lard
8 eggs
½ lb. breadcrumbs
½ cup vinegar
3 tablespoons prepared spice seasoning

Preparación de los ingredientes

Se lava el arroz, se escurre y se deja secar. Se hierve en agua con una cucharadita de sal y cuando está cocido se escurre en un colador, se le revientan los huevos y se revuelve bien. Los pollos se lavan, cortan en piezas y se ponen a cocer en agua con una cucharada de vinagre, el orégano y una cucharadita de sal.
Se asan los ajos y se muelen en mortero con el resto de vinagre y el recado. En esta salsa se adoban las piezas de pollo y se dejan reposar.

Manera de hacerse

Las piezas de pollo se fríen en la manteca con las frituras de cebolla, tomates, chiles, aceitunas y alcaparras, pasitas y un litro de caldo de pollo. Se embadurna de manteca un molde refractario y con el arroz se cubre el interior. Se pone el pollo frito con seis cucharadas de manteca; se cubre con el sobrante de arroz y por último se espolvorea con el pan molido. Se hornea durante 10 minutos.

Preparing the ingredients

Wash the rice, drain and leave to dry. Boil in water with one teaspoon salt. Strain again when cooked. Break the eggs over the rice and mix well.
Wash the chickens, cut into pieces and cook in water with one teaspoon vinegar, oregano and one teaspoon salt.
Roast the garlic and grind in a mortar with the rest of the vinegar and the prepared spice seasoning.
Coat the pieces of chicken in this mixture and leave to stand.

Method

Fry the chicken pieces in the lard with the onion, tomato, peppers, olives, capers and then add one quart chicken broth. Grease a heat-resistant dish with lard and line the sides and base with the rice. Add the fried chicken mixture and six tablespoons lard. Cover with the remaining rice and finally the breadcrumbs. Bake for 10 minutes.

Sopa de fideo

para diez personas
(tradicional en toda la república)

Ingredientes

- 1 pescuezo de pollo
- 2 patas de pollo
- ¼ de kilogramo de menudencias: hígados, mollejas, corazones de pollo
- 125 gramos de fideo
- 4 cucharadas de aceite
- ¼ de pieza de una cebolla chica
- 2 jitomates
- 1 rama de perejil
- 1 taza de queso rallado

Preparación de los ingredientes

El pescuezo, las patas y las menudencias se ponen a cocer en dos litros de agua, con un pedazo de cebolla y una cucharada de sal. Una vez cocido se cuela el caldo. Se pican las menudencias.

Se hace un puré con el jitomate y el otro pedazo de cebolla.

Se fríen los fideos cuidando de que el dorado quede parejo. Esto se logra friéndolos por ambos lados y midiendo el fuego para que no se quemen. Se sacan.

Manera de hacerse

En el aceite restante donde se frieron los fideos, se sazona el puré de jitomate. Se agrega el fideo ya frito, el caldo y el perejil. Se deja hervir a fuego lento hasta que el fideo esté cocido.

Noodle soup

for ten people
(eaten throughout Mexico)

Ingredients

- 1 chicken neck
- 2 chicken feet
- ½ lb. chicken giblets including livers, gizzard and heart
- 4-5 oz. vermicelli pasta
- 4 tablespoons oil
- ¼ small onion
- 2 tomatoes
- 1 sprig parsley
- 1 cup grated cheese

Preparing the ingredients

Boil the neck, feet and giblets in two quarts water with a piece of onion and one tablespoon salt. Strain when cooked and chop the giblets.

Purée the tomato with the remaining onion.

Fry the vermicelli gently over a low heat until an even, golden color turning constantly. Remove from pan.

Method

Fry the tomato purée in the oil used to fry the vermicelli. Add the fried pasta, broth and parsley. Boil over a low heat until the pasta is completely cooked.

Al servirse se pone en los platos una porción de menudencias y se le agrega un poco de queso rallado.

Serve in bowls with a portion of giblets and grated cheese.

Sopa de frijol

para seis personas
(tradicional en toda la república)

Bean soup

for six people
(eaten throughout Mexico)

Ingredientes

150 gramos de frijol negro o bayo
  1 cebolla grande
  2 dientes de ajo
  1 jitomate grande
  ¼ cucharita de orégano
  3 tortillas
    aceite y sal

Ingredients

5 oz. black or pinto beans
1 large onion
2 cloves garlic
1 large tomato
½ teaspoon oregano
3 tortillas
  oil and salt

Preparación de los ingredientes

Los frijoles se escogen, se lavan y se remojan durante toda una noche en tres litros de agua. Al día siguiente se cuecen en la misma con tres cuartas partes de cebolla, los ajos, una cucharada de aceite y sal al gusto. Cuando están suaves se muelen y se disuelven en su propio caldo y se cuelan.

Las tortillas se parten en cuadritos, se fríen en manteca hasta que doren y se dejan escurrir para eliminar la grasa sobrante.

Se asa el jitomate, se monda y se muele con el pedazo restante de cebolla, sal y orégano.

Preparing the ingredients

Wash and pick over the beans. Soak overnight in three quarts water. Cook in the same water with ¾ of the onion, the garlic, one tablespoon oil and salt to taste. When soft, blend in their own juice and strain.

Cut the tortillas into small squares and fry in the lard until golden. Drain to remove any excess grease.

Roast the tomato, peel and blend with the remaining onion, salt and oregano.

Manera de hacerse

El puré de jitomate se sazona en una cucharada de aceite y cuando reseca se le agrega el caldo de frijol. Se deja

Method

Fry the tomato purée in one tablespoon oil and when thick, add the bean broth. Bring to the boil.

al fuego hasta que dé el primer hervor. Se sirve con un puño de tortillas tostadas en cada plato.

Serve in bowls with a handful of fried tortillas.

Sopa "no te rajes Adelita"

para diez personas
(cocina de Chihuahua)

"No te rajes Adelita" soup

for ten people
(from Chihuahua)

Ingredientes

¼ kilogramo de queso Chihuahua
¼ kilogramo de queso Oaxaca
¼ kilogramo de queso amarillo
½ litro de crema
250 gramos de mantequilla
2 litros de leche
2 kilogramos de chile poblano

Ingredients

½ lb. hard, grating cheese (Cheddar)
½ lb. fast-melting cheese
½ lb. processed cheese
1 pint cream
8 oz. butter
2 quarts milk
4 lb. poblano chilies

Preparación de los ingredientes

Los chiles poblanos se van asando procurando se les queme la piel. De inmediato se guardan, conforme salgan del fuego, en una bolsa de plástico con la finalidad de que suden y se desprenda mejor el pellejo. Después de sudados se lavan bajo el chorro de agua, despellejándolos y quitándoles las semillas. Sólo en caso de que no se quieran muy picosos, se desvenan. Se les corta la coronilla del rabo y se parten en rajas muy delgadas.

Preparing the ingredients

Roast the chilies until blackened and place immediately in a plastic bag to sweat; this makes them easier to peel. After they have sweated, wash under running water, peel and remove seeds. Only if they are very hot need the veins be removed. Cut off the stalk and slice chilies into very fine strips.

Manera de hacerse

Las rajas se ponen a hervir en poca agua, se escurren y lavan de nuevo, para evitar que piquen demasiado. Ya escurridos se fríen en la mantequilla. Se les agrega la crema y cuando sueltan un hervor, se les echa la leche y los quesos. Se deja hirviendo por

Method

Boil the chili strips in a little water, drain and rinse again to stop them being too hot. Drain and fry in the butter. Add the cream and cheese and when boiling, add the milk. Boil

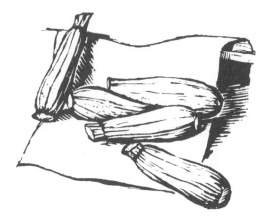

un lapso de 10 minutos, moviendo las rajas para evitar que se peguen en el fondo de la olla.

Sopa de calabaza

para ocho personas
(cocina del Valle de México)

Ingredientes

10 calabazas tiernas de mediano tamaño
60 gramos de mantequilla
 1 cucharada de harina de arroz
 2 yemas de huevo
½ taza de crema
 2 litros de caldo
 1 cebolla
   galletitas para sopa
   sal y pimienta al gusto

Preparación de los ingredientes

Se lavan bien las calabazas y se les cortan los extremos. Se mondan y las cáscaras verdes se ponen en un plato para utilizarlos después.

for ten minutes, stirring to stop the chiles sticking to the bottom of the pot.

Zucchini soup

for eight people
(from the Valley of Mexico)

Ingredients

10 medium-sized zucchini
2-3 oz. butter
 1 tablespoon rice flour
 2 egg yolks
½ cup cream
 2 quarts broth
 1 onion
   soup crackers
   salt and pepper to taste

Preparing the ingredients

Wash the zucchini well and cut off both ends. Peel, but put the peelings aside for later use.

Manera de hacerse

Las cáscaras de calabaza se cuecen en un litro de caldo con la cebolla y sal. Una vez que estén suaves se muelen, se disuelven en el caldo, se cuelan y junto con el otro litro de caldo restante se ponen a hervir.

En la mantequilla se fríe la harina y antes de que dore se agrega el caldo de calabazas y se sazona con sal y pimienta. Cuando espesa se retira del fuego. Se sirve con un puño de galletitas para sopa.

Sopa de aguacate

para ocho personas
(cocina tabasqueña)

Ingredientes

60 gramos de mantequilla
 2 cucharadas de harina
 2 cucharadas de manteca
½ taza de crema
 5 aguacates
 2 litros de caldo
 8 chiles verdes (serranos)
 1 manojo de cilantro
 1 cebolla grande

Method

Cook the zucchini peel in one quart broth with the onion and salt. Once cooked, blend, then mix with remaining broth and strain. Add the zucchini and boil. Melt the butter and add the flour. Before it browns, add the zucchini broth gradually and season with salt and pepper. When thick, remove from the heat.

Serve with a handful of crackers.

Avocado soup

for eight people
(from Tabasco)

Ingredients

2-3 oz. butter
 2 tablespoons flour
 2 tablespoons lard
½ cup cream
 5 avocados
 2 quarts broth
 8 serrano chilies
 1 bunch coriander
 1 large onion

131

Preparación de los ingredientes

Si los aguacates son de cáscara blanda, se pelan y deshuesan. Si son de cáscara dura se parten cuidadosamente, se deshuesan y se saca la pulpa. La cáscara se usará como recipiente decorativo. Se corta la pulpa en cuadritos; se pica la cebolla muy fina y de igual manera el chile verde. Se mezclan los tres ingredientes con sal al gusto y se sirven en las cáscaras, en un plato, junto al tazón para el caldo.

Manera de hacerse

La harina se fríe en la mantequilla y antes de que dore se le echa el caldo, sal y pimienta y se deja hervir hasta que espesa ligeramente. Se retira del fuego.

El caldo se sirve en tazones o platos soperos. Cada persona agrega el aguacate preparado.

Evite echar la ensalada de aguacate al caldo caliente antes de sentarse a la mesa porque pierde sabor y frescura.

Sopa de bolitas de tortilla

para diez personas
(cocina de Veracruz)

Ingredientes

½ kilogramo de tortilla fría
¼ kilogramo de manteca de cerdo
1 taza de requesón
1 huevo entero
1 yema de huevo
½ taza de crema

Preparing the ingredients

If the avocado peel is soft, peel and remove the stones. If the peel is hard, cut carefully in half, remove the stone and scoop out the flesh. Put the empty shell aside to use for serving. Dice the flesh and chop the onion and chili finely. Mix all three ingredients, add salt to taste and serve in the avocado shells on a plate algong side the broth.

Method

Melt the butter and add the flour. Before it browns, add the broth, salt and pepper and boil until it starts to thicken. Remove from heat.

Serve the broth in bowls or soup plates. Each person helps himself to the avocado mixture. Do not add the avocado before serving as it loses its freshness and flavor very quickly.

Tortilla dumpling soup

for ten people
(from Veracruz)

Ingredients

1 lb. cold tortillas
½ lb. lard
1 cup cottage cheese or curds
1 whole egg
1 egg yolk
½ cup cream

2 tazas de leche	2 cups milk
2 jitomates	2 tomatoes
1 cebolla chica	1 small onion
4 hojas de epazote	4 epazote leaves
2 dientes de ajo	2 cloves garlic
½ cucharadita de pimienta molida	½ teaspoon ground pepper
2 litros de caldo	2 quarts broth

Preparación de los ingredientes

Las tortillas se remojan en leche hasta que estén suaves. Se muelen junto con la cebolla, los dientes de ajo y el epazote; se les agrega el huevo, la yema y sal al gusto. Se amasan bien y se hacen pequeñas bolitas que se fríen en manteca.
Se hace un puré de jitomate.

Preparing the ingredients

Soak the tortillas in the milk until soft. Blend with the onion, garlic and epazote. Add the whole egg, the egg yolk and salt to taste. Knead the mixture well and form into little balls. Fry in the lard. Purée the tomatoes.

Manera de hacerse

Se fríe el puré de jitomate, sazonándolo bien. Se le agrega el caldo y se deja hervir durante 10 minutos. Se retira del fuego y ya para servirse a la sopera se le agregan la crema y las bolitas de tortilla.

Method

Fry the tomato purée and season well. Add the broth and boil for ten minutes. Remove from heat and serve garnished with cream and the tortilla balls.

Sopa veracruzana

para ocho personas
(cocina de Veracruz)

Veracruz soup

for eight people
(from Veracruz)

Ingredientes

½ kilogramo de pescado guachinango	
3 jitomates	
½ cebolla	
2 dientes de ajo	
3 cucharadas de alcaparras	
3 zanahorias	
1 papa	
10 aceitunas	

Ingredients

1 lb. red snapper	
3 tomatoes	
½ onion	
2 cloves garlic	
3 tablespoons capers	
3 carrots	
1 potato	
10 olives	

4 cucharadas de aceite de olivo	4 tablespoons olive oil
2 huevos	2 eggs
½ taza de arroz	½ cup rice
ramas de perejil	parsley
sal y pimienta al gusto	salt and pepper to taste
cucharadas de aceite de olivo	olive oil

Preparación de los ingredientes

Se lava bien el pescado, se corta y se le quitan las espinas.

El arroz se lava, se deja remojando media hora, se vuelve a lavar.

Las verduras (zanahorias y papas) se mondan y se parten en cuadritos. Los huevos se ponen a cocer hasta el punto de duros; se pelan y se pican. La cebolla y el perejil se pican finamente.

Las aceitunas se deshuesan y se pican.

Preparing the ingredients

Wash the fish well, cut in two and remove the bones.

Wash the rice, soak for half an hour and rinse.

Peel the carrots and potatoes and dice. Boil the eggs until hard, shell and chop.

Chop the onion and the parsley finely; pit and chop the olives.

Manera de hacerse

En una cacerola se pone el aceite y se acitronan dos cucharadas de cebolla, las verduras y el pescado, sazonándolos con sal y pimienta, luego se agrega el puré de jitomate y antes de que reseque se le agregan 2 litros y medio de agua. Una vez que ha soltado el primer hervor, se le añade el arroz, las aceitunas y las alcaparras y se deja hervir a fuego vivo hasta que el pescado y las verduras estén casi deshechos. Al momento de servirse se adereza con el perejil y el huevo picado.

Method

Fry two tablespoons onion, the vegetables and fish in the oil until soft, seasoning with salt and pepper. Add the puréed tomatoes and, when boiling, 5 pints water. Bring back to the boil, add the rice, olives and capers and continue boiling over a high heat until the fish and vegetables begin to disintegrate. Serve garnished with parsley and chopped, hard-boiled egg.

Sopas secas

Arroz blanco

para seis personas
(tradicional en toda la república)

Ingredientes

  2 tazas de arroz
  2 tazas de leche
300 gramos de queso crema
150 gramos de mantequilla
  1 pedazo de cebolla
  3 dientes de ajo
  2 elotes
  4 cucharadas de manteca

Preparación de los ingredientes

El arroz se pone a remojar durante 20 minutos, se lava en un colador bajo el chorro de agua, se escurre y se deja secar.
El elote se hierve y se desgrana.

Manera de hacerse

En una cazuela se fríe la cebolla, ajo y el arroz, antes de que dore se le quita toda la manteca sobrante. Se le agrega dos tazas de agua fría, y cuando ésta se consume se le echa la leche, se sazona con sal. Al punto en que comienza a resecarse se le añaden los granos del elote, se tapa y se deja hervir a fuego lento hasta que los granos se separen unos de otros. Se le pone la mantequilla y de nuevo se tapa para que ésta se derrita y distribuya. Por último, ya para servirse, se le espolvorea el queso.

Rice

White rice

for six people
(eaten throughout Mexico)

Ingredients

  2 cups rice
  2 cups milk
10 oz. cream cheese
  5 oz. butter
  1 piece onion
  3 cloves garlic
  2 ears corn
  4 tablespoons lard

Preparing the ingredients

Soak the rice for 20 minutes, rinse in a strainer under running water, drain and dry.
Boil the corn and remove the kernels.

Method

Fry the onion, garlic and rice in a pan and remove any excess lard before the ingredients start to brown. Add two cups cold water and when this is absorbed, add the milk and season with salt. When almost all the liquid is absorbed, add the corn kernels, cover and cook over a very low heat until the grains of rice separate. Dot with butter and cover once more until melted. To serve, spread with the cream cheese.

Arroz rojo

para seis personas
(tradicional en toda la república)

Ingredientes

2 tazas de arroz
1 taza de chícharos
2 zanahorias
1 papa chica
3 jitomates grandes
2 chorizos
3 dientes de ajo
1 pedazo de cebolla
3 ramas de perejil
2 tazas de caldo
3 cucharadas de manteca

Preparación de los ingredientes

El arroz se remoja en agua caliente durante 20 minutos, se lava, se escurre y se deja secar.

Los jitomates se asan, se pelan y muelen junto con la cebolla, ajo y sal al gusto.

La papa y las zanahorias se mondan, se cortan en cuadritos y se ponen a cocer junto con los chícharos en poca agua.

Manera de hacerse

Se fríen los chorizos en la manteca, se sacan y en esa misma grasa se fríe el arroz hasta que adquiera un color dorado; se quita la manteca sobrante y se le agrega el puré de jitomate, se sazona y cuando espese se le echa una taza de agua fría, sal, la verdura y el perejil. Cuando se consume se le agrega el caldo caliente, se tapa y se

Red rice

for six people
(eaten throughout Mexico)

Ingredients

2 cups rice
1 cup shelled peas
2 carrots
1 small potato
3 large tomatoes
2 chorizos
3 cloves garlic
1 piece onion
3 sprigs parsley
2 cups broth
3 tablespoons lard

Preparing the ingredients

Soak the rice in hot water for 20 minutes, rinse, drain and dry. Roast the tomatoes, peel and blend with the onion, garlic and salt to taste.

Peel the potato and carrots, dice and cook with the peas in a little water.

Method

Fry the chorizo in the lard, remove from the fat and fry the rice in it until golden. Pour off excess fat and add the tomato purée. Season and fry until thick then add one cup cold water, salt, vegetables and parsley. When all the liquid is absorbed, add the hot broth, cover and cook

deja a fuego lento hasta que los granos estén suaves y se separen unos de otros.

on a low heat until the grains of rice are soft but separate.

Arroz verde

para seis personas
(cocina de Hidalgo)

Ingredientes

2 tazas de arroz
6 chiles verdes poblanos
4 ramas de perejil
1 cebolla
2 dientes de ajo
4 tazas de caldo
4 cucharas de manteca
1 taza de chícharos
2 aguacates

Preparación
de los ingredientes

El arroz se pone a remojar en agua caliente durante 20 minutos, se lava en un colador bajo el chorro de agua, se escurre y se deja secar. Los chiles se asan, se guardan en una bolsa de plástico para que suden, se pelan, se desvenan y quitan las semillas; se muelen junto con el ajo, la cebolla y perejil.
Los chícharos se ponen a cocer en poca agua.

Manera de hacerse

Se fríe el arroz y cuando adquiere un tono dorado, se le quita la grasa sobrante, se le agrega la salsa; cuando reseca se le echa una taza de agua fría, y al consumirse se le pone el caldo caliente. Se tapa y poco antes de que

Green rice

for six people
(from Hidalgo)

Ingredients

2 cups rice
6 poblano chilies
4 sprigs parsley
1 onion
2 cloves garlic
4 cups stock
4 tablespoons lard
1 cup peas
2 avocados

Preparing
the ingredients

Soak the rice in hot water for 20 minutes, rinse in a sieve under running water, drain and dry.
Toast the chilies, put into a plastic bag to sweat, then peel and remove the veins and seeds. Blend with the garlic, onion and parsley. Cook the peas in a small amount of water.

Method

Fry rice till golden, pour off excess fat and add the chili sauce. When the liquid is absorbed, add one cup cold water and continue cooking. When this too is absorbed, add the

éste se consuma, se le agregan los chícharos. Se sirve adornado con rebanadas de aguacate.

hot stock and cover. Just before serving, add the peas. Serve garnished with slices of avocado.

7

Legumbres y ensaladas

Vegetables and salads

Calabacitas rellenas de queso

para cinco personas
(cocina de Hidalgo)

Ingredientes

10 calabazas redondas y tiernas
1 manojo de flor de calabaza
200 gramos de queso
1 pieza de pan blanco
½ taza de leche
½ barra de mantequilla
½ cebolla
 sal y pimienta

Preparación de los ingredientes

La flor de calabaza se lava, se le quitan los tallos, se pica.
La cebolla se pica finamente. Cebolla y flor se sofríen.
Las calabazas se meten en agua hirviendo durante 5 minutos. Se sacan y se cortan por un extremo, se les saca la pulpa y esta se mezcla con el pan remojado en leche, la mitad de la mantequilla derretida y la mi-

Cheese-stuffed zucchini

for five people
(from Hidalgo)

Ingredients

10 young, round zucchini
1 bunch squash flowers
7 oz. cheese
1 piece white bread
½ cup milk
½ stick butter
½ onion
 salt and pepper

Preparing the ingredients

Wash the squash flowers and remove stalks, then chop.
Chop the onion finely and fry gently with the squash flowers.
Cook the zucchini in boiling water for 5 minutes. Remove and cut off the top. Scoop out the flesh and mix with the bread soaked in the milk, half the butter, melted, and half of the cheese, grated.

139

tad del queso rallado. Se les agrega la cebolla y flor sofritas. En la cima se pone una rebanada de queso y un poquito de mantequilla.

Manera de hacerse

Sobre un refractario untado en mantequilla se colocan las calabazas rellenas y se meten al horno.

Chayotes rellenos

para ocho personas
(cocina de Guanajuato)

Ingredientes

  8 chayotes grandes
  2 piezas de pan blanco y duro
  3 cucharadas de pasitas
200 gramos de mantequilla
  2 cucharadas de pan molido
  8 rajitas de canela
  1 cucharada de azúcar
    sal al gusto

Preparación de los ingredientes

Los chayotes se ponen a cocer, no demasiado. Se parten por la mitad, se

---

Add the fried onion and squash flower mixture. Place a slice of cheese on top of each and dot with butter.

Method

Arrange the zucchini in a buttered heatproof dish and bake in the oven.

Stuffed chayotes

for eight people
(from Guanajuato)

Ingredients

8 large chayotes
2 stale bread rolls or pieces of bread
3 tablespoons raisins
7 oz. butter
2 tablespoons dry breadcrumbs
8 sticks cinnamon
1 tablespoon sugar
  salt to taste

Preparing the ingredients

Parboil the chayotes. Cut in half and scoop out most of the flesh, leaving

les saca bastante pulpa del centro dejando cierta cantidad pegada a la cáscara. Se meten los chayotes en un recipiente de agua helada para que endurezcan un poco. Se baten los huevos a punto de turrón.

El pan se pone a remojar en leche; se muele y se mezcla con la pulpa y la mantequilla derretida, se revuelve bien y se sazona con azúcar y sal al gusto, debe predominar el sabor dulzón. Por último se le mezcla el huevo batido y las pasitas. A cada uno se le encaja una raja de canela y se les espolvorea pan molido, y en su centro se pone un pedacito de mantequilla.

Manera de hacerse

Colocados en un refractario, los chayotes se meten al horno a una temperatura de 350° y en cuanto doran un poco se sacan y sirven.

Aguacates rellenos

para ocho personas
(cocina tampiqueña)

Ingredientes

4 aguacates grandes
1 lata de atún
½ cebolla chica
1 huevo cocido
½ taza de mayonesa
½ lechuga
1 rama de apio
1 limón

a layer. Place the chayote shells in a dish of iced water to harden a little. Beat the eggs stiffly. Soak the bread in milk and blend, then mix with the chayote flesh and the melted butter. Mix well and season with sugar and salt to taste; the flavor should be predominantly sweet, not savory. Finally add the beaten eggs and raisins. Fill the chayote shells with the mixture, place a stick of cinnamon on top of each and sprinkle with breadcrumbs. Dot with butter.

Method

Place in a heat-proof dish and bake at 350°F until golden.

Stuffed avocados

for eight people
(from Tampico)

Ingredients

4 large avocados
1 can tuna fish
½ small onion
1 hard-boiled egg
½ cup mayonnaise
½ lettuce
1 stick celery
1 lemon

Preparación de los ingredientes

El huevo se pone a cocer, se pela y parte en cuadritos.
El apio se monda quitándole las fibras gruesas y se pica muy finito.
De igual manera pique la cebolla.

Manera de hacerse

Desmenuce el atún y agréguele el huevo, cebolla, apio, mayonesa. Revuelva bien y sazone con sal y pimienta.
Los aguacates se parten por la mitad, se deshuesan y se untan con jugo de limón para evitar que se enegrezcan. Rellénelos con el atún preparado y métalos al refrigerador.

Papas rellenas

para seis personas
(cocina de Querétaro)

Ingredientes

12 papas grandes
250 gramos de carne molida de cerdo
2 cucharadas de pasitas
1 cucharada de almendras picadas
   jitomates
½ cebolla chica
3 ramas de perejil
100 gramos de tocino

Preparación de los ingredientes

Las papas se mondan, se les corta una tajada que ha de servir de tapadera y se ahuecan en su centro. Se ponen a hervir hasta que están a medio cocerse. Deben quedar un poco duras.

Preparing the ingredients

Hard boil the egg, shell and dice.
Remove any strings from the celery and chop finely.
Chop the onion finely.

Method

Flake the tuna fish and add the egg, onion, celery and mayonnaise.
Mix well and season with salt and pepper.
Cut the avocados in half, remove stones and sprinkle with lemon juice to prevent the flesh discoloring. Fill with the tuna mixture and chill.

Stuffed potatoes

for six people
(from Querétaro)

Ingredients

12 large potatoes
9 oz. ground pork
2 tablespoons raisins
1 tablespoon chopped almonds
   tomatoes
½ small onion
3 sprigs parsley
4 oz. bacon

Preparing the ingredients

Peel the potatoes and cut a slice off one side to use as a lid. Remove most of the flesh and parboil. Chop the onion and the bacon. Purée the tomato and fry.

La cebolla se pica, lo mismo el tocino. El jitomate se muele en crudo y se fríe haciendo un caldillo.

Manera de hacerse

En una cazuela se fríe la cebolla hasta que quede transparente, se agrega la carne, tocino, pasitas, almendras, se sazona con sal y pimienta y se deja freír 10 minutos.

Las papas se rellenan con el picadillo y se tapan con la tajada. Se meten dentro del caldillo de jitomate, se le agrega el perejil, se tapa bien y se dejan terminar de cocer.

Method

Fry the onion until soft. Add the meat, bacon, almonds and raisins. Season with salt and pepper and fry for ten minutes.

Stuff the potatoes with the meat mixture and cover with the potato lids. Place in the tomato sauce, sprinkle with parsley, cover tightly and cook until done.

Fritanguitas de pobre

para cuatro personas
(cocina de Guanajuato)

Ingredientes

cáscaras de papa mediana
1 cebolla grande
4 chiles verdes serranos

Manera de hacerse

No tire las cáscaras de papa. Fríalas en poco aceite con chiles partidos por la mitad y rodajas muy delgadas de cebolla. Deje que queden doraditas, sazónelas con sal y disfrute de ricos tacos "tentempié".

Poor man's snack

for four people
(from Querétaro)

Ingredients

potato peelings
1 large onion
4 serrano chilies

Method

Keep the peelings from potatoes used in other dishes. Fry in a little oil with the halved chilies and thin rings of onion until golden. Season with salt and use as taco-fillers —a tasty snack.

Calabacitas a la mexicana

para seis personas
(cocina de San Luis Potosí)

Ingredientes

½ kilogramo de calabazas tiernas
3 jitomates

Mexican style zucchini

for six people
(from San Luis Potosí)

Ingredients

1 lb. zucchini

1 cebolla	3 tomatoes
1 diente de ajo	1 onion
2 chiles poblanos	1 clove garlic
3 elotes tiernos	2 poblano chilies
1 rama de epazote	3 earns of corn
100 gramos de queso fresco	1 sprig epazote
	4 oz. crumbly white cheese

Preparación de los ingredientes

Los chiles se asan, se ponen a sudar dentro de una bolsa de plástico, se pelan y se les quita las semillas bajo el chorro de agua. Se parten en rajas muy pequeñas y delgadas.
Los elotes se desgranan. La cebolla y los ajos se pican finamente. Las calabazas se parten en cuadritos.

Preparing the ingredients

Roast the chilies place in a plastic bag to sweat, peel and remove the seeds under running water. Cut into very fine strips.
Remove the kernels from the ears of corn. Chop the onion and garlic finely. Dice the zucchini.

Manera de hacerse

En una cazuela se ponen a freír el ajo y la cebolla, se les añade el jitomate, la rama de epazote y sal al gusto. Ya frito se le agrega una taza de agua y las calabazas, el elote y los chiles.

Method

Fry the garlic and the onion in a pan and add the tomatoes, epazote and salt to taste. When cooked, add one cup water, the zucchini, corn and chilies.

Nopales

Ensalada de nopales

para ocho personas
(cocina del Valle de México)

Nopales

Nopal salad

for eignt people
(from the Valley of Mexico)

Ingredientes

12 nopales tiernos
3 jitomates
2 ramas de cilantro
3 cebollas de rabo
2 monedas de cobre
1 cucharadita de orégano
1 limón

Ingredients

12 young nopales
3 tomatoes
2 sprigs coriander
3 scallions
2 copper coins
1 teaspoon oregano
1 lemon

Preparación de los ingredientes

Los nopales se mondan para quitarles las espinas, se lavan y cortan en cuadritos. El jitomate se pica, no demasiado menudo y la cebolla se corta en rodajas muy finas. El cilantro se pica finito. Las monedas se limpian con bicarbonato y limón.

Manera de hacerse

En dos litros de agua se ponen los rabos de cebolla a cocinar. Caliente las monedas sobre la parrilla, hasta el rojo vivo. Cuando ya están hirviendo los rabos de cebollas, vierta los nopales. Cuando de nuevo suelte el hervor eche las monedas. El agua al hacer efervescencia le cortará la baba de los nopales. Déjelos en el fuego hasta que estén cocidos. Sáquelos, enjuáguelos y déjelos envueltos en una servilleta mojada con agua helada. Viértalos en una batea, sazónelos con sal y orégano y distribuya el jitomate y las rodajas de cebolla y el cilantro.

Preparing the ingredients

Remove the spines from the nopales, wash and dice. Chop the tomato coarsely and slice the onion into thin rings. Chop the coriander finely. Scrub the coins with bicarbonate of soda and lemon.

Method

Cook the onion leaves in two quarts water. Heat the coins on the grill till red hot. When the onion leaves are boiling, add the chopped nopales. When the water comes back to the boil, drop in the coins. These make the water bubble rapidly, which helps to counteract the slime secreted by the nopales. Boil until cooked. Remove from heat, drain and wrap in a napkin soaked in icecold water. Empty into a serving dish, season with salt and oregano and arrange the tomato, onion rings and coriander on top.

Nopales en chipotle adobado

para ocho personas
(cocina de San Luis Potosí)

Ingredientes

20 nopales tiernos
10 tomates verdes
 1 diente de ajo
½ cebolla
 2 chiles chipotles adobados
 1 cucharada de aceite

Preparación de los ingredientes

Los nopales se preparan como lo indica la primera receta que se refiere a ellos. La cebolla se pica finamente. Los tomates se asan y se muelen con el ajo y los chipotles.

Manera de hacerse

En una cazuela se acitrona la cebolla, se le vierte la salsa y se le agregan los nopalitos.

Nopales entamalados

para seis personas
(cocina del Valle de México)

Ingredientes

12 nopales tiernos
 1 cebolla grande
 3 cebollitas de rabo
 1 manojo de epazote
   cucharada y media de orégano
   hojas de elote

Preparación de los ingredientes

Monde, corte y hierva los nopales

Nopales in chipotle adobado

for eight people
(from San Luis Potosí)

Ingredients

20 young nopales
10 green tomatillos
 1 clove garlic
½ onion
 2 chiles chipotles adobados
 1 tablespoon oil

Preparing the ingredients

Prepare the nopales as in the previous recipe. Chop the onion finely, roast the tomatillos and blend with the garlic and chipotle chilies.

Method

Fry the onion gently in a pan, add the sauce and the chipotles.

Nopal tamales

for six people
(from the Valley of Mexico)

Ingredients

12 young nopales
 1 large onion
 3 scallions
 1 bunch epazote
1½ tablespoons oregano corn husks
    dried corn husks

Preparing the ingredients

Peel, dice and boil the nopales as in-

como lo indica la receta anterior. Déjelos reposar durante 15 minutos envueltos en la servilleta mojada con agua helada. Pique la cebolla muy finita. Ponga a remojar las hojas de maíz.

Manera de hacerse

Los nopalitos se mezclan con la cebolla picada y se les revuelve el orégano. Se colocan porciones en las hojas de maíz procurando que queden bien envueltos. Se deben utilizar dos hojas en cada tamal. Se colocan sobre las brasas hasta que la primera hoja se tatema.

Hongos

Hongos a la oaxaqueña

para ocho personas
(cocina de Oaxaca)

Ingredientes

1 kilogramo de hongos
1 cebolla
2 cucharadas de aceite de oliva
2 jitomates medianos

dicated in the above recipe. Leave for ten minutes wrapped in a napkin soaked in iced water. Chop the onion finely. Soak the corn husks.

Method

Mix the diced nopales with the chopped onion and oregano. Place portions of nopales on the corn husks and wrap up tightly. Use two husks for each tamal. Place on hot coals and cook until the husks brown.

Mushrooms

Oaxaca style mushrooms

for eight people
(from Oaxaca)

Ingredients

2 lb. wild mushrooms
1 onion
2 tablespoons olive oil
2 medium tomatoes

8 dientes de ajo	8 cloves garlic
2 chiles anchos	2 ancho chilies
4 cominos	4 cumin seeds
1 hoja de hierba santa	1 leaf hierba santa
1 pedazo de pan	1 piece bread
½ taza de caldo de pollo	½ cup chicken broth
½ limón	½ lemon
sal y pimienta al gusto	salt and pepper to taste

Preparación de los ingredientes

Los hongos se lavan muy bien y se dejan remojar durante diez minutos en agua con doce gotas de limón; se escurren. Los chiles anchos se tuestan y se les quitan las semillas. Los jitomates se asan y pelan. El pedazo de pan se tuesta o se fríe y se remoja en el caldo de pollo. La cebolla, los jitomates, 4 dientes de ajo, cominos, hierba santa y el pedazo de pan se muelen hasta formar una salsa.

Manera de hacerse

Se calienta el aceite en la cazuela donde se vierten los hongos y los cuatro dientes de ajo. Después de unos hervores se saca el ajo que sirve para comprobar que los hongos no son venenosos. En otro recipiente se fríe y se sazona la salsa con sal y pimienta al gusto, para después agregársela a los hongos. Se tapa la cazuela y se dejan a fuego lento durante media hora.

Hongos bravos

para ocho personas
(cocina del Estado de México)

Ingredientes

1 kilogramo de hongos naturales

Preparing the ingredients

Wash the mushrooms thoroughly and soak for ten minutes in water with twelve drops lemon juice, then drain. Roast the ancho chilies and remove the seeds. Roast and peel the tomatoes. Toast or fry the piece of bread and soak in the chicken broth. Blend the onion, tomatoes, four cloves garlic, cumin, mint and bread to form a sauce.

Method

Heat the oil in a pan and add the mushrooms and four cloves of garlic. hot water to make them easier to Fry thoroughly and remove the garlic (if it turns black, it means the mushrooms are poisonous).
In a separate pan fry the sauce and season with salt and pepper, then add the mushrooms. Cover and cook over a low heat for half an hour.

Chilied mushrooms

for eight people
(from the State of Mexico)

Ingredients

2 lb. wild mushrooms

12 cebollitas de rabo largo
2 cabezas grandes de ajo
8 chiles verdes (serranos)
¼ de aceite de oliva

Preparación de los ingredientes

Corte la parte inferior del tallo de los hongos para eliminar la costra negra; frote perfectamente los sombreros y tallos, enjuague varias veces, escúrralos y córtelos a lo largo en cuatro partes. Pele los ajos y pártalos en dos; parta en cuatro, por lo largo a las cebollas sin eliminar el rabo. Parta los chiles verdes en rajitas finas. Si no se quiere muy picante, desvénelos.

Manera de hacerse

Vacíe en una cacerola el ¼ de aceite y una vez caliente fría en él los ajos hasta que se pongan negros; sáquelos de la cacerola y fría las cebollitas. Agregue las rajas de chile y los hongos. Déjelo cocer a fuego lento y bien tapada la cacerola. Cuando el aceite desaparece y sólo es visible el jugo natural, sáquelo del fuego. Sírvase bien caliente.

Setas charras

para diez personas
(cocina de Hidalgo)

Ingredientes

½ kilogramo de hongos naturales
½ kilogramo de costillitas de cerdo
½ kilogramo de jitomate
½ taza de manteca
3 cebollas medianas

12 scallions
2 large heads garlic
8 green serrano chilies
½ pint olive oil

Preparing the ingredients

Cut the hard end off the mushroom stalks and rub the caps and stalks clean. Rinse several times, drain and cut lengthwise into quarters. Peel the garlic and cut in two. Cut the scallions in quarters, including stalks. Slice the chilies into thin strips and, if wished, remove the veins.

Method

Pour the oil into a pan, heat and fry the garlic until black. Remove from the pan and fry the onion. Add the chili and mushrooms. Cover and simmer over a low heat. When all the oil is absorbed and only the natural juice of the mushrooms remains, remove from heat and serve very hot.

Charro mushrooms

for ten people
(from Hidalgo)

Ingredients

1 ib. wild mushrooms
1 lb. pork spare ribs
1 lb. tomatoes
½ cup lard
3 medium onions

8 dientes de ajo
10 chiles poblanos
1 rama de epazote
1 taza de caldo de carne o en su defecto agua caliente

8 cloves garlic
10 poblano chilies
1 sprig epazote
1 cup stock or hot water

Preparación de los ingredientes

Corte la parte inferior del tallo de los hongos para eliminar la costra negra; frote perfectamente los sombreros y tallos, enjuague varias veces, escúrralos y cortélos a lo largo en cuatro partes. Los jitomates se asan, se pelan y muelen; se pican las cebollas finamente y se pelan los ajos; los chiles poblanos se asan, se guardan en una bolsa de plástico para que suden y sea fácil pelarlos; se desvenan bajo un chorro de agua y se cortan en rajas.

Preparing the ingredients

Cut off the end of the mushroom stalks Rub the caps and stalks clean, rinse several times, drain and cut lengthwise into quarters. Roast the tomatoes, peel and purée. Chop the onions finely and peel the garlic. Roast the chilies, place in a plastic bag to sweat, then peel. Remove the veins under running water and cut into strips.

Manera de hacerse

En una cazuela de barro se calienta la manteca, se fríen los ajos enteros, la cebolla y los hongos. Se dejan 10 minutos al fuego con tapadera. Se le agregan las costillas, las rajas de chile poblano, el puré de jitomate, el epazote y el caldo. Se deja a fuego lento hasta que la carne esté suave. Se sirve muy caliente de la cazuela al plato. En las comidas rancheras no se usa vaciar las viandas en platones sino que por tradición se llevan las cazuelas de cocina a la mesa.

Method

Heat the lard in clay casserole fry the whole garlic cloves, the onions and the mushrooms. Cover and continue cooking for ten minutes. Add the spare ribs, chili, tomato purée, epazote and stock. Simmer slowly until the meat is tender. Serve very hot from the same dish.
In ranch-style meals, food is not usually served in special dishes but in the dishes used for cooking.

Chiles rellenos

Chiles rellenos de carne

para seis personas
(cocina tradicional en toda la República)

Ingredientes
Para el relleno de carne

350 gramos de carne de res molida
  1 papa chica
  1 zanahoria
 12 aceitunas
 60 gramos de pasitas
  1 pedazo de cebolla
  1 jitomate chico
  1 pedazo de acitrón
  2 cucharadas de aceite para freír
    pimienta y sal

Para el guiso

 12 chiles poblanos grandes
 ¼ de queso fresco
 ¼ de aceite
  2 cucharadas de aceite de oliva
  2 chiles serranos
  3 ramas de cilantro
  3 cucharadas de harina
  2 jitomates grandes
  1 hoja de laurel
  4 huevos

Preparación
de los ingredientes

Para el relleno se mondan las papas y la zanahoria, se cuecen y se pican en cuadritos; deshuesadas se pican las aceitunas y el acitrón. El jitomate se asa se muele y cuela. La carne se sazona con sal y pimienta, se fríe junto a la cebolla y se le agregan los ingredientes picados y las pasitas.

Stuffed Chilies

Meat-stuffed chilies

for six people
(eaten throughout Mexico)

Ingredients
For the meat filling

 12 oz. ground beef
  1 small potato
  1 carrot
 12 olives
  2 oz. raisins
  1 piece onion
  1 small tomato
  1 piece acitrón
  2 tablespoons oil for frying
    salt and pepper

For the peppers

 12 large poblano chilies
  8 oz. soft white cheese
  1 cup oil
  2 tablespoons olive oil
  2 serrano chiles
  3 springs coriander
  3 tablespoons flour
  2 large tomatoes
  1 bayleaf
  4 eggs

Preparing
the ingredients

To make the filling, peel the potato and carrot, cook and dice. Chop the pitted olives and the acitrón. Roast or brail the tomatoes, blend and strain. Season the meat with salt and pepper and fry together with the onion. Add the chopped ingredients and the raisins.

151

Para el guiso

Los chiles poblanos se asan, se ponen a sudar dentro de una bolsa de plástico, se pelan y se les quitan las semillas bajo el chorro de agua. Debe hacerse con cuidado para que no se rajen, excepto la apertura que sirve para lavarlos y rellenarlos. Se rellenan con el picadillo. Las claras de huevo se baten a punto de turrón y se vuelcan ligeramente en la harina, se capean con el huevo y se fríen en aceite muy caliente, a fuego lento para que doren parejo. Se voltean de un lado y otro. Se guardan en recipiente tapado. Se les rocía aceite de oliva. Se muele el jitomate con cebolla, ajo y chiles serranos; se les agrega agua y sal y cuando está hirviendo se le hechan los chiles. Se sirven adornados con una tajada de queso fresco.

Chiles rellenos de queso

para seis personas

Igual a la receta anterior pero cambiando el relleno por queso, y adornándolos con rajas de aguacate.

Chiles rellenos de flor de calabaza

para seis personas

Igual que la primer receta pero cambiando el relleno por flor de calabaza: Se pica un manojo de flor de calabaza, media cebolla, un diente de ajo y un jitomate chico. Todo se sofríe y se le pone una hoja de epazote. Se tapa hasta que cueza. Se adornan con una raja de queso.

For the chilies

To remove the skins of the chilies, roast or broil and leave them to sweat in a plastic bag. Peel off the skin and remove the seeds under running water. Take care not to tear the chilies other than the slit for washing and stuffing them. Stuff the chilies with the ground beef mixture. Beat the egg whites until soft peaks are formed then add the yolks. Coat the chilies lightly in the flour then dip in the egg. Fry in very hot oil on a low heat until golden, turning as required. Keep the chilies hot in a covered container. Sprinkle with the olive oil. Meanwhile, blend the tomato, onion, garlic and serrano chilies, add water and salt, and heat. When boiling, add the chilies. Serve garnished with slices of cheese.

Cheese-stuffed chilies

for six persons

As for the above recipe but stuff the chilies with cheese and garnish with avocado slices.

Chilies with squash flower stuffing

for six people

As for the first recipe but replace the meat filling with a squash flower stuffing. Chop a bunch of squash flowers together with half an onion, one clove garlic and one small tomato. Fry lightly and add an epazote leaf. Cover until cooked. Garnish with slices of cheese.

Chiles rellenos de atún

para seis personas

Igual que la primer receta pero cambiando el relleno con atún; Se desmenuza el atún de lata, se le pica media cebolla, se le agregan dos cucharadas de mayonesa. Se adornan con una raja de aguacate.

Chiles rellenos de frijoles refritos

para seis personas

Igual que la primer receta pero cambiando el relleno por frijoles refritos (ver receta). Se adornan con una raja de queso.

Chiles anchos rellenos

para seis personas

Para rellenar los chiles anchos, éstos se remojan durante media hora en agua caliente. Se les hace una rajada y se les quitan las semillas. El proceso a continuación es el mismo de los chiles poblanos.

Tuna-stuffed chilies

for six people

As for the first recipe but with tuna fish filling: flake the canned tuna fish and add half an onion, chopped, and two tablespoons mayonnaise. Garnish with slices of avocado.

Bean-stuffed chilies

for six people

As for the first recipe but stuff the chilies with refried beans and garnish with slices of cheese.

Stuffed ancho chilies

for six people

Soak the chilies for half an hour in hot water to make them easier to stuff. Slit down one side and remove the seeds. Stuff and cook as for poblano chilies.

También para rellenar se utilizan los chiles jalapeños con relleno de atún o sardina, y los chiles manzanos con relleno de queso y frijoles.

Chiles en nogada

para seis personas
(cocina de Puebla)

Ingredientes
12 chiles poblanos
4 huevos
3 cucharadas de harina
½ de taza de manteca

Para el relleno del picadillo de carne
2 cucharadas de manteca
1 cebolla
2 dientes de ajo
2 jitomates chicos
450 gramos de lomo de puerco picado menudamente
½ cucharadita de polvo de canela
2 cuadros de acitrón (3 cm. aproximadamente)
60 gramos de pasitas
60 gramos de almendras
2 duraznos
2 peras
1 manzana chica

Para la salsa
15 nueces de castilla fresca
60 gramos de almendras
100 gramos de queso de cabra
½ litro de leche
2 granadas bien rojas
3 ramas de perejil
½ cucharada de azúcar

The small jalapeño chiles can also be stuffed with tuna fish or sardines and manzano chiles, with cheese and beans.

Chilies in walnut sauce

for six people
(from Puebla)

Ingredients
12 poblano chilies
4 eggs
3 tablespoons flour
½ cup lard

For the meat filling
2 tablespoons lard
1 onion
2 cloves garlic
2 small tomatoes
1 ib. finely chopped pork tenderloin
3 pieces acitrón (about 1" square)
½ teaspoon ground cinnamon
2-3 oz. raisins
2-3 oz. almonds
2 peaches
2 pears
1 small apple

For the sauce
15 fresh walnuts
2-3 oz. almonds
4 oz. goat cheese
1 pint milk
2 ripe pomegranates
3 sprigs parsley
½ tablespoon sugar

Preparación de los ingredientes y manera de hacerse

Primero se hace el relleno: se asan los jitomates, se muelen y cuelan. Se pican las cebollas y el ajo. Las almendras y frutas se pelan y se pican. La carne se sazona con sal y pimienta. En manteca bien caliente se fríen la cebolla y el ajo, y luego la carne hasta que quede bien frita; se le agrega el puré de jitomate, el polvo de canela, las pasas, almendras, acitrón, frutas y azúcar. Se deja en el fuego hasta que reseca el jugo. Se retira del fuego.

La salsa

Las nueces y las almendras se ponen a remojar en la leche, con el fin de que sea más fácil pelarlas. No deben de tener piel porque ésta amarga. Se muelen junto con el queso, una pizca de sal y azúcar al gusto. Se les agrega la leche necesaria cuidando de que la salsa sea algo espesa. Las granadas se desgranan, cuidando también de que no contengan nada de cáscara blanda y se colocan en un plato.

Los chiles

Se ponen a hervir dentro de un litro de agua durante 20 minutos. Estando calientes se les quita la piel, se les hace una rajada y se les quitan las semillas bajo el chorro de agua tibia. Se dejan escurrir y se rellenan con el picadillo. En una mesa se extiende la harina; se revuelcan en ella. Las claras de huevo se baten a punto de turrón y se siguen batiendo con las yemas agregadas. Se capean los chiles y se fríen en manteca bien caliente.

Preparing the ingredients, and method

To make the filling, roast the tomatoes, purée and strain. Chop the onion and garlic. Peel and chop the almonds and fruit. Season the meat with salt and pepper.
Fry the onion and garlic in hot lard then add the meat and cook through. Add the tomato purée, the cinnamon, raisins, almonds, acitrón, fruit and sugar. Simmer until all the liquid is absorbed. Remove from heat.

The sauce

Soak the shelled walnuts and almonds in milk to make them easier to peel. All the peel should be removed to avoid any bitter taste. Blend with the cheese, a pinch of salt and sugar to taste. Add a little milk, making sure you do not over-dilute the sauce. Scoop the seeds from the pomegranates into a dish, ensuring that they cointain no pith.

The chilies

Boil in one quart water for 20 minutes. Peel when still hot; make a slit down one side and remove the seeds under warm running water. Drain and stuff with the meat filling. Sprinkle the flour onto a board and roll the chilies in it. Beat the egg whites into stiff peaks and mix in the egg yolks. Coat the chilies in the egg and fry in the hot lard.

Manera de servirse

En platoncillos ovalados se sirven dos chiles por persona, se bañan con la salsa y se cubren con granos de granada. Al centro de la mesa debe haber más granada. Los chiles deben estar calientes y la salsa fría. Se acompañan de frijoles refritos (ver receta).

To serve

Place two chilies on each plate, pour over the sauce and sprinkle with pomegranate seeds. Place a separate dish of pomegranate in the middle of the table. The chilies should be served hot and sauce cold. Accompany with refried beans (see recipe).

Ensalada Nochebuena

para ocho personas
(tradicional en toda la República)

Ingredientes

6 betabeles
1 caña
1 lechuga orejona
4 plátanos
4 naranjas
3 limas
2 jícamas
250 gramos de cacahuate
100 gramos de colación
3 cucharadas de azúcar
1 cucharada de vinagre

Preparación de los ingredientes

Las frutas se pelan y se parten en cuadritos. Los cacahuates se pelan y se tuestan ligeramente. La caña se parte en tiritas con todo y cáscara. La lechuga se lava y se pica muy fina. Los betabeles se mondan.

Manera de hacerse

En un litro de agua se ponen a cocer los betabeles con la azúcar. Se sacan, se rebanan en rodajas y se vuelven a

Christmas Eve salad

for eight people
(eaten throughout Mexico)

Ingredients

6 beets
1 piece sugarcane
1 romaine lettuce
4 bananas
4 oranges
3 limes
2 jícamas
½ lb. peanuts
4 oz. sugared candies
3 tablespoons sugar
1 tablespoon vinegar

Preparing the ingredients

Peel the fruit and dice. Shell the peanuts and toast lightly. Cut the unpeeled sugar cane into strips. Wash the lettuce and chop finely. Peel the beets.

Method

Cook the beets in one quart water with the sugar. Cut into rounds and return to the pan. Add the fruit.

echar. Se le agregan las frutas. Por último, ya para servirse se le rocía con vinagre y se le ponen los cacahuates y la colación.

Before serving, pour over the vinegar and garnish with the peanuts and candies.

Ensalada tricolor

para seis personas
(cocina de Nuevo León)

Three color salad

for six people
(from Nuevo León)

Ingredientes

2 betabeles
4 hojas de col morada
1 jícama
1 nabo
½ cebolla
4 chiles jalapeños
1 tallo de apio
1 pepino chico
6 cucharadas de vinagre
3 cucharadas de aceite de olivo
sal y pimienta

Ingredients

2 beets
4 leaves red cabbage
1 jícama
1 turnip
½ onion
4 jalapeño chilies
1 stick celery
1 small cucumber
6 tablespoons vinegar
3 tablespoons olive oil
salt and pepper

Manera de hacerse

Los betabeles se ponen a cocer y se pican junto con la col. Se colocan en una cazuelita. La jícama, nabo crudo y cebolla se pican y se ponen en otra cazuela. El apio, el pepino y los chiles jalapeños se pican juntos y se ponen en una tercera cazuelita. El contenido de cada recipiente se condimenta con sal, 2 cucharadas de vinagre, una de aceite de oliva y un poco de pimienta. Al centro de la mesa se colocan las cazuelas decoradas con hojas de lechuga a su alrededor.

Method

Cook the beets; chop together with the cabbage. Place in a bowl. Chop the jícama, raw turnip and onion and place in a separate bowl. Chop the celery, cucumber and chilies and place in a third bowl. Season each salad with salt, 2 tablespoons vinegar, one of oil and little pepper. Place the three bowls, surrounded by lettuce leaves, in the center of the table.

Chacales de Parral (ezquites)

para ocho personas
(cocina de Chihuahua)

Ingredientes

24 elotes tiernos
½ taza de mantequilla
200 gramos de queso
4 limones
3 ramas de epazote
1 cebolla
4 cucharadas de chile piquín

Manera de hacerse

Se ponen a hervir los elotes junto con la cebolla entera. Ya cocidos se desgranan y se vacían en otra olla con el epazote picado y la mantequilla. Se sazonan a punto de sal y se les agrega dos o tres tazas del agua en que se cocieron. Se dejan hervir hasta que consuma el caldo y se sirven con jugo de limón, queso rallado y chile piquín.

Frijoles

Frijoles de la olla

para seis personas

Ingredientes

2 tazas de frijol
2 cebollas
2 cucharadas de manteca
2 ramas de epazote
300 gramos de queso
1 manojo de cilantro

Parral "jackals" (ezquites)

for eight people
(from Chihuahua)

Ingredients

24 young ears corn
½ cup butter
7 oz. cheese
4 lemons
3 sprigs epazote
1 onion
4 tablespoons cayenne pepper

Method

Boil the ears of corn with the whole onion. When cooked, remove the kernels and place in a separate pan with the chopped epazote and butter. Season with salt and add two or three cups of the liquid in which the corn was cooked. Boil until all the liquid is absorbed. Serve with lemon juice, grated cheese and cayenne pepper.

Beans

Boiled beans

for six people

Ingredients

2 cups pinto beans
2 onions
2 tablespoons lard
2 sprigs epazote
12 oz. cheese
1 bunch coriander

Preparación de los ingredientes

Se limpian los frijoles quitándoles pie-drecillas, pajuelas y demás basura, además de eliminar aquellos que están dañados por gorgojos ya que suelen amargar. Se dejan remojando en agua fría durante toda la noche anterior a cocinarlos.

Manera de hacerse

Se ponen a cocer en una olla de barro con cuatro litros de agua y una de las cebollas. Cuando se arrugan se les agrega la manteca y hasta que están casi cocidos se les agrega la sal y el epazote. Deben hervir durante cuatro horas a fuego muy lento. Una vez que ya están cocidos se saca una taza de frijoles y se muelen con un poco de su propio caldo y se vacían de nuevo a la olla; esto con el fin de que el caldo espese y tome más sabor. Por separado se pican el cilantro, los chi-les y la otra cebolla. Se ralla el queso y estos se sirven en platos al centro de la mesa. Los frijoles se sirven en plato hondo y cada quien toma adere-zos a su gusto.

Frijoles sazonados estilo Jalisco

para doce personas
(cocina de Jalisco)

Ingredientes

1 olla de frijoles ya cocidos
8 dientes de ajo
1 cebolla chica
1 chorizo
2 cucharadas de manteca de cerdo

Preparing the ingredients

Pick over the beans to remove stones, straw or any other foreign bodies and any beans that have been eaten by grubs as these tend to be bitter. Soak in cold water overnight.

Method

Boil the beans in four quarts water in a clay pot with one of the onions. When they start to wrinkle, add the lard and when almost cooked, the salt and epazote. Simmer for four hours. When cooked, blend one cup-ful of beans with their own liquid and return to the pot to thicken the broth and give it more flavor. Chop the coriander, chilies and the remain-ing onion, grate the cheese and serve in separate bowls in the center of the table. Serve the beans in bowls and each person helps himself to cheese, chilies, etc.

Jalisco style beans

for twelve people
(from Jalisco)

Ingredients

1 pot boiled beans (see recipe)
8 cloves garlic
1 small onion
1 chorizo
2 tablespoons lard

Manera de hacerse

En una cazuela honda se pone a calentar la manteca y se le agrega la cebolla y los ajos picados finamente, luego el chorizo y después los frijoles. Al último, después de que todo esté sazonado se le vacía el caldo y se deja hervir hasta que espese un poco.

Method

Heat the lard in a deep pan and add the finely chopped onion and garlic, then the chorizo, chopped and finally the drained beans. Heat through and pour on the liquid.
Boil until slightly thickened.

Frijoles refritos

para seis personas
(cocina tradicional en toda la República)

Refried beans

for six people
(eaten throughout Mexico)

Ingredientes

3 tazas de frijol ya cocido y sin caldo
2 cucharadas de manteca
1 cebolla chica
6 tortillas
   manteca suficiente para freír las tortillas
   taza y media de caldo de frijol

Ingredients

3   cups cooked beans without liquid
2   tablespoons lard
1   small onion
6   tortillas
   enough lard to fry the tortillas
1½ cups bean liquid

Preparación de los ingredientes

Los frijoles se machacan en mortero hasta que quedan hechos puré. Las tortillas se cortan en triángulos y se fríen, se dejan reposando para que escurra el aceite o se desgrasan con servilletas de papel. La cebolla se pica finamente.
El queso se ralla.

Preparing the ingredients

Mash the beans to a purée in a mortar. Cut the tortillas into triangles and fry; drain on absorbent paper. Chop the onion and grate some cheese.

Manera de hacerse

En una sartén se pone a calentar la manteca, se fríe la cebolla y se agregan los frijoles machacados con el caldo. Se mueven constantemente para

Method

Heat the lard in a frying pan, fry the onion and add the mashed beans and liquid. Stir continually to avoid sticking and when the beans thicken and

que no se peguen y cuando han espesado lo suficiente que se pueden aventar al aire y atraparlos en la sartén, se colocan en un platón y se adornan con el queso y los triángulos de tortilla.

come away cleanly from the sides of the pan. Remove from heat. Serve garnished with cheese and tortilla chips.

Frijoles puercos

para catorce personas
(cocina yucateca)

Ingredientes

1 kilogramo de frijol
1 kilogramo de carne de puerco
½ kilogramo de jitomate
2 cebollas
1 hoja de cebolla
2 chiles habaneros
2 limones
2 manojos de rábanos
1 manojo de cilantro
2 hojas de epazote
2 limones

Preparación de los ingredientes

Cueza los frijoles siguiendo la receta de "frijoles de la olla". Cuando estén a punto de cocimiento, agregue el puerco cortado en piezas regulares.

Beans with pork

for fourteen people
(from the Yucatan)

Ingredients

2 lb. dried pinto beans
2 lb. pork
1 lb. tomatoes
2 onions
2 habanero chilies
2 lemons
2 bunches radishes
1 bunch coriander
2 epazote leaves
2 lemons
  the outer layer of one onion

Preparing the ingredients

Cook the beans as for the boiled beans recipe. When almost done, add the pork cut into regular pieces. Cover and boil until well cooked. Remove

Tápelos y déjelos hervir. Cuando la carne de puerco esté bien cocida, sáquela y guárdela en una olla tapada. Deje que los frijoles sigan cociéndose hasta que queden muy suaves.

Ase los tomates y los chiles (guarde un chile para servirlo en el aderezo) y muélalos haciendo un puré a punto de sal.

Ase media cebolla y la hoja de cebolla.

Prepare un salpicón picando muy menudito la cebolla restante, el cilantro y los rábanos. Los limones y el otro chile se parten en rodajas.

Manera de hacerse

Una vez bien cocinados los frijoles agrégueles directamente el puré de tomate o servirlo aparte.

Coloque el salpicón en un platón de la siguiente manera:

Al centro el picadillo de cilantro, cebolla y rábanos y alrededor las rodajas de limón y chile habanero.

Frijoles charros

para doce personas
(cocina de Tamaulipas)

Ingredientes

    1 kilogramo de frijol
250 gramos de chorizo
250 gramos de tocino
250 gramos de carne de puerco
    4 jitomates
    1 cebolla
    2 dientes de ajo
    1 rama de epazote
    6 chiles verdes

the pork from the pot and put to one side in a covered pan. Boil the beans until very soft.

Roast the tomatoes and one chili (use the other for the dressing) and blend to a purée. Season with salt. Roast half an onion and the layer of onion.

Prepare a relish of the remaining onion chopped together with the coriander and the radishes. Slice the lemon and remaining chili into rings.

Method

When the beans are cooked, add the meat, onion and epazote. The tomato purée may be mixed with the beans or served separately.

Arrange the coriander, onion and radish mixture on a separate plate surrounded by slices of lemon and habanero chili.

Charro beans

for twelve people
(from Tamaulipas)

Ingredients

    2 lb. pinto beans
    ½ lb. chorizo
    ½ lb. bacon
    ½ lb. pork
    4 tomatoes
    1 onion
    2 cloves garlic
    1 sprig epazote
    6 green chilies

Manera de hacerse

Ponga a cocer los frijoles como lo indica la primera receta "frijoles de la olla".

Ase los tomates, pélelos y muélalos; pique el ajo y la cebolla y haga con ellos un sofrito.

Cuando los frijoles estén a punto de cocimiento agregue el tocino, el chorizo y la carne de puerco; cuando la carne esté cocida es momento de agregar el sofrito. Deje que hiervan 10 minutos más.

Method

Cook the beans as indicated in the boiled beans recipe above. Roast the tomatoes, peel and purée. Chop the garlic and onion and fry gently.

When the beans are almost cooked, add the bacon, chorizo and pork. When the meat is cooked add the fried onions and garlic. Cook for 10 minutes more.

Frijoles refritos costeños

para seis personas
(cocina de Veracruz)

Ingredientes

    3 tazas de frijol ya cocido y sin caldo
    2 cucharadas de manteca
    3 jitomates grandes
    1 cebolla
    1 lata de sardinas
100 gramos de queso
    2 aguacates
    2 chipotles en reserva
    1 manojo de rábanos
    1 lechuga orejona
    3 tortillas
      aceite el suficiente y sal al gusto

Preparación
de los ingredientes

Corte las tortillas en triángulo, fríalas hasta que queden tostadas. Machaque los frijoles. Pique la cebolla; ralle el queso; desmenuce las sardinas.

Coastal style refried beans

for six people
(from Veracruz)

Ingredients

3 cups cooked beans without liquid
2 tablespoons lard
3 large tomatoes
1 onion
1 can sardines
4 oz. cheese
2 avocados
2 canned chipotle chilies
1 bunch radishes
1 romaine lettuce
3 tortillas
  oil as required
  salt to taste

Preparing
the ingredients

Cut the tortillas into triangles and fry till crisp. Mash the beans. Chop the onion, grate the cheese and flake the sardines.

Manera de hacerse

En una sartén se pone a calentar la manteca, se fríe la cebolla y se agregan los frijoles con un poco de caldo. Cuando comienzan a espesar se agregan las sardinas procurando que todo quede revuelto. Cuando reseca y forma un rollo está listo. Se coloca al centro en un platón, se cubre con queso rallado y se adorna alrededor con hojas de lechuga, rajas de aguacate, rabanitos floreados, y sobre los frijoles se colocan los chipotles y los triángulos de tostadas.

Mitos de frijol

para oche personas
(cocina de Querétaro)

Ingredientes

4 tazas de frijoles refritos (ver la receta)
200 gramos de manteca
2 cebollas
1 lata de sardinas en jitomate
2 jitomates grandes
2 huevos
3 cucharadas de harina
½ cucharadita de chile piquín en polvo
1 rama de perejil

Preparación de los ingredientes

Para la salsa se hace un puré de jitomate y chile. Se pica una cebolla, se fríe y cuando está transparente se le echa el puré. Se sazona con sal y se deja hervir hasta que espese. Se pica el perejil.

Method

Heat the lard in a frying pan and fry the onion. Add the beans and a little bean liquid. When thick, add the sardines and mix in well. When the beans come away from the sides of the pan cleanly, they are ready. Serve on a plate garnished with cheese and surrounded by lettuce leaves, slices of avocado and radish roses. Finally decorate beans with the chipotle chilies and the tortilla chips.

Bean "myths"

for eight people
(from Querétaro)

Ingredients

4 cups refried beans
7 oz. lard
2 onions
1 can sardines in tomato sauce
2 large tomatoes
2 eggs
3 tablespoons flour
½ teaspoon cayenne pepper
1 sprig parsley

Preparing the ingredients

Purée the tomato with cayenne. Chop one of the onions, fry gently until soft and add the purée. Season with salt and cook until thick. Chop the parsley.

Manera de hacerse

Los frijoles refritos, una vez que están espesos se forman en rollitos de forma alargada. Se les hace una oquedad al centro para rellenarlos de sardina y se vuelven a enrollar. Se pasan por el huevo batido. Se fríen. Se colocan en un platón, se bañan con la salsa y se les espearce el perejil picado.

Method

Thicken the refried beans and form into small rolls. Make a hollow in the center and stuff with sardine. Roll up again, coat in the flour and the beaten eggs then fry. To serve, pour over the sauce and garnish with the chopped parsley.

Frijoles tenochcas

para diez personas
(cocina del Valle de México)

Ingredientes

4 tazas de frijoles cocidos
5 tazas de caldo de frijol
1 cebolla
12 pencas de nopales tiernos
½ cucharadita de orégano

Preparación de los ingredientes

Se le quitan las espinas a los nopales y éstos se asan levemente sobre las brazas. Se cortan en cuadros pequeños.
Se pica cebolla.

Manera de hacerse

En una cacerola se pone el aceite, se fríe la cebolla, los nopales y el orégano. Se le agregan los frijoles y por último el caldo. Se dejan hervir durante 15 minutos.

Tenochca beans

for ten people
(from the Valley of Mexico)

Ingredients

4 cups cooked beans
5 cups bean liquid
1 onion
12 nopales
½ teaspoon oregano

Preparing the ingredients

Remove the spines from the nopales and broil lightly. Dice. Chop the onion.

Method

Fry the onion, nopales and oregano in oil. Add the beans and then the liquid. Boie for 15 minutes.

Chul de frijol verde

para ocho personas
(cocina yucateca)

Ingredientes

1 kilogramo de ejotes
3 elotes tiernos
200 gramos de pepita molida
1 rama de epazote
¼ kilogramo de manteca

Preparación
de los ingredientes

Ponga a cocer los elotes, desgránelos, muélalos con un poco de agua y cuélelos en colador de malla grande, sólo para evitar las cáscaras: debe quedar espeso, casi una masa.
Desvaine los frijoles verdes y póngalos a hervir en agua, sal y epazote.

Manera de hacerse

Una vez que los frijoles se han cocido y el agua se ha consumido a la mitad, agrégueles la masa de elote y dos cucharadas de aceite o manteca. Remueva constantemente para evitar grumos. Déjelo hervir y espesar.
Se sirve en platos hondos y se le espolvorea la pepita molida.

Green bean chul

for eight people
(from the Yucatan)

Ingredients

2 lb. green beans
3 young ears of corn
7 oz. ground pumpkin seeds
1 sprig epazote
½ lb. lard

Preparing
the ingredients

Cook the ears of corn, remove the kernels and blend with a little water. Strain in a colander to remove the shells. The purée should be thick and dough-like.
Remove the beans from their pods and cook in salted water with the epazote.

Method

Once the beans are cooked and half the water evaporated, add the corn purée and two tablespoons oil or lard. Stir continuously to prevent lumps forming. Boil until thick.
Serve in bowls with the ground pumpkin seeds sprinkled on top.

8

Carnes

Meat

Puntas de filete a la mexicana

para seis personas
(cocina tradicional en toda la República)

Ingredientes

   pizcas de yerbas de olor al gusto
½ kilogramo de puntas de filete
3 jitomates
1 cebolla chica
1 diente de ajo
4 chiles verdes serranos
   aceite el necesario

Preparación de los ingredientes

Corte las puntas de filete en porciones pequeñas.
Pique la cebolla finamente.
Parta los chiles en rodajas o píquelos.
Ase los jitomates, los chiles y el ajo, pélelos y píquelos menudamente.

Manera de hacerse

En una cacerola con dos cucharadas de aceite ponga a freír la carne bien tapada para que suelte su jugo.

Mexican style steak tips

for six people
(eaten throughout the country)

Ingredients

· pinches of mixed herbs to taste
1 lb. fillet steak
3 tomatoes
1 small onion
1 clove garlic
4 serrano chilies
   oil as required

Preparing the ingredients

Cut the fillet steak into small pieces. Chop the onion finely. Slice the chilies into rings, or chop. Roast the tomatoes, chilies and garlic, peel and chop finely.

Method

Fry the steak in two tablespoons of oil with pan tirghty covered so that the meat releases its juice. In a sep-

Aparte sofría el picadillo y una vez que esté bien sazonado viértalo a la carne y agregue las yerbas de olor. (Nota: de la misma manera se hacen los bisteces a la mexicana).

Carne de cerdo en adobo

para seis personas
(cocina de Tlaxcala)

Ingredientes

½ kilogramo de carne maciza de cerdo
4 zanahorias
1 papa grande
2 chiles anchos
1 chile pasilla
1 cebolla
1 diente de ajo
4 pimientas negras
2 clavos de olor
1 raja de canela
½ tablilla de chocolate
1 taza de vinagre
   aceite, sal y pimienta

arate pan gently fry the onion, chilies, tomatoes and garlic, then add to the meat and season with the herbs. (Note: this recipe turns out equally well using minute steaks).

Pork in adobo

for six people
(from Tlaxcala)

Ingredients

1 lb. lean, boneless pork

4 large carrots
1 large potato
2 ancho chilies
1 pasilla chili
1 onion
1 clove garlic
4 black peppercorns
2 cloves
1 stick cinnamon
½ small bar bitter chocolate
1 cup vinegar
   oil, salt and vinegar

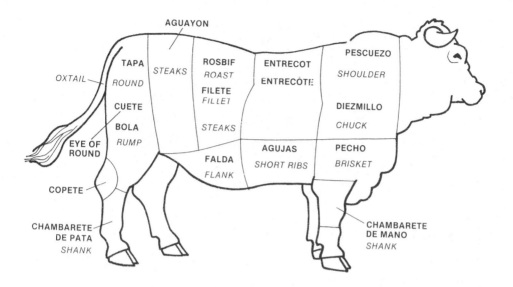

AGUAYON

OXTAIL

TAPA
ROUND

STEAKS

ROSBIF
ROAST

FILETE
FILLET

CUETE

BOLA
RUMP

STEAKS

EYE OF
ROUND

COPETE

FALDA
FLANK

CHAMBARETE
DE PATA
SHANK

ENTRECOT
ENTRECÔTE

AGUJAS
SHORT RIBS

PESCUEZO
SHOULDER

DIEZMILLO

CHUCK

PECHO
BRISKET

CHAMBARETE
DE MANO
SHANK

Preparación de los ingredientes

La carne se lava bien y se parte en trozos pequeños.

Se asan los chiles, se desvenan y se remojan durante media hora en agua caliente. Se muelen junto con las especias, ajo, cebolla, vinagre y el chocolate.

Se mondan las zanahorias y la papa, se cuecen. Se cortan en rajas.

Manera de hacerse

Se pone a freír en el aceite la carne condimentada con sal y pimienta y una vez que esté bien cocida se le agrega el adobo, las zanahorias y las papas. Si está demasiado reseco se le agrega un poco de agua y se deja hervir unos minutos.

Preparing the ingredients

Wash the meat and cut into small pieces.

Roast the chilies, remove the veins and soak for half an hour in hot water. Blend with the garlic, spices, onion, vinegar and chocolate. Peel the potato and carrot, cook and cut into strips.

Method

Season the meat with salt and pepper and fry. Once it is cooked, add the adobo, carrots and potato. If it seems on the dry side, add a little water and cook for a few minutes.

Pizotl en chiltexitli

para catorce personas
(tradicional en el Valle de México y en Oaxaca)

Ingredientes

1½ kilogramos de lomo de puerco
125 gramos de camarón seco
2 chiles pasillas
2 chiles anchos
2 chiles mulatos
2 chipotles adobados o en conserva
50 gramos de ajonjolí
¼ de crema agria

Preparación
de los ingredientes

Se corta la carne en pedazos chicos. Los chiles, sin desvenarse y sin quitarles las semillas, se tuestan, se muelen con un poco de agua y se fríen. Se tuesta el ajonjolí y se muele. Se muele el camarón.

Manera de hacerse

En una cazuela se pone a calentar la manteca y se fríe la carne hasta que se consume la grasa. Se revuelven

Pizotl in chiltexitli

for fourteen people
(from the Valley of Mexico and Oaxaca)

Ingredients

3 lb. pork tenderloin
4 oz. dried shrimp
2 pasilla chilies
2 ancho chilies
2 mulato chilies
2 canned chipotle chilies (adobados)
2 oz. sesame seeds
½ pint sour cream

Preparing
the ingredients

Cut the meat into small pieces. Roast the chilies whole, blend with a little water and fry. Toast the sesame seed and grind. Grind the dried shrimp.

Method

Heat the lard in a pan and fry the pork until all the fat is absorbed. Mix all the ingredients together and pour

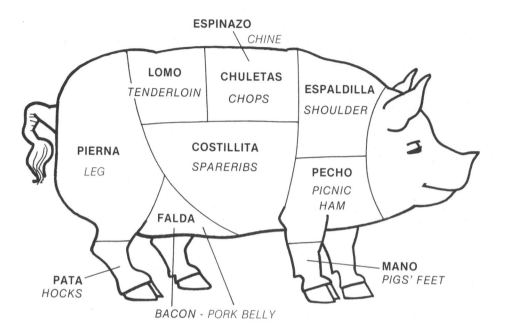

ESPINAZO
CHINE

LOMO
TENDERLOIN

CHULETAS
CHOPS

ESPALDILLA
SHOULDER

PIERNA
LEG

COSTILLITA
SPARERIBS

PECHO
PICNIC HAM

FALDA

PATA
HOCKS

MANO
PIGS' FEET

BACON - PORK BELLY

todos los ingredientes y se vacían en la carne. Si la salsa salió demasiado espesa se le agrega un poco de agua. Se deja hervir 10 minutos. Al servirse se le ponen dos cucharadas de crema.

over the meat. If the sauce seems thick, add a little water. Boil for ten minutes and serve with two tablespoons cream.

Costillas de cerdo a la crema

para seis personas
(cocina del Valle de México)

Ingredientes

 6 costillas de cerdo
 2 cucharadas de manteca
 1 taza de crema ácida
 1 cucharada de mostaza
 ½ taza de perejil picado
 1 cucharada de manteca
   sal y pimienta al gusto

Pork chops in cream

for six people
(from the Valley of Mexico)

Ingredients

 6 pork chops
 2 tablespoons lard
 1 cup sour cream
 1 tablespoon prepared mustard
 ½ cup chopped parsley
 1 tablespoon lard
   salt and pepper to taste

171

Manera de hacerse

En la manteca se fríen las costillas, volteándolas una y otra vez para que queden doradas por ambos lados. Acitrone ahí mismo la cebolla y el perejil. Si las chuletas soltaron demasiada grasa quítele un poco y añada la crema. Tape la cacerola y déjelo hervir tres minutos.

Method

Fry the chops in the lard, turning until they are browned on both sides. In the same pan, gently fry the onion and the parsley. If a lot of fat comes out of the chops, pour some of it off. Add the cream and mustard, cover and cook for three minutes.

Lomo en cacahuate

para diez personas
(cocina de San Luis Potosí)

Pork loin with peanuts

for ten people
(from San Luis Potosí)

Ingredientes

  1 kilogramo de lomo de cerdo
 12 aceitunas negras
 ¼ kilogramo de jitomate
 ¼ kilogramo de papas de las muy pequeñitas
100 gramos de cacahuate sin cáscara
100 gramos de jamón
  1 cebolla mediana
  2 clavos
  1 raja de canela
 50 gramos de mantequilla
  1 litro de caldo de carne
  1 manojo de perejil
    sal y pimienta

Ingredients

  2 lb. pork tenderloin
 12 black olives
 ½ lb. tomatoes
 ½ lb. tiny potatoes
  4 oz. shelled peanuts
  4 oz. ham
  1 medium onion
  2 cloves
  1 stick cinnamon
  2 oz. butter
  1 quart stock
  1 bunch parsley
    salt and pepper

Preparación de los ingredientes

El lomo se lava y se le quitan los pellejos dejando la carne bien limpia. Se mecha con pedacitos de jamón y de aceitunas deshuesadas. Se sazona con sal y pimienta.

Las papitas se ponen a cocer (no se pelan). Luego se doran en manteca

Preparing the ingredients

Wash the tenderloin and remove any fat or skin. Lard with the ham cut into small pieces and the pitted olives. Season with salt and pepper.

Cook the potatoes (do not peel) then sauté in the lard (or butter, if pre-

(o mantequilla si se desea) y se bañan con perejil picado.

Los cacahuates se fríen en mantequilla.

Los jitomates se asan y se muelen junto con los cacahuates, la cebolla, clavos, canela, se cuela y se pone a freír en manteca.

Manera de hacerse

El lomo se fríe perfectamente por todos sus lados. Se le agrega la salsa y se deja hervir hasta que espese un poco; luego se le agrega el caldo, se tapa y se deja hervir hasta que el caldillo esté un poco espeso.

Se rebana, se sirve en un platón, se baña con la salsa y se adorna con las papitas cubiertas de perejil.

(Nota: esta receta puede cambiar sustituyendo el cacahuate por piñones, nueces o almendras. Cada una de las semillas da un sabor distinto).

Tinga

para diez personas
(cocina de Hidalgo)

Ingredientes

  1 kilogramo de lomo de cerdo
350 gramos de longaniza
  3 cebollas medianas
  1 diente de ajo
  4 jitomates
  5 chiles chipotles adobados
  3 cucharadas de manteca
  2 papas medianas
  1 cucharadita de vinagre
  2 aguacates

ferred) and sprinkle over the chopped parsley.

Fry the peanuts in butter. Roast the tomatoes and blend with the peanuts, onion, cloves and cinnamon.

Strain and fry in lard.

Method

Fry the tenderloin well on all sides. Add the sauce and boil until it begins to thicken, then add the stock. Cover and boil until the liquid starts to thicken again. When cooked, slice the meat, pour over the sauce and garnish with the potatoes and parsley.

(Note: this recipe can be made using pine nuts, walnuts or almonds instead of peanuts. Each has its own subtle flavor.)

Tinga

for ten people
(from Hidalgo)

Ingredients

  2 lb. pork tenderloin
12 oz. longaniza
  3 medium onions
  1 clove garlic
  4 tomatoes
  5 chipotle chilies (adobados)
  3 tablespoons lard
  2 medium potatoes
  1 teaspoon vinegar
  2 avocados

Preparación de los ingredientes

La carne, después de lavada, se pone a cocer en agua, con una cebolla y sal. Ya cocida se retira del fuego, se deja enfriar y se deshebra. Se ponen a cocer las papas, se pelan y se cortan en cuadritos pequeños. Los jitomates se asan, se pelan, se les quita las semillas y se muelen. Los chipotles se pican muy finito y se les agrega la cucharadita de vinagre. Las cebollas se parten en rodajas y se desfleman en agua de sal.

Manera de hacerse

En una cazuela se calienta la manteca y se fríe la longaniza, se saca del recipiente y en la grasa se fríe una cebolla picada y el ajo junto con la carne deshebrada, se añade el jitomate, las papas, la longaniza y los chipotles. Se deja hervir hasta que reseca un poco. Se sirve adornada con las rodajas de cebolla desflemada y rajas de aguacate.

Espinazo de cerdo con verdolagas

para diez personas
(cocina de Nuevo León)

Ingredientes

1 kilogramo de espinazo de cerdo
1 kilogramo de verdolagas
2 chiles anchos
2 chiles pasilla
1 chile mulato
2 dientes de ajo
½ cebolla

Preparing the ingredients

Wash the meat then boil in water with one onion and salt. When done, remove from the heat, leave to cool and shred. Cook the potatoes, peel and dice.
Roast the tomatoes, peel, remove the seeds and purée.
Chop the chipotle chilies finely and mix with one teaspoon vinegar.
Cut remaining onions into rings and soak insalted water for 15 minutes to soften.

Method

Heat the lard in a pan and fry the longaniza. Remove from pan and fry the chopped onion and garlic together in the fat with the shredded meat. Add the tomato purée, potatoes, longaniza and chipotles. Cook until most of the liquid is absorbed.
Serve garnished with onion rings and slices of avocado.

Pork chine with purslane

for ten people
(from Nuevo León)

Ingredients

2 lb. pork chine
2 lb. purslane
2 ancho chilies
2 pasilla chilies
1 mulato chili.
2 cloves garlic
½ onion

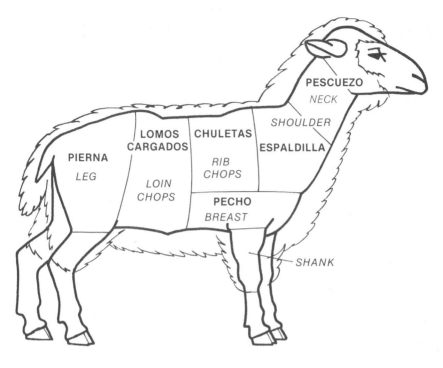

PESCUEZO
NECK
SHOULDER
LOMOS CARGADOS
CHULETAS
ESPALDILLA
PIERNA
LEG
RIB CHOPS
LOIN CHOPS
PECHO
BREAST
SHANK

1 jitomate grande	1 large tomato
3 cucharadas de aceite	3 tablespoons oil
2 limones	2 lemons
sal al gusto	salt to taste

Preparación de los ingredientes

Las verdolagas se lavan muy bien quitándoles los tallos gruesos.

El espinazo se lava y se corta en pedazos. Se cuece en agua.

Los chiles se tuestan, se les quitan las semillas y se ponen a hervir, cuando se han ablandado se pone a hervir el jitomate en el mismo recipiente, luego se le quita la cáscara. Todo esto se licúa con el ajo, la cebolla y sal al gusto.

En otra cacerola, honda se ponen a cocer las verdolagas.

Preparing the ingredients

Wash the verdolagas thoroughly and remove any coarse stalks.

Wash the pork and cut into pieces. Boil until tender.

Roast the chilies, remove the seeds and boil. When soft, boil the tomato in the same pan and peel. Blend the chilies and the tomato with the onion, garlic and salt to taste.

Cook the purslane separately in a deep pan.

Manera de hacerse

Se fríe la salsa y cuando está bien sazonada se le agregan las verdolagas, la carne y el caldo. Se deja hervir todo junto durante 10 minutos o más. El caldillo debe espesarse. Al servirse se ponen unas gotas de limón.

Method

Fry the sauce then add the purslane, meat and liquid. Boil for 10 minutes or more until the sauce thickens. Before serving, add a few drops of lemon juice.

Chicharrón en salsa verde

para seis personas
(cocina del Valle de México)

Ingredientes

¼ kilogramo de chicharrón
½ kilogramo de tomates verdes
4 chiles verdes serranos
1 cebolla chica
2 dientes de ajo
1 manojo de cilantro
1 cucharada de manteca

Preparación de los ingredientes

El chicharrón se corta en pedazos.
Los tomates se ponen a hervir en poca agua con todo y su cáscara, luego se pelan y con la misma agua se muelen junto con los chiles, cebolla, ajo y tres ramas de cilantro.

Manera de hacerse

Se fríe la salsa y se le agregan los pedazos de chicharrón. Si reseca demasiado se le agrega un poco de agua. Se deja hervir durante diez minutos.

Chicharrón in green chili sauce

for six people
(from the Valley of Mexico)

Ingredients

½ lb. chicharrón (fried pork skin)
1 lb. green tomatillos
1 onion
1 clove garlic
1 bunch coriander
1 tablespoon lard
4 serrano chilies

Preparing the ingredients

Cut or break the chicharrón into pieces.
Boil the tomatillos in a little water, peel and blend in the same water with the chilies, onion, garlic and three sprigs of coriander.

Method

Fry the sauce and add the pieces of chicharrón. If the sauce dries up, add a little water. Cook for ten minutes.

Chicharrón en salsa roja

para seis personas
(cocina del Valle de México)

La misma receta anterior sólo que sustituyendo los tomates verdes por jitomates.

Longaniza en salsa verde

para seis personas
(cocina de Morelos)

Ingredientes

½ kilogramo de longaniza
½ kilogramo de tomates verdes
1 cebolla
1 diente de ajo
1 manojo de cilantro
1 cucharada de aceite
4 chiles verdes serranos

Preparación de los ingredientes

La longaniza se corta en pedazos de aproximadamente seis cm. Los to-

Chicharrón in red chili sauce

for six people
(from the Valley of Mexico)

As for the above recipe but use tomatoes instead of tomatillos.

Longaniza in green chili sauce

for six people
(from Morelos)

Ingredients

1 lb. longaniza
1 lb. green tomatillos
1 onion
2 cloves garlic
1 bunch coriander
1 tablespoon oil
4 serrano chilies

Preparing the ingredients

Cut the longaniza into approximatey 2" pieces.

mates crudos se muelen con la cebolla, el ajo, tres ramas de cilantro y los chiles

Manera de hacerse

Se fríe la longaniza. Si suelta demasiada grasa se le quita un poco. Se le vacía la salsa de tomate, se le agrega una taza de agua y se deja hervir durante 10 minutos.

Mixiotes de carnero en olla casera

para catorce personas
(cocina de Tlaxcala)

Ingredientes

   2 kilogramos de carne maciza de carnero
  12 chiles anchos
   6 dientes de ajo
   2 cebollas chicas
 100 gramos de almendra
   1 cucharadita de orégano
  ½ taza de vinagre
  20 hojas de aguacate
  20 hojas de mixiote
   2 tazas de caldo

Purée the raw tomatillos with the onion, garlic, three sprigs of coriander and the chilies.

Method

Fry the longaniza and pour off excess fat. Add the tomatillo sauce and one cup water. Cook for 10 minutes.

Lamb mixiotes

for fourteen persons
(from Tlaxcala)

Ingredients

   4 lb. lean, boneless lamb

  12 ancho chilies
   6 cloves garlic
   2 small onions
   4 oz. almonds
   1 teaspoon oregano
  ½ cup vinegar
  20 avocado leaves
  20 mixiote leaves
   2 cups stock

Preparación de los ingredientes

Las hojas de mixiote que son la tela que cubre a la penca de maguey, se pone a remojar durante dos horas para que ablande y sea flexible. Se corta en cuadros de 25 cm. aproximadamente.

Los chiles se tuestan, se desvenan y se ponen a remojar en el caldo, usando el mismo caldo se muelen junto con los dientes de ajo, cebolla y las almendras peladas; se sazona con sal y orégano. La carne se corta en pedazos pequeños y se pone a macerar en la salsa durante media hora.

Manera de hacerse

En una mesa se extienden las hojas de mixiote, a cada una se le pone una hoja de aguacate y la carne bien bañada en salsa. Se toman las puntas del mixiote jalándolas hacia arriba y se amarran formando bolsones. En una olla con agua que cubra el fondo y con una parrilla adentro, se van colocando los mixiotes, se tapa y se dejan cocer al vapor durante media hora.

Carnitas de olla

para veinte personas
(cocina de Aguascalientes)

Ingredientes

3 kilogramos de pierna de cerdo en trozos

Preparing the ingredients

Mixiote leaves are the thin membranes covering the leaves of the maguey cactus. Soak the mixiotes for two hours until soft and pliable. Cut into approximately 10" squares.
Roast the chilies, remove the veins and soak in the stock. Blend together with the broth, garlic, onions and blanched almonds. Season with salt and oregano.
Cut the meat into small pieces and marinate in the sauce for half an hour.

Method

Spread the mixiote leaves on the table and on each one place an avocado leaf and a portion of meat and sauce. Take the corners of each mixiote and gather up in the center to form a little pouch. Secure firmly with twine. Place a rack in the bottom of a large pan and fill with water making sure it does not reach the level of the rack. Arrange the mixiotes on the rack, cover and steam for half an hour.

Steamed pork

for twenty people
(from Aguascalientes)

Ingredients

6 lb. leg of pork cut into pieces

200 gramos de chiles anchos
10 dientes de ajo
10 cominos
 4 hojas de aguacate
 1 manojo de hojas secas de maíz

Preparación de los ingredientes

Los chiles se tuestan y se remojan durante media hora; se muelen con los cominos, los ajos y sal al gusto. Las hojas de maíz se ponen en agua para que ablanden y sean flexibles. La carne se corta en pedazos chicos y se bañan con la salsa.

Manera de hacerse

Sobre una mesa se extienden las hojas de maíz: en cada una se pone una porción de carne bañada en salsa y un pedacito de hoja de aguacate; se cierran las hojas cuidando que la carne esté bien envuelta y se amarran. En una olla grande se pone agua para que cubra el fondo y se mete una parrilla; sobre de esta se coloca la carne envuelta cuidando de que no les llegue el agua. Se tapa muy bien y se pone a fuego vivo durante media hora o 45 minutos máximo.

Barbacoa de lomo en olla

para veinte personas
(cocina de Aguascalientes)

La misma receta anterior pero sustituyendo la carne de puerco por pierna o lomo de res.

 7 oz. ancho chilies
10 cumin seeds
10 cloves garlic
 4 avocado leaves
 1 bunch dried corn husks

Preparing the ingredients

Roast the chilies and soak for half an hour. Blend with the cumin seeds, garlic and salt to taste.
Soak the corn husks in water until pliable. Cut the meat into small pieces and pour over the sauce.

Method

Spread the corn husks on a table and place a portion of meat and sauce on each one, together with a small piece of avocado leaf. Fold the husks over, wrapping up the contents carefully. Place a rack in a deep pan and fill with water to below the level of the rack. Place the meat parcels on the rack, cover the pan and steam on a high heat for 30 to 45 minutes.

Steamed beef

for twenty people
(from Aguascalientes)

As in the above recipe but use beef tenderloin or round steak.

Cabrito en chile y consomé

para veinticuatro personas
(cocina de Zacatecas)

Ingredientes

 1 cabrito tierno
 ½ kilogramo de chile ancho
 2 chiles pasillas
 8 cominos
 1 clavo
10 dientes de ajo
 1 pedacito de jenjibre
 ½ taza de vinagre
 2 tazas de garbanzos
 4 cucharadas de manteca
 2 cebollas
 1 taza de arroz
12 chiles cascabel
 1 manojo de perejil
    yerbas de olor, sal y pimienta

Preparación de los ingredientes

Un día antes se ponen a remojar los garbanzos.
El arroz se lava muy bien en agua caliente. Se pica el perejil y una ce-

Chilied kid and consommé

for twenty-four people
(from Zacatecas)

Ingredients

 1 whole kid
 1 lb. ancho chilies
 2 pasilla chilies
 8 cumin seeds
 1 clove
10 cloves garlic
 1 piece ginger
 ½ cup vinegar
 2 cups chickpeas
 4 tablespoons lard
 2 onions
 1 cup rice
12 cascabel chilies
 1 bunch parsley
    bouquet garni (bayleaf, thyme, marjoram)
    salt and pepper

Preparing the ingredients

Soak the chickpeas overnight.
Wash the rice well in hot water. Chop the parsley and one onion. Soak the ancho and pasilla chilies and blend

bolla. Los chiles ancho y pasilla se remojan y se muelen con 4 dientes de ajo, comino, clavo, jenjibre y una cucharada de vinagre.

Una hora antes de cocinarse el cabrito, cortado en trozos, debe rociarse con vinagre y sazonarse con sal y pimienta.

Manera de hacerse

El consomé: En cuatro litros de agua ponga a hervir la cabeza, patas, rabo y un poco de pescuezo de cabrito. Agréguele los garbanzos, una cebolla, seis dientes de ajo y un puño de yerbas de olor. Cuando los garbanzos están cocidos, agregue el arroz y los chiles de cascabel. Se sirve con un chile de cascabel en cada plato y una cucharadita de perejil picado con cebolla.

La carne se fríe en manteca bien caliente. Se saca. En la misma grasa se fríe el puré, una vez sazonado se le agregan dos o tres tazas de consomé, las hierbas de olor y la carne ya frita. Se deja hervir hasta que la salsa espese.

Albóndigas

para doce personas
(cocina tradicional en toda la República)

Ingredientes

½ kilogramo de carne molida de res
½ kilogramo de carne molida de cerdo
100 gramos de tocino
3 huevos
1 cebolla

---

with four cloves garlic, the cumin seeds, clove, ginger and one tablespoon vinegar.

An hour prior to cooking, cut the kid into pieces and sprinkle over the vinegar. Season with salt and pepper.

Method

Consommé: Boil the head, feet, tail and part of the neck of the goat in four quarts water. Add the chickpeas, one onion, six cloves garlic and herbs. When the chickpeas are cooked, add the rice and the cascabel chilies. Serve in bowls with a cascabel chili and one teaspoon chopped parsley and onion in each.

Fry the meat in the hot lard. Remove from the pan and fry the chili purée in the same fat. Add two or three cups of consommé, herbs and the fried meat. Cook until the sauce thickens.

Meatballs

for twelve people
(eaten throughout Mexico)

Ingredients

1 lb. ground beef
1 lb. ground pork
4 oz. bacon
3 eggs
1 onion

1 diente de ajo	1 clove garlic
1 kilogramo de jitomate	2 lb. tomatoes
2 chiles poblanos	2 poblano chilies
1 rebanada de pan blanco duro	1 slice stale bread
sal y pimienta	salt and pepper

Preparación de los ingredientes

Dos de los huevos se ponen a cocer al punto duro, se pelan y se pican. Los chiles se asan, se guardan en una bolsa de plástico para que suden, bajo el chorro de agua se pelan y se les quitan las semillas y las coronas, se parten en rajas. El jitomate se asa junto con el ajo.
El pan se muele.
La cebolla se pica muy menudita. La mitad se muele con el jitomate; se cuela. El tocino se pica en pedazos muy pequeños.

Manera de hacerse

Se fríe el tocino, una vez que ha soltado las grasa se saca de la cazuela y se mezcla con las carnes, media porción de la cebolla picada, el pan, sal y pimienta. Se revuelve todo muy bien y se comienzan a hacer las albóndigas tomando una porción de carne y formando una pelota del tamaño de las del pin-pon. Se les hace un agujero y se rellenan con un poco de huevo cocido, se tapa y redondea bien, se revuelcan en el huevo crudo y batido. Se fríen en la grasa que soltó el tocino y se van sacando según doren; en la grasa se vacían las rajas y el tomate, se sazona. Por último se agregan las albóndigas y se dejan hervir de 10 a 15 minutos.

Preparing the ingredients

Hard-boil two of the eggs, shell and chop.
Roast the chilies and place in a plastic bag to sweat. Peel and remove the seeds and stalks under running water. Cut into strips. Roast the tomato with the garlic.
Grind the bread into crumbs.
Chop the onion finely and blend half of it with the tomato. Strain. Chop the bacon very finely.

Method

Fry the bacon, remove from the fat and mix with the ground meats, half of the chopped onion, the breadcrumbs and the salt and pepper. Mix well and form into balls the size of a ping-pong ball. Make a hollow in each one and fill with chopped hard-cooked egg. Form into a ball again, making sure that the egg is well covered. Coat in the beaten egg and fry in the bacon fat until brown. Remove from the pan when cooked and add the chili strips and the tomato. Cook through and return the meatballs to the pan. Boil for ten to fifteen minutes.

Albóndigas en chipotle

(cocina de Querétaro)

La misma receta anterior sustituyendo los chiles poblanos por tres chipotles adobados que se muelen junto con el jitomate. Cuando está hirviendo el caldillo se le agregan hierbas de olor; laurel, tomillo y mejorana.

Filete enchocolatado

para diez personas
(cocina de Oaxaca)

Ingredientes

1 kilogramo de filete de res
½ cebolla
2 dientes de ajo
½ taza de vino blanco
3 cucharadas de mantequilla
1 tablilla de chocolate amargo
200 gramos de queso fresco
1 manojo de perejil
  sal y pimienta

Preparación
de los ingredientes

El ajo y la cebolla se pican finamente. El chocolate se ralla.
El filete se sazona con sal y pimienta.

Manera de hacerse

El filete se fríe en la mantequilla, se deja dorar y se le añade la cebolla y el ajo; se agrega el vino y una taza de agua. Se deja hervir en fuego suave y cuando la carne está cocida se

Meatballs in chipotle

(from Querétaro)

As for the above recipe but instead of poblano chilies use chipotles adobados and blend them with the tomato. When the sauce is boiling, add a bayleaf, thyme and marjoram as desired.

Fillet steak in bitter chocolate

for ten people
(from Oaxaca)

Ingredients

2 lb. fillet steak
½ onion
2 cloves garlic
½ cup white wine
3 tablespoons butter
1 bar bitter chocolate
7 oz. soft white cheese
1 bunch parsley
  salt and pepper

Preparing
the ingredients

Chop the onion and garlic finely. Grate the chocolate.
Season the fillet steak with salt and pepper.

Method

Fry the fillet steak in the butter, add the onion and garlic, the wine and one cup water. Simmer until the meat is completely cooked and add the chocolate. Cook for ten minutes more.

le vacía el chocolate. Se deja hervir 10 minutos más.
Al servirse se le espolvorea el queso y el perejil.

To serve, sprinkle with the crumbled cheese and the parsley.

Liebre campirana

para seis personas
(cocina de Sonora)

Ingredientes

1 liebre
3 jitomates
10 dientes de ajo
½ taza de vinagre o el jugo de 4 limones
1 taza de aceite de oliva
3 cebollas

Preparación
de los ingredientes

La liebre se limpia, lava muy bien y se ensarta en una varilla. El hígado se separa, se lava y se pone a cocer en poca agua. Luego de cocido se muele.
Se hace un fogón con leña o carbón. Se deja que el fuego alce y cuando disminuye, sobre las brasas se asan dos de las cebollas con el fin de eliminar el sabor de los ocotes o del carbón. Se coloca una parrilla. Se pican las otras dos cebollas, los ajos y los jitomates.

Manera de hacerse

La liebre se asa en la parrilla. Se corta en raciones, se pone en una cazuela y se le agrega el aceite de oliva. Se deja freír unos minutos y luego se le agrega la cebolla, jitomate, ajo,

Country style hare

for six people
(from Sonora)

Ingredients

1 hare
3 tomatoes
10 cloves garlic
½ cup vinegar or the juice of four
  lemons
1 cup olive oil
3 onions

Preparing
the ingredients

Clean and wash the hare and place on a spit. Remove the liver, wash and cook in a little water. When cooked, mince or grind.
Make a wood or charcoal fire; when the fire has died down, broil two of the onions on the coals or wood in order to eliminate the smell of the charcoal or resin from the pine. Put a grill over the coals. Chop the remaining two onions, the garlic and the tomatoes.

Method

Roast the hare on the grill. Cut into portions and fry for a few minutes in the oil. Add the onion, tomato, garlic, vinegar, salt and a little water together with the ground liver. Cover

vinagre, sal y un poco de agua, mas el hígado molido. Se tapa y se deja hervir por lapso de cuatro horas o más, cuidando de que las brasas no se apaguen pero que tampoco levanten llamas.

and stew for at least four hours, ensuring that the coals do not go out or flare up.

Conejo enchilado

(cocina de Morelos)

Ingredientes

    1 conejo
100 gramos de chile pasilla
  10 dientes de ajo
    1 jitomate
    1 manojo de perejil
    1 cucharada de vinagre
    2 cominos
        sal y pimienta

Preparación de los ingredientes

Lavar bien el conejo y cortarlo en raciones. Sazonarlo con sal y pimienta. Asar el jitomate, los dientes de ajo y los chiles. Se pica el perejil. Moler

Chilied rabbit

(from Morelos)

Ingredients

    1 rabbit
    4 oz. pasilla chili
  10 cloves garlic
    1 tomato
    1 bunch parsley
    1 tablespoon vinegar
    2 cumin seeds
        salt and pepper

Preparing the ingredients

Wash the rabbit carefully and cut into portions. Season well with the salt and pepper.
Roast the tomato, garlic and the chi-

los ajos con el vinagre, los cominos y una ramita de perejil. Macerar la carne con la preparación de ajos durante media hora. Moler los chiles con el jitomate; en esta salsa remojar el conejo.

Manera de hacerse

En una cazuela se calienta bien el aceite, se fríe el conejo ensalado, se le agrega el perejil y una taza de agua. Se tapa y se deja cocer a fuego lento.

Menudo duranguense

para veinticinco personas
(cocina de Durango)

Ingredientes

    1 kilogramo de pancita de res
    ½ kilogramo de panza-callo
    ½ kilogramo de panza-cuajo
    ½ kilogramo de panza-libro
    2 patas de res
200 gramos de chile guajillo
    8 dientes de ajo
    6 cebollas
    6 jitomates
    2 ramas de epazote
100 gramos de chiltepines
    ½ taza de orégano
  20 limones

Preparación
de los ingredientes
y manera de hacerse

Los cuatro tipos de panza se lavan muy bien quitándoles los gordos grasientos y se cortan en pedazos menudos. Las patas se parten en ocho

lies. Chop the parsley. Blend the garlic with the vinegar, cumin and one sprig parsley. Marinate the meat in the garlic dressing for half an hour. Blend the chilies with the tomato and coat the rabbit in the chili sauce.

Method

Heat the oil in a pan and fry the rabbit, add the parsley and one cup water. Cover and simmer over a low heat.

Durango style tripe

for twenty-five people
(from Durango)

Ingredients

  2 lb. belly tripe
  2 lb. belly honeycombed tripe
  2 cow's feet
  7 oz. guajillo chilies
  8 cloves garlic
  6 onions
  6 tomatoes
  2 sprigs epazote
  4 oz. chiltepin chilies
  ½ cup oregano
20 lemons

Preparing
the ingredients

Wash the tripe well, removing all fat, and cut into small pieces. Cut each foot into eight. Boil the tripe in 7 quarts water in a large pan together

partes cada una. En una olla se ponen a cocer las pancitas en 7 litros de agua con una rama de epazote, y por separado en otra olla se ponen las patas.

En poca agua se ponen a cocer los chiles guajillos, ajos, un pedazo de cebolla y jitomates; se muelen y se cuelan; en una sartén se pone una cucharada de manteca, una rama de epazote y ahí se fríe la salsa. Cuando la carne está cocida se le agrega la salsa, las patas y se sazona con sal. Se deja hervir 15 minutos más.

Manera de servirse:

En cazuelas o platos hondos se sirve una buena porción de panzas combinadas y suficiente caldo. Al centro de la meza en cazuelitas se colocan por separado el orégano, cebolla picada y limones partidos.

Pozole blanco

para diez personas
(cocina de Nayarit)

Ingredientes

 1 kilogramo de maíz cacahuazintle
 ½ kilogramo de carne maciza de cerdo
 ½ kilogramo de cabeza de cerdo
 2 patas de cerdo
 6 cebollas
 1 cabeza de ajo
 1 col blanca chica
 1 manojo de rábanos
 1 taza de orégano
 1 taza de chile piquín
10 limones
 4 cucharadas de cal

with on sprig epazote. The feet should be cooked separately.

Cook the guajillo chilies, the garlic, a piece of onion and the tomatoes in a little water, blend and strain. Melt one tablespoon lard in a frying pan, add a sprig of epazote and cook the tomato sauce in the fat. When the meat is cooked, add the sauce, feet and season with salt. Boil for another 15 minutes.

To serve

Serve the tripe and broth in clay bowls. In the center of the table place small bowls of oregano, chopped onion and sections of lemon.

White pozole

for ten people
(from Nayarit)

Ingredients

 2 lb. cacahuazintle corn (hominy)
 1 lb. boneless, lean pork
 1 lb. pigs head
 2 pig's feet
 6 onions
 1 head garlic
 1 small white cabbage
 1 bunch radishes
 1 cup oregano
 1 cup cayenne pepper
10 lemons
 4 tablespoons salt

Preparación de los ingredientes y manera de hacerse

El maíz con las cucharadas de cal se hierven como si se fuera a preparar masa. Cuando al frotarlos se desprende la cáscara es que los granos ya están cocidos. Se restrega y lava bien para evitar residuos de cal. Se descabeza (cortando la punta dura) y de nuevo se pone a cocer con una cabeza de ajo desdentada y pelada. Una vez que los granos revientan se les agrega la carne partida en pedazos pequeños y las patas cortadas en cuatro. Si es necesario se le va agregando agua hirviendo. Cuando la carne está suficientemente suave se sazona con sal y se deja dar un último hervor.

La col se parte en tiras muy delgadas y cortas; los rábanos en rodajas delgadas y la cebolla finamente picada.

Manera de servirse:

Se sirve en cazuelas o platos hondos procurando racionarlo bien combinando una buena porción de carne maciza y de cabeza, una cantidad propor-

Preparing the ingredients

Boil the corn with the salt in the same way as for tortilla dough. To test whether cooked, rub the kernels between the fingers and the outer shell should come loose. Rub and wash well to remove any traces of lime. Remove the hard tip and cook again with the garlic, peeled and separated into cloves. When the kernels start to burst open, add the meat cut into pieces and the pig's feet divided into quarters. If necessary, add more boiling water as required. When the meat is tender, season with salt and bring to the boil once more.

Shred the cabbage finely and cut the radish into thin rounds. Chop the onion finely.

To serve

Serve equal portions of lean meat, head, corn and broth in clay bowls. In the center of the table serve small bowls of cabbage, radish sections of

cionada de granos y suficiente caldo. Al centro de la mesa, en cazuelitas se ponen por separado la col, los rábanos, limones partidos, cebolla, y en 4 cazuelas más pequeñitas el orégano y el chile piquín para que cada quien se sirva el jardín y condimentos al gusto.

Pozole colorado estilo tapatío

para diez personas
(cocina de Jalisco)

Ingredientes

Los mismos que se anotan en la receta del pozole blanco (ver), más:

1 gallina
3 chiles anchos
2 pimientas
2 dientes de ajo
1 cucharadita de vinagre
    La col se sustituye por lechuga orejona.

Preparación de los ingredientes y manera de hacerse

Se siguen las mismas instrucciones que en la receta anterior, con las siguientes variantes: La gallina se cuece aparte en poca agua. Ya cocida se deshuesa y se desmenuza en pedazos regulares. El caldo se agrega al caldo del pozole y hasta que está cocida la carne de puerco se le agrega la del pollo.
Se prepara una salsa: se tuestan ligeramente los chiles y se ponen a remojar en agua caliente, se desvenan y se les quita las semillas; se muelen

lemon, chopped onion, oregano and cayenne pepper for each person to help himself.

Red Jalisco pozole

for ten people
(from Jalisco)

Ingredients

All the ingredients listed in the above recipe plus the following:

1 boiling chicken
3 ancho chilies
2 peppercorns
2 cloves garlic
1 teaspoon vinegar
1 romaine lettuce (instead of the cabbage)

Preparing the ingredients

Follow the instructions for the above recipe but with the following variations:
Cook the chicken separately in a little water. When cooked, remove the bones and cut the meat into even-sized pieces. Add the chicken stock to the pozole and when the pork is cooked, add the chicken. To make the sauce, roast the chilies lightly and soak in hot water. Remove the veins and seeds and blend with

con los dientes de ajo asados, las pimientas y el vinagre. Se cuela, se fríe bien sazonado con sal y se le agrega al caldo. La lechuga se corta en tiritas finas y se coloca en la mesa con los demás condimentos.

Pozole verde

para diez personas
(cocina de Guerrero)

Ingredientes

Los mismos que se anotan en la receta del pozole blanco, sustituyendo la col por lechuga orejona, más:
4 chiles poblanos
2 chiles jalapeños
8 hojas de acelga
1 lechuga orejona
100 gramos de pepita de calabaza
2 dientes de ajo
1 clavo
1 comino

Preparación de los ingredientes y manera de hacerse

Se siguen las mismas instrucciones de la receta del pozole blanco, y se prepara una salsa de la siguiente manera: Las pepitas, peladas, se tuestan en comal, ligeramente. Los chiles poblanos y jalapeños se desvenan y se les quitan las semillas. Todo esto se muele con los dientes de ajo, clavo, comino y las hojas de acelga y lechuga. Se sazona con sal se sofríe. Se cuela para evitar los grumos grandes y se agrega al caldo.
La otra se corta en tiras finas y se sirve como jardín. Se pican unos chi-

the toasted garlic, peppercorns and vinegar. Strain, season well with salt and fry, then add to the stock. Shred the lettuce finely and serve in the center of the table with the other garnishes.

Green pozole

for ten people
(from Guerrero)

Ingredients

All the ingredients listed in the white pozole recipe plus the following:
4 poblano chilies
2 jalapeño chilies
8 leaves Swiss chard
2 romaine lettuces
4 oz. pumpkin seeds
2 cloves garlic
1 clove
1 cumin seed

Preparing the ingredients

Follow the instructions for white pozole and make the sauce as follows: Shell the pumpkin seads and toast lightly on a griddle. Remove the veins and seeds from the chilies. Blend with the garlic, clove, cumin, Swiss chard and one lettuce. Season with salt and fry gently. Strain to remove any large lumps and add to the pozole.
Shred the other lettuce. Chop a few serrano chilies and serve in the center of the table with the other garnishes.

les serranos y ponen en la mesa junto con los demás condimentos.

Ancas de rana empanizadas

para seis personas
(cocina tabasqueña)

Ingredientes

½ kilogramo de ancas de rana
5 dientes de ajo
3 huevos
6 cucharadas soperas de aceite de olivo
½ taza de harina
½ taza de pan molido
    aceite para freír, el necesario,
    sal y pimienta al gusto,
    limones

Preparación de los ingredientes

Las ancas se limpian y se lavan muy bien.
Se muele el ajo con sal y pimienta y un chorrito de agua. Se vacía en una fuente mazclándolo con el aceite de olivo, sal y pimienta. Ahí se echan las ancas procurando que se impregnen por todas sus partes con el condimento. Se dejan reposar dos horas. Se sacan del aceite y se revuelcan en la harina. Se baten los huevos. Los limones se parten en rodajas muy finas.

Manera de hacerse

Una vez que las ancas se han revolcado en harina, se mojan en el huevo y se fríen. El aceite debe estar muy caliente y el fuego a baja temperatura para que se cuezan bien. Se sirven adornadas con rodajas de limón.

Breaded frogs' legs

for six people
(from Tabasco)

Ingredients

1 lb. frogs legs
5 cloves garlic
3 eggs
6 tablespoons olive oil
½ cup flour
½ cup fine, dry breadcrumbs
    oil for frying
    salt and pepper
    lemons

Preparing the ingredients

Clean and wash the frogs' legs carefully.
Grind the garlic with the salt and pepper and a few drops water. Pour into a dish and mix with the olive oil, salt and pepper. Marinate the frogs' legs in the dressing for two hours. Remove from the oil and toss in the flour Beat the eggs and slice the lemons into very thin rounds.

Method

Dip the floured legs into the egg then the bread crumbs and fry in very hot oil over a low heat to make sure they are properly cooked. Serve garnished with slices of lemon.

9

Aves y huevos

Poultry, game birds and eggs

Pavo en escabeche

para dieciocho personas
(cocina de Campeche)

Ingredientes

1 pavo
1 kilogramo de cebolla morada
2 cucharadas de recado rojo
6 chiles xcates
1 cabeza de ajo
1 cucharadita de comino
1 cucharada de orégano
1 taza de vinagre
⅛ de manteca

Preparación de los ingredientes

El pavo se pone a cocer en agua. Se saca poco antes de que esté bien cocido. En tres cucharadas de vinagre se deshace el recado rojo, tres pizcas de orégano, pimienta y sal. En este caldillo se revuelca el pavo y se pone a freír en manteca por todos sus lados. Se le agrega una taza de agua y se deja terminar de cocinar al vapor.

Pickled turkey

for eighteen people
(from Campeche)

Ingredients

1 turkey
2 lb. red onions
2 tablespoons prepared red seasoning
6 xcate chilies
1 head garlic
1 teaspoon cumin seeds
1 tablespoon oregano
1 cup vinegar
¼ lb. lard

Preparing the ingredients

Cook the turkey in water until almost done. Dissolve the red seasoning in three tablespoons vinegar and mix with three pinches oregano, pepper and salt. Coat the turkey with this mixture and fry well on all sides. Add one cup water, cover and steam until done.

Preparación del escabeche

Se tuesta el comino y se muele con la otra mitad de ajos asados y ambos se mezclan con el vinagre y resto de orégano. La cebolla se rebana, se lava, se deja remojando unos 15 minutos en agua de sal; se escurre y se le echa el vinagre preparado.
Se asan los chiles.

Manera de servirse:

El pavo se corta en piezas, y a cada una se le pone suficiente escabeche encima y chile asado.

Pollos motuleños

para dieciséis personas
(cocina de Yucatán)

Ingredientes

2	pollos
1½	taza de chícharos
6	tomates
1	chile ancho
½	cucharadita de orégano
1	comino
1	pimienta gorda

Preparing the pickle

Toast the cumin seeds and grind with the remaining garlic, also toasted. Mix with the rest of the vinegar and oregano. Slice the onions, rinse and soak for 15 minutes in salted water. Drain and add to the prepared vinegar.
Toast the chilies.

To serve

Cut the turkey into pieces and pour over the vinegar mixture. Garnish with toasted chili.

Motul chicken

for sixteen people
(from the Yucatan)

Ingredients

2	chickens
1½	cups peas
6	green tomatillos
1	ancho chili
1	teaspoon oregano
1	cumin seed
1	allspice berry

2	naranjas agrias		2	bitter oranges
200	gramos de jamón		7	oz. ham
150	gramos de queso fresco		5	oz. crumbly white cheese
2	tazas de frijoles refritos		2	cups refried beans
18	tortillas		18	tortillas
2	chiles serranos		2	serrano chilies
½	cebolla chica		½	small onion
2	tazas de frijoles cocidos		2	cups boiled beans
	sal y pimienta			salt and pepper
	aceite el necesario			oil as required

Preparación de los ingredientes

Se hace un recado: chile ancho se desvena, se remoja en agua caliente y se muele con la cebolla, el jugo de las naranjas agrias, comino, pimienta y sal; se le agrega el orégano.

Los pollos se limpian, se lavan y se cortan en cuartos. Se maceran en el recado. Se fríen a que queden bien doraditos.

Los chícharos se ponen a cocer en poca agua.

Los tomates y los chiles serranos se asan, se muelen y se cuelan. Se fríen.

Los frijoles se machacan y se vierten en una sartén con manteca caliente y un poco de cebolla picada hasta que queden bien refritos.

Dos de las tortillas se parten en triángulos y se doran en aceite.

Manera de hacerse

Se fríen 16 tortillas dejándolas blandas; sobre éstas se pone un cuarto de pollo bañado con la salsa de jitomate, chícharos y jamón picado. Se coronan con frijoles refritos, rebanadas de queso y un triángulo de tostada.

Preparing the ingredients

To make the seasoning, remove the veins from the ancho chili. Soak in hot water and blend with the onion, orange juice, cumin, allspice and salt. Add the oregano.

Clean and wash the chickens and cut into quarters. Marinate in the seasoning. Fry until golden. Cook the peas in a little water.

Roast the tomatillos and the serrano chilies, purée and strain. Fry the sauce.

Mash the beans and fry in hot lard with a little chopped onion.

Cut two of the tortillas into triangles and fry in oil until crisp.

Method

Fry the sixteen tortillas but do not crisp. On each tortillas place a portion of chicken with the tomatillo sauce, peas and diced ham on top. Garnish with beans, a slice of cheese and a tortilla chip.

Mixiotes de pollo en olla casera

para dieciséis perosnas
(cocina de Hidalgo)

Ingredientes

 2 pollos
15 chiles anchos
 4 chiles pasilla
 3 dientes de ajo
 2 cebollas grandes
20 aceitunas
 5 cucharadas de vinagre
 2 achiotes
24 hojas de mixiote
 1 rama de epazote

Preparación de los ingredientes

Los pollos, se limpian, lavan y cortan en trozos muy pequeños, sin deshuesarlos.

Los chiles se tuestan ligeramente, se desvenan y se ponen a remojar en agua de sal, luego se muelen con las cebollas y los ajos. Las piezas de pollo se sazonan con sal, pimienta y vinagre se maceran en la salsa. Las hojas de mixiote se ponen a remojar durante dos horas para que ablanden. Se extienden en una mesa y se cortan en cuadros de 25 cm. aproximadamente.

Manera de hacerse

Se les vierte una buena porción de pollo enchilado con suficiente salsa, un pedacito de axiote y una hoja de epazote. Se toman las puntas del mixiote jalándolas hacia arriba y se ama-

Chicken mixiotes

for sixteen people
(from Hidalgo)

Ingredients

 2 chickens
15 ancho chilies
 4 pasilla chilies
 3 cloves garlic
 2 large onions
20 olives
 5 tablespoons vinegar
 2 achiotes
24 mixiote leaves
 1 sprig epazote

Preparing the ingredients

Clean and wash the chicken. Do not remove the bones but cut into very small portions.

Roast the chilies lightly, remove the veins and soak in salted water.

Blend with the onion and garlic. Season the chicken with salt, pepper and vinegar and marinate in the chili sauce.

Soak the mixiote leaves for two hours until soft. Spread out on a table and cut into approximately 10" squares

Method

Place a portion of chicken and sauce on each leaf with a piece of achiote and one epazote leaf. Gather up the corners of each leaf to make a pouch or parcel and tie well with twine. It is

rran formando bolsones. Conviene usar dos hojas de mixiote por cada bolsa. En una olla con agua que cubra el fondo y con una parrilla adentro, se colocan los mixiotes. Se tapan y se dejan cocer al vapor durante media hora.

Pechugas en nogada

para doce personas
(cocina de Puebla)

Ingredientes

  6 pechugas de pollo
  5 docenas de nueces de castilla
  ¼ de litro de crema
  1 lata de pimientos en conserva
100 gramos de queso añejo blanco
    sal y pimienta al gusto

Preparación de los ingredientes

En agua se ponen a cocer las pechugas, una vez ya cocidas se escurren, se deshuesan y se dejan enfriar.
Se pelan las nueces cuidando de que no quede ni un pedazo de la tela in-

safer to use two mixiote leaves for each pouch. Place a rack in the bottom of a large pan and fill with water to below the level of the rack. Arrange the mixiotes on the rack, cover and steam for half an hour.

Chicken breasts in walnut sauce

for twelve people
(from Puebla)

Ingredients

6 chicken breasts
5 dozen walnuts
½ pint cream
1 can red bell peppers
4 oz. soft white cheese
  salt and pepper to taste

Preparing the ingredients

Cook the chicken breasts in water, drain, remove bones and cool. Peel the walnuts carefully making sure that none of the inner skin is left as this gives a bitter taste. Grind in a

terior que las cubre porque es amarga. Se muelen en mortero, molino o licuadora junto con el queso, la crema, sal y pimienta. Se le puede agregar un chorrito de agua, pero procurando que la salsa quede espesa.

Manera de servirse:

En una fuente o refractario se colocan las pechugas y se bañan con la salsa de nuez. Se adornan con tiritas de pimientos.

Pato de Pátzcuaro

para ocho personas
(cocina michoacana)

Ingredientes

1 pato tierno y gordo
1 nabo
2 zanahorias
1 elote
10 cebollitas de cambray
½ plátano macho verde
1 hoja seca de elote
¼ de taza de aguardiente de caña
    manteca o aceite lo suficiente
    sal y pimienta

mortar or blender together with the cheese, cream, salt and pepper. Add a little water if necessary, although the sauce should be fairly thick.

To serve

Arrange the chicken breasts in a dish, pour over the sauce and garnish with strips of red pepper

Pátzcuaro style duck

for eight people
(from Michoacán)

Ingredients

1 plump, young duck
1 turnip
2 carrots
1 ear of corn
10 scallions
½ plantain
1 dry corn husk
¼ cup sugarcane spirit
    lard or oil as required
    salt and pepper

198

Preparación de los ingredientes

El pato se lava muy bien y se deja escurrir. Las patas, el pescuezo y las menudencias sirven para hacer un consomé complementario. Para desgrasarlo y quitarle el sabor a humedad, se moja la hoja de elote en el aguardiente, se mete en la cola del pato y se le prende fuego. El pato se vuelve a lavar y se sazona con sal y pimienta. Se mondan los nabos y las zanahorias y se parten en rajas muy pequeñas. Las cebollitas se parten por la mitad dejándoles un pedacito de rabo. El El elote se parte en rodajas, y de igual manera el plátano con todo y cáscara. Con estos ingredientes se rellena el pato. En caso de que sobren se vierten en el consomé.

Manera de hacerse

En una cacerola se vacía la manteca y ya que está bien caliente se echa el pato y se fríe por todos sus lados a que dore un poco. Se le vierte el aguardiente restante y un poco de agua. Se tapa y se deja a fuego lento.

Manchamanteles

para diez personas
(cocina de Puebla)

Ingredientes

1 pavo tierno
2 chorizos
2 chiles pasilla
5 chiles anchos
2 jitomates grandes
2 cebollas

Preparing the ingredients

Wash the duck well and drain. Use the feet, neck and giblets for making consommé to serve with the duck.
To eliminate the damp smell and any fat, soak the corn husk in the spirit, place inside the duck and set alight. Wash the duck once more and season with salt and pepper.
Peel the turnip and carrots and cut into thin strips. Cut the scallions in half, leaving a short length of stalk on each. Slice the corn and the unpeeled plantain into rounds. Stuff the duck with all the ingredients. If there are any left over, add to the consommé.

Method

Heat the lard in a pan until very hot and add the duck. Brown on all sides then pour over the remaining spirit and a little water.
Cover and simmer.

Manchamanteles

for ten people
(from Puebla)

Ingredients

1 young turkey
2 chorizos
2 pasilla chilies
5 ancho chilies
2 large tomatoes
2 onions

199

5 dientes de ajo	5 cloves garlic
2 rebanadas de piña	2 slices pineapple
2 manzanas	2 apples
2 peras	2 pears
2 plátanos	2 bananas
1 taza de chícharos	1 cup shelled peas
100 gramos de cacahuate	4 oz. peanuts
2 rebanadas de pan blanco	2 slices white bread
3 cucharadas de vinagre	3 tablespoons vinegar
1 cucharada de harina	1 tablespoon flour
1 raja de canela	1 stick cinnamon
1 cucharada de azúcar	1 tablespoon sugar
12 chiles en vinagre	12 pickled chilies
aceite el necesario	oil as required
sal y pimienta	salt and pepper

Preparación de los ingredientes

Los chícharos se ponen a cocer. Las cebollas se cortan en rodajas; las frutas se pican en cuadritos y el plátano en rodajas dejándole la cáscara. Los jitomates se asan y se pelan. Los chiles se tuestan, se ponen a remojar. El pan se fríe.

El pavo se limpia, se corta en piezas y se pone a hervir con sal, pimienta y un pedazo de cebolla.

Preparing the ingredients

Cook the peas. Cut the onions into rounds, slice the unpeeled bananas and dice the rest of the fruit. Roast and peel the tomatoes. Roast the chilies and soak. Fry the bread. Clean the turkey, cut into pieces and boil with a piece of onion, salt and pepper.

Manera de hacerse

Se hace una salsa moliendo los chiles, jitomate, pan, cacahuates, ajos, canela. En la cazuela se fríe el chorizo, se saca, y en el mismo aceite se echan las rebanadas de cebolla, se le agrega la salsa y se sazona. Se vierte el caldo, los chiles en vinagre, la fruta, chícharos, chorizo, azúcar, vinagre y la harina disuelta en poca agua. Se deja hervir.

Pichones a la antillana

(cocina de Yucatán de influencia cubana)

Ingredientes

12 pichones
 2 tazas de arroz blanco
 1 kilo de uvas verdes (sin semilla)
 1 cebolla
 5 dientes de ajo
 1 cucharada rasada de maizena
 1 taza de vino blanco
    sal y pimienta

Method

Make a sauce by blending the chiles, tomatoes, bread, peanuts, garlic and cinnamon. Fry the chorizo, remove from the pan and in the same fat fry the onion rounds. Add the sauce and continue cooking. Finally, add the meat and the turkey broth, the pickled chilies, fruit, peas, chorizo, sugar, vinegar and the flour dissolved in a little cold water. Boil until completely cooked.

West-Indian pigeons

(Yucatan cooking with Cuban influence)

Ingredients

12 pigeons
 2 cups white rice
 2 lb. seedless, green grapes
 1 onion
 5 cloves garlic
 1 level tablespoon cornstarch
 1 cup white wine
   salt and pepper

Preparación de los ingredientes

Se lavan los pichones, se dejan escurrir y se untan con pimienta y sal al gusto.
Se hace un arroz blanco (ver receta).
Las uvas se pelan.
El ajo se pica y la cebolla se corta en rodajas delgadas.

Manera de hacerse

Los pichones se rellenan con arroz y uvas; se cosen con hilo de pita; se ponen a dorar en poquito aceite. Se sacan los pichones y en el mismo aceite se fríe el ajo y la cebolla; se vuelven a meter los pichones y una taza de agua en la que se ha disuelto la maicena. Cuando las aves están cocidas se le agrega el vino y se deja dar un último hervor.
Se sirven con papas al horno.

Huevos revueltos a la mexicana

para seis personas
(tradicionales en toda la República)

Ingredientes

6 huevos frescos
2 jitomates
¼ parte de una cebolla
3 chiles verdes serranos
1 rama de cilantro
3 cucharadas de aceite de olivo
   sal y pimienta

Preparing the ingredients

Wash the pigeons, drain and season with salt and pepper to taste. Prepare the rice according to the instructions for white rice (see recipe).
Peel the grapes.
Chop the garlic and slice the onion into rounds.

Method

Stuff the pigeons with the rice and grapes. Sew up with kitchen thread and brown in a little oil. Remove the pigeons from the pan and fry the garlic and onion in the same fat. Return the pigeons to the pan and add the cornstarch dissolved in one cup water. When the birds are cooked, add the wine and bring to the boil once more.
Serve with baked potatoes.

Mexican style scrambled eggs

for six people
(Traditional throughout Mexico)

Ingredients

6 eggs
2 tomatoes
¼ onion
3 small green chilies
1 sprig coriander
3 tablespoons olive oil
   salt and pepper

Preparación de los ingredientes

Los jitomates se pelan, se les quitan las semillas y se pican. Muy finamente se pican los chiles y el cilantro.
En un platón hondo se baten los huevos con los ingredientes condimentándolos con sal y pimienta.

Manera de hacerse

En una sartén ponga a calentar el aceite de olivo. Debe freírse a fuego lento y se va enrollando con una espátula hasta formar un taco si es que la tortilla se quiere tierna; si se quiere bien cocida, se revuelve en la misma sartén.

Huevos rancheros

para seis personas
(tradicionales en toda la República)

Ingredientes

6 huevos frescos
3 jitomates
1 diente de ajo
1 rebanada gruesa de cebolla
2 chiles verdes serranos

Preparing the ingredients

Skin the tomatoes. Remove the seeds and chop.
Chop the chilies and coriander very finely.
Beat the eggs in a bowl and season with salt and pepper.

Method

Heat the oil in a frying pan. Fry the ingredients over a low heat, stirring gently with a spatula until the eggs form a soft omelette. If firmer eggs are preferred, scramble them in the pan.

Country style eggs

for six people
(Traditional throughout Mexico)

Ingredients

6 eggs
3 tomatoes
1 clove garlic
1 thick slice onion
2 serrano chilies

1 pisca de tomillo
6 tortillas
 aceite y sal los necesarios

1 pinch thyme
6 tortillas
 oil and salt as needed

Preparación de los ingredientes

Se muelen los jitomates, ajo, cebolla y chiles verdes, se sazona con sal el tomillo y se fríe la salsa hasta que espese un poco agregándole media taza de agua. Las tortillas se fríen procurando queden blandas. Se van colocando en un recipiente cubierto con un plato para que guarden su calor.

Preparing the ingredients

Blend the tomatoes, garlic, onion and chilies. Season with salt and thyme and fry the sauce until it thickens a little, adding half a cup of water. Fry the tortillas but do not allow them to become crisp. Place them in a container covered by a plate as they cook, to keep warm.

Manera de hacerse

En aceite bien caliente y abundante se van haciendo los huevos estrellados. En un plato se coloca la tortilla frita, se le pone un huevo estrellado recién hecho y se baña en salsa. Así sucesivamente.
(Nota: se sirven con frijoles refritos. Ver receta).

Method

Fry the eggs in plenty of hot oil. Place a fried tortilla on each plate and put a fried egg on top. Pour over the sauce.
(Note: this dish is usually accompanied by refried beans. See recipe).

Huevos motuleños

para seis personas
(cocina tradicional de Yucatán)

Eggs motul style

for six people
(from the Yucatán)

Ingredientes

 6 huevos frescos
 6 tortillas
 1 tazón de frijoles refritos
 1 taza de chícharos
 3 jitomates
 1 diente de ajo
 3 chiles verdes serranos en vinagre
  (rajas)
 1 hoja de laurel
 ½ cebolla (de preferencia morada)

Ingredients

 6 eggs
 6 tortillas
 1 large cup of refried beans
 1 cup peas
 3 tomatoes
 1 clove garlic
 3 small green pickled chilies
 1 bay leaf
 ½ onion (preferably red)

1 aguacate
100 gramos de queso fresco
100 gramos de chorizo

Preparación de los ingredientes

Los chícharos se pelan y se ponen a cocer.

Se prepara una salsa moliendo el jitomate y el ajo con una taza de agua. Se fríe el chorizo y se le agrega la salsa con la hoja de laurel y los chícharos ya cocidos.

Se calientan los frijoles refritos.

Se fríen las tortillas procurando queden blandas y se colocan en un recipiente cubierto con un plato para que guarden calor.

Se hacen rajas de aguacate y queso.

Se rebana la cebolla.

Manera de hacerse

En aceite bien caliente y abundante se van haciendo los huevos estrellados. En un plato se coloca una tortilla frita, se cubre de frijoles, se le pone encima el huevo, se baña en salsa. Se decora con rodajas de cebolla, rajas de chile, aguacate y queso.

1 avocado
4 oz. soft white cheese
4 oz. chorizo

Preparing the ingredients

Shell the peas and cook.

Make a sauce by blending the tomatoes and garlic with one cup of water. Fry the chorizo and pour on the sauce with the bay leaf and the cooked peas.

Heat the refried beans.

Fry the tortillas, making sure they do not become crisp.

Put them in a container covered with a plate as they cook, to keep them warm.

Slice the avocado and the cheese. Cut the onion into rounds.

Method

Fry the eggs in plenty of hot oil. Place a tortilla on each plate and cover with the refried beans. Put an egg on top of the beans and pour over the sauce. Garnish with onion, slices of avocado and cheese.

Cachetitos

para seis personas
(cocina tradicional del norte de México)

Ingredientes

4 huevos frescos
4 tortillas
10 tomates verdes
1 diente de ajo
1 rebanada gruesa de cebolla
2 chiles verdes serranos
1 rama de cilantro
   sal y pimienta
   aceite el necesario para freír

Preparación
de los ingredientes

Se prepara una salsa moliendo los tomates, cebolla, ajo, chiles y cilantro. Las tortillas se cortan en cuadros pequeños y se fríen. Se escurre el aceite sobrante y se le agrega el huevo previamente batido.

Manera de hacerse

Una vez teniendo la torta de huevo y tortilla, se le agrega la salsa verde, se tapa y se deja cocinar a fuego muy lento.

Huevos zacatlantecos

para seis personas
(cocina tradicional de Puebla)

Ingredientes

6 huevos frescos
1 manzana grande
4 cucharadas de mantequilla
1 rama de perejil
   sal y pimienta

Cachetitos

for six people (A traditional dish from the north of Mexico)

Ingredients

4 eggs
4 tortillas
10 tomatillos
1 clove garlic
1 thick slice onion
1 sprig coriander
2 serrano chilies
   salt and pepper
   oil for frying

Preparing
the ingredients

Make a sauce by blending the tomatoes, onion, garlic, chilies and coriander.
Cut the tortillas into small squares and fry. Drain off the excess oil and add the beaten eggs.

Method

Once the eggs and tortillas have set, pour over the sauce. Cover and cook over a low heat.

Zacatlán style eggs

for six people
(A dish from Puebla)

Ingredients

6 eggs
1 large apple
4 tablespoons butter
1 sprig parsley
   salt and pepper

Preparación de los ingredientes

Se pela la manzana y se corta en rodajas superdelgadísimas. Se pica el perejil.

Los huevos se baten muy bien con sal, pimienta y perejil. Se le agrega la manzana.

Manera de hacerse

En un sartén se pone la mantequilla y apenas empieza a calentar se vierten los huevos. La tortilla debe cocinarse a fuego muy suave para que no se queme.

Huevos jalapeños

para seis personas
(cocina tradicional de Veracruz)

Ingredientes

6 huevos frescos
6 chiles jalapeños o cuaresmeños frescos
50 gramos de queso fresco
½ cebolla
   sal y pimienta
   aceite el necesario

Preparación de los ingredientes

Los chiles se fríen en aceite bien caliente. Se sacan, se despellejan, se desvenan y se parten en rajas. La cebolla se pica muy finamente. Los huevos se baten con sal y pimienta y el queso desmoronado.

Manera de hacerse

En poco aceite se fríen la cebolla y

Preparing the ingredients

Peel the apple and cut into very very thin slices.

Beat the eggs well with the salt, pepper and parsley. Add the apple.

Method

Melt the butter in a frying pan and add the eggs. Cook the mixture on a low heat to prevent it from burning.

Jalapa style eggs

for six people
(from Veracruz)

Ingredients

6 eggs
6 jalapeño chilies or fresh cuaresmeño chilies
2 oz. soft white cheese
½ onion
   salt and pepper
   oil for frying

Preparing the ingredients

Fry the chilies in hot oil. Remove from the oil, skin, remove the veins and cut into strips. Chop the onion very finely. Beat the eggs with salt and pepper and, the crumbled cheese.

Method

Fry the onion and chilies in a little

las rajas de chile, se le agrega el huevo y a fuego lento se cuida que se cocine la torta.

oil, add the egg mixture and cook carefully over a low heat.

Huevos ahogados

para seis personas
(cocina tradicional en toda la República)

Ingredientes

6 huevos frescos
3 chiles poblanos
4 jitomates
1 diente de ajo
1 rodaja gruesa de cebolla
1 rama de tomillo
1 hoja de laurel
   sal
   aceite el necesario

Preparación
de los ingredientes

Se tuestan los chiles poblanos, se guardan en una bolsa de plástico para que suden. Se pelan bajo el chorro de agua y se desvenan. Se cortan en rajas.
Se prepara una salsa moliendo el jitomate, la cebolla y el ajo.

Huevos ahogados
(Eggs in sauce)

for six people
(Traditional throughout the Republic)

Ingredients

6 eggs
3 poblano chilies
4 tomatoes
1 clove garlic
1 thick slice onion
1 sprig thyme
1 bay leaf
   salt
   oil as needed

Preparing
the ingredients

Roast the chilies and put them in a plastic bag to sweat. Peel under running water and remove the veins from the inside. Cut into strips.
Prepare the sauce by blending the tomatoes, onion and garlic.

Manera de hacerse

En poco aceite se fríe la salsa y se sazona bien, se le agregan tres tazas de agua caliente, las rajas de chile poblano y la hoja de laurel y la rama de tomillo. Se tapa. Cuando está hirviendo se le agregan los huevos rompiéndolos y virtiéndolos directamente. Sin revolver el contenido tape la cacerola y espere a que se cuezan a fuego lento durante 3 o 4 minutos.

Method

Fry the sauce in a little oil and season generously. Add three cups of hot water, the chilies, bay leaf and thyme. When the mixture is boiling, break the eggs into the pan. Do not stir the mixture. Cover and leave over a low heat for three or four minutes to set the eggs.

10

Moles

Moles

Mole poblano

para catorce personas
(cocina de Puebla)

Ingredientes

 1 guajolote
12 chiles anchos
 8 chiles mulatos
 5 chiles pasilla
 3 chiles chipotles adobados
 3 cucharadas de semilla de chile
200 gramos de ajonjolí
100 gramos de almendras
100 gramos de cacahuates
 50 gramos de pepita de calabaza
 1 tableta de chocolate amargo
 6 pimientas gordas
 6 clavos
 1 raja de canela
 1 pizca de anís
 3 tortillas
 4 jitomates
12 tomates verdes
 1 cebolla
 3 dientes de ajo
 1 pan duro, blanco
 2 cucharadas de vinagre
250 gramos de manteca

Mole poblano

for fourteen people
(from Puebla)

Ingredients

 1 turkey
12 ancho chilies
 8 mulato chilies
 5 pasilla chilies
 3 chilies chipotles adobados
 3 tablespoons chili seeds
 8 oz. sesame seeds
 4 oz. almonds
 4 oz. peanuts
 2 oz. pumpkin seeds
 1 bar bitter chocolate
 6 allspice berries
 6 cloves
 1 stick cinnamon
 1 pinch aniseed
 3 tortillas
 4 tomatoes
12 green tomatillos
 1 onion
 3 cloves garlic
 1 stale white bread roll
 2 tablespoons vinegar
½ lb. lard

Preparación de los ingredientes

El guajolte se limpia, se lava y se pone a hervir. Ya cocido se corta en piezas y se fríen; se les agrega un puré hecho con los jitomates y el chile chipotle, y una vez sazonada se le vierte un litro de caldo.

Proceso para el mole: En un comal se tuesta el ajonjolí. En un sartén se fríen los chiles ligeramente para que no amarguen y se va sacando. En el mismo aceite se fríen el pan (se saca), las tortillas (se sacan) y juntas las semillas de chile, la pepita, cacahuates, almendras, anís, clavos, pimienta y canela. Se muele todo junto apenas rociado con agua. Se les agrega el tomate asado, la cebolla y el ajo. Se vuelve a moler y se pone al fuego disolviéndolo poco a poco con un litro de caldo. Se deja que espese a fuego lento, removiendo siempre para que no se pegue.

Manera de hacerse

Teniendo ya las piezas de guajolote frito y en puré, se le agrega el mole, removiendo bien. El chocolate se machaca hasta hacerlo polvo y se vierte. Una vez que todo junto hierva y espese, ya fuera del fuego, se le agrega el vinagre y una cucharada de manteca requemada.

Manera de servirse

En cada plato se pone una pieza de guajolote bañada con suficiente mole y encima se le esparce un poco de ajonjolí. Se sirve acompañado de frijoles refritos (ver receta) y de un tamal de sal (ver receta).

Preparing the ingredients

Clean, wash and boil the turkey. When cooked, cut into pieces and fry. Make a purée of the tomatoes and the chipotle chilies and add to the meat. When cooked through, add one quart of turkey broth. To make the mole sauce: toast the sesame seeds on a griddle. Fry the bread and remove from the pan; fry the tortillas, remove. Fry the chili together with the pumpkin seeds, peanuts, almonds, aniseed, cloves, allspice and cinnamon. Grind all together with a sprinking of water. Add the roasted tomatillos, onion and garlic. Blend again, return to the heat and gradually mix in one quart stock. Thicken over a low heat, stirring continually to prevent sticking.

Method

Add the mole sauce to the turkey and tomato purée, stirring well. Crush the chocolate to a powder and add. Bring to the boil and allow to thicken. Remove from heat and add the vinegar and one tablespoon hot lard.

To serve

Place a portion of turkey on each plate with a good helping of mole and sprinkle over the toasted sesame seeds. Serve with refried beans (see recipe) and a tamal (see recipe).

Mole verde de pipián

para dieciséis personas
(cocina de Puebla)

Ingredientes

  2 pollos
  1 taza de pepitas de calabaza
100 gramos de nuez
100 gramos de almendras
  1 kilogramo de tomates verdes
12 chiles poblanos
  2 chiles jalapeños
  2 cebollas
  3 dientes de ajo
  3 cucharadas de manteca

Preparación de los ingredientes

Los pollos se limpian, lavan, cortan en piezas y se ponen a hervir con una cebolla y sal.

Por separado, en sartenes distintas se muelen las pepitas sin cáscara; las nueces bien peladas, y las almendras.

Los chiles se asan, se ponen a sudar en una bolsa de plástico, se desvenan y quitan las semillas. Los tomates se asan junto con los chiles jalapeños. Se muelen los tomates, los chiles poblanos y jalapeños con la cebolla, el ajo y sal al gusto. Se fríen.

Manera de hacerse

En dos cucharadas de manteca se vierten la masa de semillas y el puré de tomates. Poco a poco se le agrega un litro de caldo, y ya que está bien sazonado y espesa un poco se echan las piezas de pollo.

Se sirve acompañado de arroz blanco y frijoles de la olla (ver recetas).

Green pumpkin seed mole

for sixteen people
(from Puebla)

Ingredients

  2 chickens
  1 cup pumpkin seeds
  4 oz. walnuts or pecans
  4 oz. almonds
  2 lb. green tomatillos
12 poblano chilies
  2 jalapeño chilies
  2 onions
  3 cloves garlic
  3 tablespoons lard

Preparing the ingredients

Clean and wash the chickens. Cut into portions and boil with an onion and salt.

In separate pans grind the shelled pumpkin seeds, the peeled pecans and the almonds.

Roast the poblano chilies, put in a plastic bag to sweat, remove the veins and seeds.

Roast the tomatillos with the jalapeño chilies. Blend the tomatillos, poblano chilies, jalapeño chilies, onion, garlic and salt to taste. Fry the chili sauce.

Method

Heat two tablespoons lard and add the seed and nut paste then the tomatillo purée. Gradually add one quart stock and when cooked through and slightly thickened, add the chicken portions.

Serve with white rice and boiled beans (see recipes).

Mole amarillo

para diez personas
(cocina de Oaxaca)

Ingredientes

1 kilogramo de espinazo de puerco
6 chiles manzanos
15 chilacas
15 tomates bien maduros
1 achiote
1 pizca de azafrán
1 cebolla
3 cucharadas de harina

Preparación
de los ingredientes

El espinazo se parte en pedazos y se
pone a cocer con poca agua, una cebolla y punto de sal.
Los chiles manzanos se asan, se ponen
a sudar dentro de una bolsa, se pelan
evitando toda la piel, se desvenan y se
ponen a remojar en agua de sal y con
gotas de limón, durante media hora,
a fin de aminorar su picante.
Los tomates se hierven, y se muelen
con un pedazo de cebolla, los chiles,
las chilacas, el ajo y los tomates.

Yellow mole

for ten people
(from Oaxaca)

Ingredients

2 lb. pork chine
6 manzano chilies
15 chilaca chilies
15 very ripe tomatillos
1 achiote
1 pinch saffron
1 onion
3 tablespoons flour

Preparing
the ingredients

Cut the pork into pieces and cook in
a little water with an onion and a
pinch of salt.
Roast the manzano chilies, put in a
plastic bag to sweat and peel carefully. Remove veins and soak in
salted water with a few drops of lemon
juice for half an hour to reduce their
piquancy.
Boil the tomatillos and blend with a
piece of onion, the manzana and chilaca chilies and garlic.

Manera de hacerse

Los pedazos de espinazo se fríen en la manteca junto con el achiote partido en cuatro; se les agrega la salsa y el azafrán. En un sartén se fríe la harina y se le agrega al mole. Se deja hervir hasta que espese. El mole amarillo es el más picante de todos.

Method

Fry the pieces of pork in lard together with the achiote cut into quarters. Add the chili sauce and saffron. Melt some lard in a frying pan, add the flour and then the mole sauce. Bring to the boil and allow to thicken. This is the hottest of all moles.

Mole coloradito

para diez personas
(cocina de Oaxaca)

Ingredientes

1 kilogramo de lomo de cerdo
12 chiles anchos
6 chiles pasillas
6 dientes de ajo
5 jitomates
1 cebolla
 sal al gusto

Preparación de los ingredientes

Se lava la carne, se corta en pedazos y se pone a cocer en poca agua con la cebolla. Los chiles anchos y pasilla se tuestan ligeramente, se desvenan y se remojan en agua caliente. Se muelen. Los jitomates y los ajos se asan, se muelen y se cuelan.

Manera de hacerse

En una cazuela se fríe la salsa de chiles y se les agrega el puré y los trozos de carne. Se le pone una taza del caldo de la carne y se deja hervir hasta que espese.

Red mole

for ten people
(from Oaxaca)

Ingredients

2 lb. pork tenderloin
12 ancho chilies
6 pasilla chilies
6 cloves garlic
5 tomatoes
1 onion
 salt to taste

Preparing the ingredients

Wash the meat, cut into pieces and cook in a little water with onion. Roast the ancho and pasilla chilies, remove the veins and soak in hot water. Blend.
Roast the tomatoes and garlic, blend and strain.

Method

Fry the chili sauce in a pan, add the tomato purée and the meat. Add one cup pork stock and boil until thickened.

Mole negro

para veinte personas
(cocina de Oaxaca)

Ingredientes

1 guajolote tierno
1 kilogramo de espinazo de puerco
10 chiles mulatos
20 chiles chilhuacles negros
3 cucharadas de nuez encarcelada
3 cucharadas de cacahuates
3 cucharadas de ajonjolí
3 cucharadas de almendras
5 ciruelas pasas
2 tabletas de chocolate
1 pedazo de pan blanco duro
1 tortilla dura
6 clavos
3 pimientas
1 raja de canela
1 cucharadita de orégano
1 hoja de aguacate
5 jitomates grandes
1 cebolla

Preparación de los ingredientes y manera de hacerse

El guajolote se parte en piezas y se pone a hervir con una cebolla y punto de sal.
El espinazo se parte y se pone a cocer en poca agua y punto de sal. En comal, se tuestan los chiles, se desvenan (separando las semillas que habrán de utlizarse) se remojan en agua caliente, se muelen y se fríen en manteca.
Sobre del comal se tuesta la tortilla y sobre de ésta las semillas de chile chilhuacle. Es necesario voltear de un lado a otro la tortilla, lo que obliga

Black mole

for twenty people
(from Oaxaca)

Ingredients

1 young turkey
2 lb. pork chine
10 mulato chilies
20 black chilhuacle chilies
3 tablespoons pecans
3 tablespoons peanuts
3 tablespoons sesame seeds
3 tablespoons almonds
5 prunes
2 bars chocolate
1 piece stale white bread
1 stale tortilla
6 cloves
3 peppercorns
1 teaspoon oregano
1 avocado leaf
5 large tomatoes
1 onion
1 stick cinnamon

Preparing the ingredients and method

Cut the turkey into portions and boil with an onion and salt to taste. Cut the pork into pieces and cook in a little salted water. Roast the chilies on a griddle, remove the veins (reserving the seeds for later use), soak in hot water, blend and fry in lard. Toast the tortilla on the griddle and put chilhuacle chili seeds on top of the tortilla to toast. Turn the tortilla several times, removing and replacing the seeds each time. Both the tortillas and the seeds must be blackened

a poner y quitar las semillas cuantas veces sea necesario. Los dos ingredientes están listos cuando adquieren un tono negro, sin llegar a carbonizarse.

También en comal se tuestan el ajonjolí y la hoja de aguacate. Los jitomates se asan.

En una sartén se fríen las almendras, cacahuates, nueces, pan y especias. Todo esto se muele junto con las ciruelas pasas deshuesadas, ajonjolí y hojas de aguacate; se fríen junto con el jitomate asado. Se les agregan los chiles molidos, un litro de caldo, el chocolate, la raja de canela y el orégano. Luego se le echan las piezas de guajolote y espinazo. Se deja hervir hasta que espesa.

although not charred.

Toast the sesame seeds and avocado leaf on the griddle.

Roast the tomatoes.

Fry the almonds, peanuts, pecans, bread and spices in frying pan and blend with the stoned prunes, sesame seeds and avocado leaf. Add the tomato and fry. Next, add the ground chiles, one quart stock, chocolate, the cinnamon stick and the oregano, followed by the pieces of turkey and pork. Boil until thickened.

11

Mariscos y pescados

Fish and shellfish

Huachinango a la veracruzana

para seis personas
(cocina tradicional de Veracruz)

Ingredientes

- 1 pescado guachinango grande
- 2 cebollas medianas
- 1 kilogramo de jitomate
- 50 gramos de alcaparras
- 100 gramos de aceitunas
- 10 chiles largos en vinagre (chilacas o en su defecto, jalapeños)
- 4 cucharadas de aceite de olivo
  sal y pimienta

Preparación de los ingredientes

Se limpia el pescado y se parte en raciones.
El jitomate se muele: la cebolla se corta en rodajas muy delgadas.

Manera de hacerse

En una cacerola se pone a calentar el aceite, ahí se fríe la cebolla y se le

Veracruz style red snapper

for six people
(from Veracruz)

Ingredients

- 1 large red snapper
- 2 medium onions
- 2 lb. tomatoes
- 2 oz. capers
- 4 oz. olives
- 10 long green pickled chilies (preferably chilacas but if not obtainable, use jalapeños)
- 4 tablespoons olive oil
  salt and pepper

Preparing the ingredients

Clean the fish and divide into portions.
Blend the tomatoes and cut onion into very fine rounds.

Method

Heat the oil in a pan and fry the onion. Add the puréed tomatoes,

agrega el jitomate molido sazonándolo con sal y pimienta; se lé agregan los pedazos de pescado, las alcaparras, aceitunas y chiles. A fuego lento se deja hervir hasta que cueza y la salsa se espese. Cuide que el pescado no se desbarate por exceso de cocimiento.

seasoned with salt and pepper. Add the fish pieces, capers, olives and chilies. Bring to the boil and cook over a low heat, allowing the sauce to thicken. Avoid overcooking as the fish will break up.

Mojarras rellenas

para seis personas
(tradicional de Acapulco, Guerrero)

Ingredientes

```
  6 mojarras grandes
100 gramos de tocino
100 gramos de queso crema
 10 camarones (ya cocidos)
 24 ostiones
  5 corazones de alcachofa (enlatados)
 ½ taza de champiñones (enlatados)
 ¼ de kilogramo de papas (de las
    chiquitas)
  4 ramas de perejil
    sal, sal de ajo y pimienta al gusto
  1 copa de vino blanco
    jugo maggi
```

Stuffed moharras

for six people
(from Acapulco, Guerrero)

Ingredients

```
  6 large moharras
  4 oz. bacon
  4 oz. cream cheese
 10 cooked prawns
 24 oysters
  5 artichoke hearts (canned)
 ½ button murshrooms (canned)
 10 oz. small potatoes
  4 sprigs parsley
  1 glass white wine
    meat extract seasoning sauce
    salt, garlic salt and pepper to taste
```

Preparación de los ingredientes

Las mojarras se limpian bien, se abren y se deshuesan procurando no dejar espinas. Se condimentan con sal y pimienta.

Se prepara el relleno: el tocino se fríe en su propia grasa, se mezcla con el queso crema, ostiones, camarones alcachofas y hongos picados finamente, jugo maggi, sal de ajo y pimienta. Se ponen a cocer las papitas en agua. Se pica el perejil, finamente. Se engrasa con mantequilla un refractario.

Manera de hacerse

Las mojarras se rellenan y se colocan en el refractario, se bañan con vino blanco, se decoran con las papitas, se distribuyen trocitos de mantequilla y se esparce el perejil. Se mete al horno, en punto medio, durante 20 minutos.

Preparing the ingredients

Clean the fish thoroughly. Slit open and remove bones carefully. Season cavity with salt and pepper.

To prepare the stuffing, fry the bacon in its own fat; chop. Mix with the cream, oysters, prawns, artichokes, finely chopped mushrooms, meat extract sauce, garlic salt and pepper. Boil the potatoes.
Chop the parsley finely.
Grease a heat-resistant dish with butter.

Method

Stuff the sole and place them in the dish. Pour over the white wine and decorate with the potatoes. Dat with butter and sprinkle with parsley. Cook for 20 minutes in a moderate oven.

Camarones enchilados a la plancha

para ocho personas
(cocina de Nayarit)

Ingredientes

¼ de aceite de olivo
1 kilogramo de camarones gigantes
½ taza de vino blanco
100 gramos de chile de árbol
1 cabeza de ajo
1 hoja de laurel
1 tomillo
4 limones

Broiled chilied shrimp

for eight people
(from Nayarit)

Ingredients

½ pint olive oil
2 lb. giant shrimp
½ cup white wine
4 oz. arbol chili
1 head garlic
1 bayleaf
1 leaf thyme
4 lemons

Preparación de los ingredientes

Una semana antes debe prepararse el aceite de chile de árbol. En un frasco se pone el aceite de olivo y en él se vacían los ajos pelados y ligeramente machacados, así como los chiles previamente remojados. Para cocinar los camarones, la plancha debe estar bien caliente y engrasada.

Manera de hacerse

Los camarones crudos y pelados se bañan con el aceite de chile dejándolos reposar en él durante media hora. Luego se mojan con el vino mezclando con el jugo de limón y se ponen en la plancha, se voltean para que queden dorados por los dos lados.

Ostiones gratinados

para diez personas
(cocina de Baja California)

Ingredientes

1 taza de salsa blanca ya preparada
5 docenas de ostiones pequeños en su jugo

Preparing the ingredients

Prepare the chili oil a week beforehand as follows: pour the olive oil into a glass jar and add the peeled, slightly mashed garlic and the soaked chilies. To cook the shrimp, the griddle should be very hot and well greased.

Method

Peel the raw shrimp and bathe with the prepared oil. Marinate for half an hour then dip in the wine mixed with the lemon juice and place on the griddle. Turn to ensure that both sides are well cooked.

Oysters au gratin

for ten people
(from Baja California)

Ingredients

1 cup white sauce
5 dozen small oysters in their own liquid

20	conchas de ostión grandes		20	large oyster shells
100	gramos de queso parmesano		4	oz. grated parmesan cheese
2	cucharadas de mantequilla		2	tablespoons butter
2	ramas de perejil		2	sprigs parsley
1	cucharada de pan molido		1	tablespoon breadcrumbs
½	limón		½	lemon
	sal y pimienta al gusto			salt and pepper to taste

Preparación de los ingredientes

Bajo el chorro de agua se lavan bien las conchas, cepillándolas. Los ostiones se ponen a cocer en su propio jugo sin que hiervan más de diez minutos. Se sacan de su jugo y se colocan en las conchas, 2 o 3 según sea el espacio tomando en cuenta que se van a enjutar.

La salsa blanca se mezcla con un poco del jugo de ostiones procurando que quede espesa.

Manera de hacerse

Colocadas las conchas en un refractario, se cubren con salsa blanca y se espolvorean con un poco de queso, pan y perejil al gusto, se les agrega una gotitas de limón, sal, pimienta y un trocito de mantequilla. Se meten

Preparing the ingredients

Scrub the shells well under running water with a brush. Poach the oysters in their own liquor for no more than ten minutes. Remove from the liquid and arrange two or three on each shell (note: the oysters will shrink as they bake). Mix the white sauce with just a little of the oyster liquor.

Method

Arrange the shells in a heat-resistant dish. Nap oysters with the white sauce and sprinkle over a little cheese, breadcrumbs and parsley to taste. Add a few drops of lemon juice, salt, pepper and dot with butter. Bake in

al horno a una temperatura mediana hasta que doren y gratinen. Se sirven inmediatamente.
(No se deben recalentar).

a medium oven till crisp and brown on top. Serve immediately.
(This dish should not be reheated).

Pulpos en su tinta estilo Playa Azul

para dieciocho personas
(cocina del Golfo de México)

Ingredientes

3 pulpos grandes
2 cebollas medianas
4 dientes de ajo
3 pimientos morrones en conserva
1 kilogramo de jitomate
¼ de taza de aceite
3 ramitas de perejil
2 hojas de laurel
1 ramita de albahaca
6 cominos
4 pimientas negras
2 dientes de ajo

Preparación de los ingredientes

Al comprar los pulpos tener cuidado de que les quiten la piedra. Se lavan muy bien y se les quita la tinta, depositándola en un recipiente. Se vuelven a lavar con agua de sal y se aporrean. Se cortan en pedazos chicos.
Por separado se pican los ajos, la cebolla y el jitomate.
Se muelen las especies. El perejil se pica finamente. Los morrones se parten en rajas pequeñas.

Manera de hacerse

En una cacerola se pone el aceite, en

Playa Azul style octopus in its ink

for eighteen people
(from the Golf of Mexico)

Ingredients

3 large octopus
2 medium onions
4 cloves garlic
3 canned pimentos
2 lb. tomatoes
¼ cup oil
3 sprigs parsley
2 bayleaves
1 sprig basil
6 cumin seeds
4 black peppercorns
2 cloves garlic

Preparing the ingredients

When buying the octopus, make sure the pouch has been removed. Wash thoroughly and pour the ink into a dish. Wash again in salted water and cut into small pieces.
Chop the garlic, onion and tomatoes separately.
Grind the spices. Chop the parsley finely. Cut the pimentos into thin strips.

Method

Fry the garlic and onion in the oil and

él se fríen los ajos y las cebollas, luego se añade el jitomate, los pimientos y el perejil; se sazona con sal y en cuanto hecho un hervor se le agregan los pulpos, se tapan y se dejan hervir por espacio de media hora. Luego se le agregan las especies y la tinta y se deja hervir por espacio de dos horas. En el último hervor se le agregan las hojas de laurel y la albahaca.

add the tomatoes, pimentos and parsley. Season with salt and when boiling, add the octopus. Cover and simmer for half an hour. Add the spices and the ink and cook for a further two hours. Just before serving add the bayleaves and the basil.

Tortas de camarón en revoltijo

(cocina del Valle de México)

Ingredientes

1	manojo de romeritos
12	nopales tiernos
8	papas
250	gramos de camarón seco
5	chiles anchos
2	chiles mulatos
1	chile pasilla
1	cebolla
2	dientes de ajo
1	rebanada de pan blanco
1	tortilla
2	huevos

Shrimp cakes in sauce

(from the Valley of Mexico)

Ingredients

1	bunch romeritos
12	young nopales
8	potatoes
½	lb. dried shrimp
5	ancho chilies
2	mulatto chilies
1	pasilla chili
1	onion
2	cloves garlic
1	slice white bread
1	tortilla
2	eggs

50 gramos de cacahuate	2 oz. peanuts
1 cucharada de ajonjolí	1 tablespoon sesame seeds
2 clavos	2 cloves
2 pimientas gordas	2 allspice berries
1 raja de canela	1 cinnamon stick
¼ de tableta de chocolate	¼ bar chocolate
5 cucharadas de manteca	5 tablespoons lard

Preparación de los ingredientes

Por separado se ponen a cocer las papas peladas y los nopalitos mondados para quitarles las espinas; cuando estos últimos están hirviendo, se les hecha dos monedas de cobre calentadas al rojo vivo o en su defecto una pizca de bicarbonato. Papas y nopales se parten en cuadritos.

El ajonjolí se tuesta. Los chiles se desvenan, se fríen y se ponen en el mortero; lo mismo se va haciendo con la tortilla, la rebanada de pan y los cacahuates. Todo se muele junto con la cebolla, los ajos, clavos, chocolate, pimienta y canela, se disuelve en ¾ de litro de agua hirviendo. El caldillo se fríe en dos cucharadas de manteca y se sazona de sal.

Los camarones se limpian y se tuestan ligeramente. La mitad de ellos se muelen y se revuelven con los huevos. Se forman tortas y se fríen en manteca.

Manera de hacerse

Al caldillo hirviente se agregan los nopales y papas picados, el camarón restante y los romeritos. Cuando estén cocidos por último se agregan las tortas de camarón.

Preparing the ingredients

Peel the potatoes, remove the spines from the nopales and cook separately. When the nopales are boiling add two red-hot cooper coins or a pinch of bicarbonate of soda. Dice the potatoes and the nopales.

Toast the sesame seeds. Remove the veins from the chilies, fry and place in a mortar. One by one, fry the tortilla, bread and peanuts and place in the mortar with the chiles. Grind together with the onion, garlic, cloves, chocolate, allspice and cinnamon and mix with 1½ pints boiling water. Fry the sauce in two tablespoons lard and season.

Clean the shrimp and broil lightly. Grind half of them and mix with the eggs. Form into small cakes and fry.

Method

To the boiling sauce add the nopales, potatoes, the remaining shrimp, romeritos, and cook through. Just before serving, add the shrimp cakes.

Filete de pescado en salsa roja

(cocina de Nayarit)

Ingredientes

6 filetes de pescado huachinango o mero
6 chiles pasillas
4 chiles mulatos
6 dientes de ajo
1 cebolla
2 cucharadas de harina
2 cucharadas de manteca

Preparación de los ingredientes

Los chiles se tuestan ligeramente, se desvenan, se ponen a hervir en poca agua y se muelen con los ajos y la cebolla; se cuela la salsa. Los filetes se lavan, se escurren, se secan con un trapo y se revuelcan en harina.

Manera de hacerse

En dos cucharadas de manteca se fríe la salsa y se le agregan los filetes.

Fillet of fish in red chili sauce

(from Nayarit)

Ingredients

6 fillets red snapper or grouper

6 pasilla chilies
4 mulatto chilies
6 cloves garlic
1 onion
2 tablespoons flour
2 tablespoons lard

Preparing the ingredients

Roast the chilies, remove the veins and boil in a small amount of water. Blend with the garlic and the onion. Strain the sauce.
Wash the fish fillets, drain and dry with a cloth. Coat in the flour.

Method

Fry the sauce in two tablespoons lard and add the fillets.

Bacalao a la mexicana

para ocho personas
(cocina de Tampico)

Ingredientes

1 kilogramo de bacalao
10 chiles pasillas
6 chiles guajillo
5 chiles anchos
8 dientes de ajo
1 cebolla grande

Preparación
de los ingredientes

El bacalao se deja remojando en suficiente agua la noche anterior. Al día siguiente se pone a cocer en poca agua (no agregar sal) y ya cocido se retira del fuego y palpándolo con los dedos se le quitan todas las espinas. Se pone a escurrir.
Los chiles se tuestan ligeramente, se desvenan y se les quitan las semillas y se ponen a hervir en poca agua, luego se muelen junto con el ajo y la cebolla; se cuela esta salsa.

Manera de hacerse

En una cucharada de aceite se fríe la salsa, se agregan los pedazos de bacalao y se deja hervir un poco.
Este platillo se come con tortillas de harina.

Ceviche

para seis personas
(cocina de Veracruz)

Ingredientes

½ kilogramo de pescado sierra

Mexican style codfish

for eight people
(from Tampico)

Ingredients

2 lb. salt cod
10 pasilla chilies
6 guajillo chilies
5 ancho chilies
8 cloves garlic
1 large onion

Preparing
the ingredients

Soak the fish in water overnight, the following day, poach in unsalted water and when cooked, remove from the heat. Press with the fingertips to remove the bones. Drain.
Roast the chilies, remove the veins and seeds and boil in a little water. Blend with the garlic and the onion and strain.

Method

Fry the sauce in one tablespoon oil, add the pieces of codfish and boil. Serve with flour tortillas.

Marinated fish

for six people
(from Veracruz)

Ingredients

1 lb. Spanish mackerel

2 jitomates
6 chiles serranos en vinagre y tres
 cucharaditas de su caldillo
2 cebollas.
1 cucharada de vinagre
1 cucharadita de orégano
2 aguacates
4 cucharadas de aceite de olivo
9 limones
 sal y pimienta

Preparación de los ingredientes

El pescado se lava muy bien, se desolla, se le quitan las espinas, se parte en cuadritos y se pone en un recipiente con el jugo de 6 limones durante cuatro horas. De vez en cuando se mueve para que se impregne bien el jugo. Se sazona con sal.

Los chiles en vinagre se pican y se dejan en su caldillo al que se le agrega pimienta, la cucharada de vinagre, el orégano y el aceite. Se pican el jitomate y una cebolla; la otra se corta en rodajas.

Manera de hacerse y servirse

El caldillo condimentado se rocía en el pescado; se agregan la cebolla y el jitomate; se adorna con rajas de aguacate, rodajas de cebolla y de limón.

Charales en pasilla

para cinco personas
(cocina de Michoacán)

Ingredientes

300 gramos de charales

---

2 tomatoes
6 pickled serrano chilies plus 3 teaspoons of the pickling liquor.
1 onion
1 tablespoon vinegar
2 avocados
4 teaspoons olive oil
9 lemons
1 teaspoon oregano
 salt and pepper

Preparing the ingredients

Wash the fish carefully, remove the skin and bones and dice. Put in a dish with the juice of six lemons for four hours. Stir from time to time to ensure that the juice is properly absorbed. Season with salt.

Chop the pickled chilies and leave in their own vinegar. Add the pepper, one tablespoon vinegar, oregano and the oil. Chop the tomato and one onion.

Cut the other onion into rings.

To serve

Pour the vinegar dressing over the fish and add the chopped onion and tomato. Garnish with slices of avocado, onion rings and lemon slices.

Charales in pasilla sauce

for six people
(from Michoacán)

Ingredients

10 oz. charales

6 chiles pasilla
2 chiles anchos
½ cebolla
3 dientes de ajo
2 cominos
12 nopales tiernos
3 cucharas de manteca

Preparación de los ingredientes

Los chiles se tuestan ligeramente, se desvenan y se les quitan las semillas, se ponen a hervir en poca agua y se muelen con la cebolla, ajo, cominos y el vinagre.
Los nopales se asan ligeramente y se cortan en cuadritos.

Manera de hacerse

En la manteca caliente se fríen los charales y se sacan. En la misma grasa se fríe la salsa, se le agrega una taza de agua, los nopales, los charales y se deja hervir.

6 pasilla chilies
2 ancho chilies
½ onion
3 cloves garlic
2 cumin seeds
12 young nopales
3 tablespoons lard

Preparing the ingredients

Roast the chilies, remove the veins and seeds and boil in a small amount of water. Blend with the garlic, cumin and vinegar.
Roast the nopales lightly and dice.

Method

Fry the charales in hot lard and remove from pan. Fry the sauce in the same fat, add one cup water, the nopales and charales and boil.

Tamales
y atoles

Tamales
and atoles

Tamales oaxaqueños

para cincuenta personas
(cocina de Oaxaca)

Ingredientes

2	kilogramos de masa de maíz (ver receta)
1½	cucharada de tequesquite
4	cáscaras de tomate
700	gramos de manteca
1	guajolote tierno
½	kilo de espinazo de puerco
4	litros de mole poblano (ver receta)
2	cebollas
20	hojas de plátano

Preparación
de los ingredientes

Las carnes se ponen a cocer en agua con cebolla y sal.
En una taza de agua se pone a hervir el tequesquite y las cáscaras de tomate. Se saca del fuego y se deja asentar.
A las hojas de plátano se le quitan la nervadura mayor y se ponen en agua al fuego, en cuanto sueltan el primer

Oaxacan tamales

for fifty people
(from Oaxaca)

Ingredients

4	lb. tortilla dough (see recipe)
1½	tablespoons tequesquite
5	tomatillo husks
1½	lb. lard
1	young turkey
1	lb. pork chine
4	quarts mole poblano (see recipe)
2	onions
20	banana leaves

Preparing
the ingredients

Cook the meat in water with onion and salt.
Boil the tequesquite and tomatillo husks in one cup water. Remove from the heat and leave to stand.
Remove the large rib from the banana leaves and bring to the boil in water. Remove from the pan, leave

hervor se sacan, se dejan enfriar y se cortan en cuadros de aproximadamente 20 cm.

Se prepara la masa rociándola con el agua de tequesquite y hojas (sin asientos) y con la manteca requemada y fría, se sazona con sal y se le pone el caldo de guajolote necesario para amasarla bien. Su punto se conoce cuando una pizca de masa al echarla en una vaso de agua flota en la superficie.

Manera de hacerse

El guajolote se corta en trozos muy pequeños; lo mismo el espinazo. La carne se vierte en el mole y se revuelve. En una mesa se extienden los cuadros de hoja de plátano. Al centro se les pone una porción de masa, se extiende y se les vierte una cantidad de mole con carnes bien proporcionada. Se doblan bien y se amarran con tiras de hoja de plátano.

En la vaporera se pone agua cubriendo 10 cm. de altura, sobre el nivel del agua se coloca la parrilla cubierta con una cama de hojas de maíz sobre

to cool and cut into approximately 8" squares.

Prepare the dough by pouring over the strained liquid from the tequesquite and tomatillo husks, the melted, cooled lard and salt, adding some of the turkey broth to make it easier to knead if necessary. To test if the dough is at the right consistency, a little ball should float in a glass of water.

Method

Cut the turkey and pork into very small pieces and mix into the mole sauce. Spread the banana leaves out on a table and put a portion of dough on each. Flatten out the dough and place a portion of the meat on top. Fold up the leaves and tie securely with strips of banana leaf.

Fill a steamer with four inches of water and place a rack just above the water level. Cover with a layer of corn husks and arrange the tamales on top of each other, around the sides, leaving a space up the middle.

la que se van colocando los tamales unos encima de otros, cuidando de dejar un hueco al centro. En la cima se ponen más hojas cubiertas con un mantelito doblado, se tapa y se deja hervir durante una hora. La señal de que están listos es cuando al desenvolver un tamal, la hoja se desprende de la masa.

Cover with more corn husks and a folded cloth. Put the lid on the steamer and boil for one hour. To test if the tamales are ready, unwrap one of them to see if the leaf comes cleanly away from the dough.

Tamales rojos de pollo

para cuarenta personas
(cocina tradicional en toda la República)

Ingredientes

2 kilogramos de masa de maíz
½ kilogramo de manteca
6 pechugas de pollo
6 muslos de pollo
6 piernas de pollo
8 chiles anchos
4 chiles guajillo
8 jitomates
1 cebolla
4 dientes de ajo
1 rama de tomillo
2 hojas de laurel
2 pimientas
1 brazada de hojas de elote (100)

Preparación de los ingredientes

El pollo se pone a cocer en litro y medio de agua, con un pedazo de cebolla, 2 dientes de ajo y una cucharada de sal.
Las hojas de elote se ponen a remojar en agua para que suavicen.
Se prepara la masa batiéndola con la manteca pasada por fuego y enfriada. Se bate lo suficiente con caldo de po-

Red chicken tamales

for forty people
(eaten throughout Mexico)

Ingredients

4 lb. tortilla dough
1 lb. lard
6 chicken breasts
6 chicken thighs
6 chicken drumsticks
8 ancho chilies
4 guajillo chilies
8 tomatoes
1 onion
4 cloves garlic
1 sprig thyme
2 bayleaves
2 peppercorns
100 dry corn husks

Preparing the ingredients

Cook the chicken in three pints water with a piece of onion, 2 cloves garlic and one tablespoon salt.
Soak the corn husks in water until soft.
Melt the lard, cool and knead into the tortilla dough. Mix in one tablespoon salt and sufficient chichen broth and knead to a smooth consistency.

llo (el necesario) y una cucharada de sal para darle una consistencia homogénea. Su punto se conoce cuando una pizca de masa al echarla en un vaso de agua flota en la superficie. Se prepara la salsa: los chiles se tuestan, desvenan, se les quitan las semillas y se muelen con el jitomate asado y pelado, la cebolla, 2 dientes de ajo, pimienta, tomillo y laurel. La salsa se fríe en un poco de manteca y a ella se agrega la carne de pollo desmenuzada.

To test if ready, drop a small a ball of dough into a glass of water; it should float.

To make the sauce, toast the chilies, remove the veins and the seeds and blend with the roasted, peeled tomato, the onion, 2 cloves garlic, pepper, thyme and bayleaves. Fry the sauce in a little lard and add the shredded chicken.

Manera de hacerse

Se extienden las hojas en una mesa, se les pone dos cucharadas de masa, se extiende, se les pone el relleno de pollo con salsa, se envuelven bien y se colocan en la vaporera como lo indica la receta anterior.

Method

Spread the corn husks out on a table, place two tablespoons dough on each one and flatten, then put a portion of chicken on each. Wrap the dough carefully in the husks and steam as indicated in the above recipe.

Tamales verdes de puerco

para cuarenta personas
(cocina tradicional en toda la República)

Ingredientes

2	kilogramos de masa de maíz
½	kilogramo de manteca
½	kilogramo de lomo de cerdo
1¼	kilogramo de tomates verdes
2	cebollas
4	dientes de ajo
6	ramas de cilantro
1	brazada de hojas de elote

Preparación de los ingredientes

La carne se pone a cocer en agua con una cebolla, dos dientes de ajo y sal. Ya cocida se desmenuza.

Green pork tamales

for forty people
(eaten throughout Mexico)

Ingredients

4	lb. tortilla dough
1	lb. lard
1	lb. pork tenderloin
2½	lb. green tomatillos
2	onions
4	cloves garlic
6	sprigs coriander
100	dry corn husks

Preparing the ingredients

Cook the meat in water with one onion, two cloves garlic and salt. When cooked, shred the meat.

La masa se prepara con la manteca como la indica la receta anterior; lo mismo las hojas de maíz (ver receta). La salsa se prepara hirviendo los tomates, se pelan y se muelen con la cebolla, ajo, cilantro y chiles, se fríe se saca del fuego y se le agrega la carne.

Prepare the dough and the corn husks as in the above recipe.

To make the sauce, boil the tomatillos, peel and blend with the onion, garlic, coriander and chilies. Fry the sauce and add the meat.

Manera de hacerse
De la misma forma indicada en la receta anterior.

Method
As in the above recipe.

Tamales de dulce
para cuarenta personas
(cocina de Puebla)

Sweet tamales
for forty people
(from Puebla)

Ingredientes

1½	kilogramo de harina de arroz
¾	kilogramo de mantequilla
¾	kilogramo de azúcar
2½	cucharaditas de royal
300	gramos de pasitas
300	gramos de piñones
100	gramos de almendras
½	taza de crema dulce
4	copas de anís
4	acitrones
1	brazada de hojas de elote

Ingredients

3	lb. rice flour
1½	lb. butter
1½	lb. sugar
2½	teaspoons baking powder
10	oz. raisins
10	oz. pine nuts
4	oz. almonds
½	cup cream
4	jiggers anisette
4	pieces acitrón
100	dry corn husks

Preparación de los ingredientes
Las hojas se preparan como lo indican las recetas anteriores.

Se revuelve el royal con la harina y se cierne.

Pasitas, piñones, almendras y acitrón se pican finamente y se revuelven con la crema y las copas de anís.

La mantequilla se bate hasta que que-

Preparing the ingredients
Prepare the corn husks as in the previous recipes.

Mix the baking powder with the flour and sift.

Chop the raisins, pine nuts, almonds and acitrón finely and mix with the cream and anisette.

Beat the butter until creamy and gra-

de a punto de crema, se le agrega poco a poco la harina sin dejar de batir, y cuando la masa está en su punto (al echar una pizca de masa en un vaso de agua, debe flotar), se le va agregando el azúcar con un batido constante.

Manera de hacerse

Las hojas previamente remojadas y escurridas, se extienden, se les pone dos cucharadas de masa, se rellenan con una pequeña porción del dulce preparado, se doblan y se colocan en la vaporera según las instrucciones dadas en la receta de tamales rojos de pollo.

Uchepos dulces

(cocina de Michoacán)

Ingredientes

1½ litro de leche
6   elotes tiernos
2   tazas de azúcar
1   vaina de vainilla
⅛   cucharadita de bicarbonato
1   manojo de hojas de elote

Preparación de los ingredientes

Las hojas se ponen a remojar, se escurren y se extienden sobre una mesa.

Manera de hacerse

En crudo, los elotes se desgranan, los granos se muelen, se mezclan con la leche y se cuela. Se ponen en la lumbre con el azúcar, carbonato y vainilla añadidos; se mueve constantemente

dually add the flour, beating continuously. When the dough is the right consistency (a small ball of it should float in a glass of water), stir in the sugar.

Method

Spread the previously soaked and drained husks out on a table and place two tablespoons of dough on each one. On top put a little of the sweet cream mixture and fold up. Steam as indicated in the red chicken tamales recipe.

Sweet uchepos

(from Michoacán)

Ingredients

3   pints milk
6   young ears of corn
2   cups sugar
1   vanilla pod
⅛ teaspoon bicarbonate of soda
1   handful dry corn husks

Preparing the ingredients

Soak the corn husks, drain and spread out on a table.

Method

Remove the kernels from the corn cobs. Blend and mix with the milk then strain. Heat together with the sugar, bicarbonate and vanilla, stirring continuously with a wooden spat-

con una pala de madera hasta que espese. Se retira del fuego y se deja enfriar.

A cada hoja se le ponen tres cucharadas de pasta; se envuelven los tamales en la forma ya descrita. Se comen fríos y no deben hornearse ni cocinarse al vapor.

Tamal de cazuela

para doce personas
(cocina de Oaxaca)

Ingredientes

    caldo el necesario
¾ kilogramo de harina para tamales
350 gramos de manteca de cerdo
½ kilogramo de lomo de cerdo
1 litro de mole poblano (ver receta)
1 cebolla
2 dientes de ajo

Preparación de los ingredientes

El lomo se pone a cocer en agua con una cebolla, ajo y sal. Ya cocido se corta en trozos y se mezcla en el mole.

Manera de hacerse

En un recipiente hondo, cierna la harina, agréguele el caldo necesario, remueva y bata hasta formar un atole espeso.

En una cazuela, caliente la manteca y añada el atole removiéndolo con una pala de madera; en cuanto espese se retira del fuego y se bate hasta que se ponga blanco y se le agrega el royal y la sal.

ula until thick. Remove from heat and cool. Place three tablespoons of batter on each leaf. Fold up as described above. These tamales are eaten cold and do not need to be baked or steamed.

Baked tamal

for twelve persons
(from Oaxaca)

Ingredients

    broth as required
1½ lb. flour for tamales
12 oz. lard
1 lb. pork tenderloin
1 quart mole poblano (see recipe)
1 onion
2 cloves garlic

Preparing the ingredients

Cook the tenderloin in water with onion, garlic and salt. When cooked, cut into pieces and mix into the mole.

Method

Sift the flour into a bowl and add enough broth to mix to a thick batter. Heat the lard and add the batter, stirring continuously with a wooden spatula. As soon as it thickens, remove from the heat and beat until white. Add the baking powder and salt.

Grease a rectangular, heat-resistant dish and line the bottom and sides the batter. Pour the mole and meat

Engrase una cazuela rectangular o un refractario. Forre el fondo y las paredes con masa, vierta al centro el relleno de mole y carne, cúbralo con una capa de masa. Se hornea a una temperatura de 375°. Estará listo en cuanto dore un poco.

mixture over it and cover with another layer of batter. Bake at 375°F until golden.

Tamales tarascos

(cocina de Michoacán)

Ingredientes

600 gramos de acúmara o charales
      frescos
  1 kilogramo de masa de maíz
250 gramos de frijol bayo de olla sin
      caldo (ver receta)
  6 chiles anchos
  2 dientes de ajo
350 gramos de manteca
  1 manojo de hojas de maíz

Preparación
de los ingredientes

Los pescados se limpian y se descabezan.

Tarascan tamales

(from Michoacán)

Ingredients

1 ½ lb. acúmura or fresh charales
  2 lb. tortilla dough
  ½ lb. boiled pinto beans
       (without liquid)
  6 ancho chilies
  2 cloves garlic
 12 oz. lard
  1 handful corn husks

Preparing
the ingredients

Clean the fish and cut off the heads. Soak and drain the corn husks.

Las hojas de maíz se remojan y se escurren.

Los frijoles se muelen.

Los chiles se tuestan ligeramente, se les quita las semillas, se desvenan, se ponen a remojar y se muelen con el ajo.

Masa, frijoles y salsa y sal al gusto se mezclan, se remuelen y se baten hasta que la masa queda esponjosa.

Manera de hacerse

En cada hoja se ponen tres cucharadas de masa, se extiende, se rellena de pescado, se atamalan y envuelven y se ponen a cocer en una vaporera.

Mash the beans. Roast the chilies, remove the seeds and veins and blend with the garlic.

Mix the dough with the beans, chili sauce and salt to taste. Beat well until light and fluffy.

Method

Place three tablespoons dough on each husk, flatten and cover with fish. Wrap up the tamales and steam.

Atoles

Atole de leche

Ingredientes

150 gramos de masa de maíz
¾ de litro de leche
¾ de litro de agua
200 gramos de azúcar
1 raja de canela
1 cucharadita de vainilla

Manera de hacerse

La masa se desbarata en el agua, se cuela y se pone a fuego lento con la raja de canela. Mientras hierve se mueve con una cuchara de madera y una vez que espesa se le agrega la leche, el azúcar y la vainilla, se deja a que espese de nuevo.

Si se quiere con sabor a anís se sustituye la canela por una cucharadita de anís o por una copa de anís dulce.

Atoles

Milk atole

Ingredients

5 oz. tortilla dough
1½ pints milk
1½ pints water
7 oz. sugar
1 stick cinnamon
1 teaspoon vanilla extract

Method

Dissolve the dough in the water, strain and heat gently with the cinnamon stick, stirring with a wooden spoon until thick. Add the milk, sugar and vanilla and allow to thicken.

If desired, the atole may be flavored by adding two teaspoons of aniseed or one jigger of anisette instead of the cinnamon.

Atole de fruta

Ingredientes

- 1 litro de leche
- 2 tazas de agua
- 1 taza de crema dulce
- 100 gramos de maizena
- ¾ kilo de la fruta deseada
- 2 tazas de azúcar
- 1 cucharadita de vainilla
- ½ cucharadita de tintura vegetal

Manera de hacerse

Se deshace la maizena en el agua, se pone al fuego y cuando comienza a espesar se le agrega la leche y el azúcar y cuando se espesa de nuevo se retira del fuego. La fruta escogida (que pueden ser fresas, guayaba, mango, duraznos, pitahaya, frambruesa o moras) deberán molerse y colarse; se mezcla con la crema y se agrega al atole con la tintura vegetal (de acuerdo al color de las frutas), se revuelve bien y de nuevo se pone al fuego hasta que hierva.

Champurrado

Ingredientes

- 150 gramos de masa de maíz
- 150 gramos de chocolate
- 200 gramos de piloncillo
- 1 raja de canela
- 1½ litros de agua

Manera de hacerse

La masa se deshace en el agua, se cuela y se pone al fuego sin dejar de moverla con una cuchara de madera. El

Fruit atole

Ingredients

- 1 quart milk
- 2 cups water
- 1 cup cream
- 4 oz. cornstarch
- 1½ lb. fruit as desired
- 2 cups sugar
- 1 teaspoon vanilla extract
- ½ teaspoon vegetable food coloring

Method

Dissolve the cornstarch in the water and heat. When it starts to thicken, add the milk and sugar and remove from the heat. Blend the fruit (strawberries, guavas, mangos, peaches, pitahayas, raspberries or blackberries) and strain. Mix with the cream and add to the atole with the corresponding coloring. Mix well and bring back to the boil.

Champurrado

Ingredients

- 5 oz. tortilla dough
- 5 oz. chocolate
- 7 oz. raw sugar
- 1 stick cinnamon
- 3 pints milk

Method

Dissolve the dough in the water, strain and heat, stirring continuously with a wooden spoon. Wrap the chocolate

piloncillo y el chocolate se envuelven en una servilleta y con el tejolote o martillo se deshacen para facilitar su integración en el atole. Se agregan cuando el atole ha espesado, se bate con molinillo hasta que hierva.

and sugar in a napkin and break up with a hammer or pestle to make it easier to dissolve in the atole. When the atole thickens, add the sugar and chocolate and beat with a molinillo or hand whisk until it boils.

Atole de pepita

Ingredientes

½ kilogramo de maíz
½ kilogramo de pepita chica
½ kilogramo de azúcar
2½ de agua

Manera de hacerse

Bien limpio el maíz y la pepita pelada se ponen a hervir en suficiente agua. Cuando están suaves se sacan del fuego, se lavan, se muelen y se cuelan. Se vacían en dos litros de agua hirviendo y cuando espesa se le agrega el azúcar. Es necesario mover el atole siempre que esté en el fuego.

Pumpkin seed atole

Ingredients

1 lb. corn
1 lb. small pumpkin seeds
1 lb. sugar
5 pints water

Method

Clean the corn well, shell the pumpkin seeds and boil in water to cover. When tender, remove from the heat, rinse, blend and strain. Add two quarts boiling water and when thick, add the sugar. Stir continuously while the atole is on the heat.

Atole de elote

Ingredientes

20 elotes tiernos
½ kilogramo de azúcar
1 cucharadita de sal
1 cucharadita de vainilla

Manera de hacerse

En la víspera desgrane el elote, muélalo con un poco de agua fría, añádale litro y medio de agua caliente y déjelo reposar toda la noche: Al día siguiente tírele el agua de reposo y añádale agua nueva, póngalo al fuego

Corn atole

Ingredients

20 young ears of corn
1 lb. sugar
1 teaspoon salt
1 teaspoon vanilla extract

Method

Remove the kernels from the corn and blend with a little cold water. Add three pints hot water and leave overnight.
The following day, strain and add fresh water. Heat with the sugar, va-

con el azúcar, la vainilla y la sal, mué-
valo constantemente y retírelo del fuego cuando esté a punto de echar el
hervor. No debe hervir.

nilla and salt, stirring continuously.
Remove from the heat just before
it boils.

Atole de arroz

Ingredientes

3 tazas de arroz
2 litros de leche
2 tazas de azúcar
2 rajas de canela
1 cucharadita de vainilla

Manera de hacerse

Se pone a cocer el arroz con tres tazas
de agua y las rajas de canela. Cuando
esté cocido se le agrega la leche, el
azúcar y la vainilla. Se mueve y deja
hervir unos cinco minutos.

Rice atole

Ingredients

3 cups rice
2 quarts milk
2 cups sugar
2 sticks cinnamon
1 teaspoon vanilla

Method

Cook the rice in three cup of water
together with the cinnamon.
When cooked, add the milk, sugar
and vanilla. Stir well and cook for
five minutes.

13

Cocina elaborada para grandes ocasiones

Cooking for special occasions

Olla podrida

para ochenta personas
(cocina tradicional que data de la época de la colonia, siglo XVII)

Olla podrida

for a gathering of aproximately eighty people
(traditional dish dating from colonial times, 17th. century)

Ingredientes

1 kilogramo de lomo de ternera
2 kilogramos de cecina
1 kilogramo de tocino
1 kilogramo de pierna de ternera
1 kilogramo de salami
1 kilogramo de salchichas
1 kilogramo de chorizo
2 rabos de cerdo
1 pollo
3 coles
1 coliflor
1 manojo de quelites
1 manojo de espinacas
1 manojo de acelgas
1 kilogramo de zanahorias
10 papas grandes
8 nabos
2 kilogramos de hongos
6 chayotes
8 cebollas grandes
6 cabezas de ajos
½ kilogramo de habas

Ingredients

2 lb. pork tenderloin
4 lb. salted meat
2 lb. bacon
2 lb. leg of veal
2 lb. salami
2 lb. sausages
2 lb. chorizo
2 pigs tails
1 chicken
3 cabbages
1 cauliflower
1 bunch quelites
1 bunch spinach
1 bunch Swiss chard
2 lb. carrots
10 large potatoes
8 turnips
4 lb. mushrooms
6 chayotes
8 large onions
6 heads garlic
1 lb. Lima beans

12 elotes	12 ears corn
3 lechugas	3 lettuces
12 chiles jalapeños	12 jalapeño chilies
12 chiles poblanos	12 poblano chilies
2 tazas de arroz	2 cups rice
2 tazas de garbanzo	2 cups chickpeas
1 taza de vino blanco	1 cup white wine
1 taza de vinagre de castilla	1 cup vinegar
1 cucharadita de cominos	1 teaspoon cumin seeds
1 cucharadita de clavos	1 teaspoon cloves
1 cucharadita de pimienta gorda	1 teaspoon whole allspice
½ cucharadita de azafrán	½ teaspoon saffron
1 pedacito de jengibre	1 piece ginger

Preparación de los ingredientes

Las carnes se cortan en rebanadas y se aplanan un poco.

El pollo se corta en raciones.

Las salchichas se parten por la mitad en forma alargada y de igual manera los chorizos.

La verdura se lava muy bien y se monda toda la que tenga cáscara.

Las papas, nabos, elotes, chayotes y cebollas se cortan en rodajas bien gruesas.

Las zanahorias se cortan en rajas.

Los rabos de cerdo se limpian muy bien y se parten en tres porciones.

Los chiles jalapeños, si se quiere la vianda picosa, se parten a la mitad, si no, se dejan enteros.

Las cabezas de ajo se parten en cuatro o cinco gajos.

Los chiles poblanos se asan, se guardan en una bolsa de plástico para que suden y luego se pelan, se les quitan las semillas bajo el chorro de agua y se parten en tres.

El arroz se pone a remojar, se lava

Preparing the ingredients

Slice the meats and flatten slightly.
Cut the chicken into portions.
Cut the sausages and chorizo in half lengthwise.
Wash the vegetables well and peel.
Cut the potatoes, turnips, corn chayotes and onions into thick slices.
Cut the carrots into strips.
Wash the pigs tails well and cut into three.
If you desire a fairly hot dish, cut the jalapeño chilies in half; if not, leave whole.
Divide the heads of garlic into four or five.
Roast the poblano chilies and place in a plastic bag to sweat. Peel, remove seeds under running water and cut into three.
Soak the rice, rinse several times to remove starch and leave to dry.
Soak the chickpeas overnight.

varias veces para quitarle almidón y se deja secar.

Los garbanzos se dejan remojando durante toda la noche anterior.

Manera de hacerse

Por su deliciosa comicidad, copio aquí el manuscrito de Doña Blandina Julieta Gutiérrez Salazar, quien me trasmitió la receta:

"Teniendo ya todo preparado para hacer la olla podrida, se ponen en el mortero los cominos, clavos, pimientas, azafrán y jengibre; se muelen y se vierten en un platón donde se mezclan con el vinagre y el vino. Hay que removerlo bien".

"La olla, grandota y que debe estar bien curada (nunca se debe usar una olla nueva sin curar) se va cubriendo en su interior con hojas de col. La base debe estar bien amortiguada, y las paredes de la olla se deben ir cubriendo conforme se acomoden los ingredientes que jamás deben estar en contacto con el barro. Todo se acomoda de la siguiente manera":

"Sobre la alfombra de col, una cama de cecina y sobre de ella las hojas de col, lechuga, quelites, espinacas; tres rebanadas de cebolla y dos pedazos de cabeza de ajo, una miscelánea de verduras, una porción de arroz y garbanzo, ya todo esto se le vierte un poco del caldillo con especias".

"Dejando salir la intuición femenina, de la misma manera anterior, se van haciendo capas de carnes combinadas y cubiertas de vegetales, rociando siempre éstos con el caldillo condimentado. Hay que tener gusto en la

Method

This delicious recipe was passed on to me by Doña Blandina Julieta Gutiérrez Salazar:

"When you have all the ingredients ready, grind the cumin, cloves, allspice, saffron and ginger in a mortar and mix with the wine and the vinegar. Stir well.

Use a large, well-seasoned, clay stewpot (never use a new pot without seasoning it first). Line the base of the pot with plenty of cabbage leaves and as you add the remaining ingredients, continue lining the sides with cabbage: the other ingredients should not come into contact with the sides of the pot.

Arrange the ingredients in layers as follows: on the cabbage base place a layer of salted meat, then cabbage, lettuce, quelites, and spinach leaves. On top of this go three slices of onion and two pieces of garlic, a mixture of vegetables, some rice and chickpeas, and then a little of the spiced wine and vinegar.

Using your female intuition, carry on arranging layers of meat and vegetables, making sure that you pour the vinegar over the vegetable layers every time. Choose the layers carefully so that the various juices will combine well. Cover the top layer with plenty of cabbage leaves.

Cover the pot with another clay dish

distribución para que los jugos de las substancias se repartan bien. Se debe poner mucha hortaliza en el tope a manera de que quede todo envuelto con bastantes hojas de col".

"Sobre la boca de la olla se pone una cazuela cuyo fondo exterior encaje bien ajustado en la boca; las junturas alrededor se tapan con engrudo hecho de almidón".

"Esta faena debe hacerse casi al tiempo de las oraciones de la noche de la víspera en que se va a comer, o sea entre 11 y 12 de la noche. Se va una a rezar y en las oraciones se encomienda a dios la olla, y luego ya se pone sobre las brazas cubiertas con ceniza para que la lumbre sea muy baja. Es necesario desvelarse, o levantarse para vigilar las brasas. Es importante que el fuego no varie en su intensidad. Si se hace en parrilla de gas, debe ponerse la lumbre apenas".

"Para evitar que se queme se debe poner agua en la cazuela que tapa la olla, sin rebozarla, para que el vapor no deshaga el engrudo. También es importante que la olla no debe rebozarse de contenido sino dejar un espacio libre para que jueguen los vapores. A las dos de la tarde del día siguiente se retira del fuego y se sirve."

and seal any gaps with a starch paste. This should be done almost at the time of midnight prayer the night before the meal, i.e. between 11 and 12pm. Go to pray and dedicate the stew to God. Place the pot on the hot coals sprinkled with ash to keep the heat down. Someone will have to stay up all night or at least get up at regular intervals to check the coals. The intensity of the heat must not vary. If stewing on a gas stove, use a very small flame.

To stop the stew burning, fill the pan acting as a lid with water but do not cover it or the steam will moisten the starch paste. Also, the ingredients must not come right up to the top of the pot as there must be space for the vapors to mix. Remove from the heat at 2pm. the following day and serve."

Barbacoa teotihuacana

para cuarenta personas
(cocina del Estado de México)

Ingredientes

1   carnero
1½ taza de arroz

Teotihuacan style barbacoa

for a gathering of approximately forty people (from the State of Mexico)

Ingredients

1   whole lamb
1½ cups rice

1½	taza de garbanzos		1½	cups chickpeas
6	papas		6	potatoes
4	zanahorias		4	carrots
6	cebollas		6	onions
1	cabeza de ajo		1	head garlic
3	ramas de epazote		3	sprigs epazote
2	chiles chipotles		2	chipotle chilies
2	cucharadas de orégano		2	tablespoons oregano
5	cucharadas de pimentón		5	tablespoons paprika
1	achiote		1	achiote
15	chiles de cascabel		15	cascabel chiles
30	pencas de maguey		30	maguey leaves

Se necesita contar con un lebrillo; un cúmulo de piedras tezontles las cuales por su porosidad resisten el calor y lo conservan, mientras que las piedras duras se ponen en ascuas y se revientan; aguja e hilo grueso; suficiente leña y un petate. Dos cubetas de barro o arcilla similar; una parrilla.

You will also require: a large bowl; some *tezontle* stones; wich are porous and heat-resistant (they hold in the heat whereas harder stones tend to explode when they get red hot); a needle and some thick thread; plenty of firewood; a straw mat; two buckets of clay; and a grill.

Preparación del horno

Se cava un hoyo en la tierra de 1.20 m. de profundidad por 60 cm. de diámetro. Se humedece el fondo y las paredes para después cubrirlos con barro y evitar posibles derrumbes de tierra. Esta es la manera primitiva, pero hay quienes emparedan con ladrillos o adobes. Al fondo se coloca una cama de tezontle y encima llenando el hoyo se pone leña seca con algunas rajas de ocote para que prenda bien. No se debe prender con petróleo porque daña el sabor, y en caso de que así sea, entre la leña se ponen algunas cebollas para que eliminen el sabor y aroma del petróleo.
Las pencas de maguey se lavan y se asan por sus dos lados sobre el fuego

Preparing the oven

Dig a hole in the ground 4ft. deep by 2ft. in diameter. Dampen the sides and the bottom of the pit and cover with clay to stop the sides caving in. Traditionally clay is used to line the pit although some people use brick or adobe. Place a layer of tezontle stones at the bottom of the pit and fill with dry firewood and a few pieces of torch pine to make it easier to light. Do not kindle the fire with kerosene as it spoils the taste of the barbacoa. If you have no torch pine available, use kerosene but place a few onions among the wood to eliminate the smell and taste.
Wash the maguey leaves and roast on both sides on the fire until soft and

hasta que suavizan y tienen flexibilidad. Es imprescindible asarlas para que suelten su jugo. Se les cortan las puntas.

Con las pencas se forra el hoyo, colocándolas de manera vertical en todo el rededor cuidando de que las puntas sobresalgan del hoyo. Esto debe hacerse cuando el fuego se ha apagado, quedando sólo brasas que ya no hechan humo. Sobre las brasas se pone una parrilla y sobre de ésta el lebrillo.

Preparación del carnero

El carnero se mata la víspera en que se va hacer la barbacoa. Se efectúa el desollamiento y limpieza quitándole las pezuñas. Se cuelga dejándolo orear durante toda la noche. Al día siguiente se divide en las siguientes piezas: espinazo, piernas, espaldilla, costillas, pescuezo y cabeza.

Las menudencias se preparan el mismo día de la matanza. La panza se lava muy bien bajo el chorro de agua y cepillándola. Se voltea al revés para que lo esponjoso quede hacia adentro. Los intestinos se lavan varias veces bajo el chorro de agua. En una batea se pican los riñones, el hígado, 5 cebollas, 10 dientes de ajos asados, el pimentón, una rama de epazote y todo junto se sazona con sal y orégano. Con este picadillo se rellenan los intestinos como si fueran chorizos y con aguja e hilo se cose la boca por donde se rellenó.

Manera de hacer la barbacoa

En el lebrillo se vacían las tazas de

pliable and the sap runs out. Cut off the tips.

When the fire has died down to just the red coals and is no longer smoking, line the pit with the maguey leaves, arranging them vertically round the sides with the tops of the leaves sticking out above the sides of the pit. Place the grill on top of the coals and then the large bowl.

Preparing the lamb

Kill the lamb the night beforehand. Skin, clean and remove the hooves. Hang overnight. The following day, cut into the chine, legs shoulders, ribs, neck and head.

Prepare the innards the day the lamb is killed. Scrub the stomach well under running water. Turn inside out so that the spongy part is inside. Wash the intestines several times under running water. Chop the kidneys and liver in a bowl with 5 onions, 10 toasted cloves of garlic, paprika, one sprig of epazote, salt and oregano. Stuff the intestines with this mixture to form a sausage and sew up the open end.

Method

Empty the rice and soaked chickpeas

arroz y garbanzo, este último habiéndolo remojado durante la noche anterior. Se ponen dos cebollas enteras, el resto de la cabeza de ajo, las papas y las zanahorias mondadas y cortadas en rajas, dos ramas de epazote, los chipotles cortados en tiritas y los chiles de cascabel, cuidando de que éstos no estén rotos o maltratados para evitar que hagan demasiado picoso el caldo. Además se coloca la panza rellena. En el lebrillo se esparcen dos cucharadas de sal, tomando en cuenta de que la carne del carnero no se debe sazonar con sal porque se endurece y se retarda su cocimiento.

Encima se colocan las piezas de carne en el orden siguiente: primero el espinazo, sobre él las piernas, a los lados las espaldillas y encima de todo, la cabeza. De una en una se van doblando las pencas hacia el interior del hoyo para cubrir muy bien la carne, cuidando de que no quede ni una pequeña abertura porque la carne se arrebata. En el tope se le agregan dos pencas más y sobre éstas se pone una tapa de madera o lámina con fin de resguardar el envoltorio de la tierra. Sobre la tapa se ponen más pencas de maguey y un petate encima. Se rellena el hoyo con barro o lodo frescos y en la cima se prende un poco de leña procurando que esté encendida todo el tiempo necesario para el cocimiento el cual puede variar entre 5 y 6 horas según sea de tierno el carnero.

Manera de servirse

Con una pala se retiran las brasas, tierra y lodo. Se destapa y las piezas

into the large bowl. Add two whole onions, the remaining garlic, potatoes and carrots peeled and cut into strips, two sprigs of epazote, the chipotle chilies cut into slivers and the cascabel chilies, making sure they are not damaged or broken or the broth will be too spicy. Then add the suffed stomach and intestines. Sprinkle two tablespoons salt over the ingredients. The meat should not be seasoned with salt because this makes it tough and it takes longer to cook.

Place the chine in the bowl, followed by the legs, with the shoulders on either side, and finally the head. Fold over the tops of the maguey leaves to cover the meat completely, leaving no opening or the meat will dry out. Cover the top with more maguey leaves and finally a straw mat. Fill the pit with fresh earth and on top light a small fire. This should be kept alight throughout the cooking time — between five and six hours depending on how young the lamb is.

To serve

Remove the firewood and earth with a spade. Uncover the meat and place

de carne se ponen en una batea, para servirse de inmediato, bien calientes y sazonadas con sal. Se saca la pancita, se pone en otra batea y se rebana. El consomé se deja dentro del horno para que no se enfríe y de ahí mismo se sirve en jarros. A quienes les gusta el picante se les pone un chile cascabel, el cual se revienta en el caldo para que suelte el zumo. En la mesa deben haber chiquihuites con tortillas calientes, una cazuela de arroz y otra de frijol y suficiente salsa borracha (ver receta).

Para el consomé, cazuelitas con cebolla finamente picada y otras con cilantro también picado, y un platón con limones partidos. Es tradicional acompañar esta comida con pulque natural o curado de sabores de frutas.

in a serving dish. Season with salt. Take out the stuffed stomach, slice and place in a separate dish. Leave the consommé in the pit to keep hot and serve it straight from there in pitchers. Those who like a spicey broth can help themselves to a cascabel chili and break it to release the juice. Serve with hot tortillas, rice, beans and a large bowl of drunken chili sauce (see recipe).

To accompany the consommé, place bowls of finely chopped onion and coriander on the table and a dish of halved lemons. Barbacoa is usually washed down with natural or fruit-flavored pulque.

Pancita rellena zacatecana

para doce personas
(cocina de Zacatecas)

Ingredientes

1 pancita de carnero
2 riñones de carnero
1 hígado de carnero
200 gramos de tocino de puerco
200 gramos de jamón
250 gramos de chorizo
4 clavos
4 pimientas gordas
4 cebollas
14 dientes de ajo
6 chiles verdes serranos
  yerbas de olor: laurel, tomillo y mejorana y orégano

Stuffed paunch Zacatecas style

for twelve people
(from Zacatecas)

Ingredients

1 lamb's paunch
2 lamb's kidneys
1 lamb's liver
7 oz. bacon
7 oz. ham
7 oz. chorizo
4 cloves
4 allspice berries
4 onions
14 cloves garlic
6 serrano chilies
  herbs: bayleaf, thyme, marjoram, oregano

1 manojo de perejil	1 bunch parsley
½ taza de vinagre	½ cup vinegar
12 aceitunas	12 olives
6 jitomates	6 tomatoes

Preparación de los ingredientes y manera de hacerse

La panza se lava muy bien, cepillándola bajo el chorro de agua, se voltea y se procura un boquete por donde rellenar. Se pican los riñones, el hígado, tocino, jamón, chorizo, 2 cebollas, ajo y las yerbas de olor maceradas. La panza se rellena con el picadillo, se cose con aguja e hilo y se pone a hervir con agua, sal y una cucharada de vinagre. Ya que está cocida se saca y se rebana. En una cazuela untada de manteca se pone una capa de panza rellena, encima una capa de rodajas de cebolla y jitomate, luego otra de panza de nuevo cubierta de cebolla y jitomate y así sucesivamente. La última capa debe ser de recado. En el vinagre se disuelven el clavo y la pimienta molidos y punto de sal. Se rocía la vianda y se tapa bien la cazuela hasta que sazone. Se sirve adornada con perejil picado y aceitunas.

Preparing the ingredients and method

Clean the paunch thoroughly, scrubbing under running water. Turn inside out and make an opening for the stuffing. Chop the kidneys, liver, bacon, ham, chorizo, 2 onions, garlic and marinated herbs. Stuff the paunch with the mixture, sew up and boil in water with salt and one tablespoon vinegar. When cooked, remove from the pan and slice. Grease a casserole with lard and arrange successive layers of meat and onion and tomato rings. Finally pour over the prepared seasoning; dissolve the ground cloves and ground allspice in the vinegar with a pinchot salt. Sprinkle this over the other ingredients and cover. Cook through and serve garnished with chopped parsley and olives.

Birria

(cocina de Zacatecas)

Ingredientes

1	carnero tierno
3	chiles anchos
150	gramos de chile cascabel
3	cucharaditas de chile morita
15	pimientas

Birria

(from Zacatecas)

Ingredients

1	young lamb
3	ancho chilies
5	oz. cascabel chilies
3	teaspoons morita chili
15	peppercorns

18 cominos	18 cumin seeds
5 clavos	5 cloves
1 raja de canela	1 stick cinnamon
2 cucharaditas de orégano	2 tablespoons oregano
2 ramas de tomillo	2 sprigs thyme
¼ de taza de vinagre	¼ cup vinegar
1 kilogramo de tomates	2 lb. tomatillos
3 cebollas	3 onions
2 kilos de masa de maíz	4 lb. tortilla dough
pliegos de papel de estraza de preferencia papel aluminio	sheets of brown paper or foil minum foil

Preparación de los ingredientes

Se hace el adobo tostando ligeramente los chiles anchos, cascabel y morita (apartando 50 gramos de cascabel), poniéndolos a remojar en agua caliente durante 20 minutos y moliéndolos con la raja de canela, pimientas, clavos, cominos y ajos. Durante la molienda se les va agregando vinagre para que no quede demasiado espesa y se sazona con sal.

El carnero se corta en piezas grandes se picotea con un trinche, se coloca en una charola para hornear, se adoba bien saturado y se deja reposar durante todo un día y toda una noche.

Manera de hacerse

La boca de la charola se cubre con papel bien recubierto de masa evitando cualquier orificio que dejara escapar el vapor. Se mete al horno bien caliente.

Preparing the ingredients

To make the adobo, toast the ancho, cascabel and morita chilies (put 2 oz. cascabel chilies aside for later use) then soak in hot water for 20 minutes. Blend with the cinnamon, peppercorns, cloves, cumin and garlic. As you blend, gradually add the vinegar to thin the adobo and season with salt. Cut the lamb into large pieces and prick all over with a fork. Put in an ovenproof dish and pour over the adobo. Leave to marinate for one day and one night.

Method

Cover the baking dish with paper or foil covered and sealed with tortilla dough making sure there are no openings through which the steam can escape. Bake in a hot oven.

Tamal totonaco
(cocina de Veracruz)

Ingredientes
- 30 kilogramos de masa de maíz (ver receta)
- 3 kilogramos de manteca
- 3 kilogramos de cabeza de cerdo
- 4 kilogramos de carne maciza de cerdo
- 2 guajolotes tiernos
- 300 gramos de chile ancho
- 300 gramos de chile guajillo
- 4 kilogramos de jitomate
- 6 cebollas
- 2 cabezas de ajo
- 1 manojo de epazote
- ½ taza de ajonjolí
- 1 taza de cacahuate
- 10 cominos
- 6 clavos
- 6 hojas de laurel
- 3 ramitas de tomillo

Se necesitan dos tinas ovaladas del mismo tamaño (1.30 de largo); una parrilla alargada que quepa dentro de la tina (los indígenas suelen hacer sus parrillas con carrizos macizos); 10 manojos de hojas de plátano; dos cubetas de barro o lodo; un montón de tezontle.

Preparación del horno
En la tierra se cava un hoyo rectangular de 1 metro de profundidad, metro y medio de largo por 60 de ancho. Las medidas deben ser proporcionadas para dar cavida a las tinas. Las paredes se forran con lodo. Al fondo

Totonac tamal
(from Veracruz)

Ingredients
- 60 lb. tortilla dough (see recipe)
- 6 lb. lard
- 6 lb. pig's head
- 8 lb. boneless, lean pork
- 2 young turkeys
- 10 oz. ancho chilies
- 10 oz. guajillo chilies
- 8 lb. tomatoes
- 6 onions
- 2 heads garlic
- 6 cloves
- 1 bunch epazote
- ½ cup sesame seeds
- 1 cup peanuts
- 10 cumin seeds
- 6 bayleaves
- 3 sprigs thyme

You will also require: 2 oval metal tubs (4' 6" long), an oblong rack to fit inside the tub (the Indians usually make racks out of cane); 10 bundles banana leaves; 2 buckets of mud or clay; tezontle stones.

Preparing the oven
Dig a hole in the ground 3ft. deep by 5ft. long by 2ft. wide (big enough to take the tubs). Line the sides of the pit with mud. Place a layer of tezontle stones in the bottom of the pit, fill with firewood and light. When the

253

se pone una cama de tezontle. El hoyo se llena de leña y se prende. Cuando está en brasas y no echa humo está listo.

También se puede aprovechar un horno construído de adobe, similar al del pan, sólo que con puerta más amplia.

Preparación de ingredientes

Por separado se ponen a cocer con suficiente agua, cebolla y ajo los guajolotes, en otra la maciza y el espinazo, y en otra olla la cabeza de cerdo. Cuando las carnes suavizan se sazonan con sal. La carne de puerco se parte en trozos pequeños y los guajolotes en piezas.

Los chiles anchos y guajillos se ponen a hervir con una rama de epazote, se desvenan, se les quita las semillas y con un poco de su caldo se muelen. Los jitomates se asan y se pelan. El ajonjolí se tuesta ligeramente. Todo junto se muele con cuatro cebollas, media cabeza de ajo pelado, cominos, clavos, laurel y tomillo. Se mezclan la salsa de chiles con la de tomate. Las carnes se ponen a adobar durante una hora para que se impregnen bien. Se separan tres kilos de masa que se usarán para tapar las tinas, y el resto se amasa con la manteca y punto de sal. Si es necesario se le agrega un poco de caldo de guajolote. La amasada debe hacerse en porciones manejables procurando que cada bola tenga el mismo punto de amasado.

En una mesa amplia se pone un tendido de hojas de plátano con las suficientes capas para que sea resistente y alcance a cubrir el tamalón. Al cen-

fire burns down to just the coals and stops smoking, it is ready.

Instead of a pit, you can use an adobe oven like those used for making bread, but with a wider door.

Preparing the ingredients

Cook the turkeys, the lean pork and backbone, and the pigs head in three separate pans with water, onion and garlic. When cooked, season with salt. Cut the pork into small pieces and the turkey into portions. Boil the ancho and guajillo chilies with one sprig of epazote, remove the veins and seeds and blend with a little of the liquid. Roast the tomatoes and peel. Toast the sesame seed lightly Blend all the ingredients with four onions, half a peeled head of garlic, the cumin, cloves, bayleaves and thyme. Mix the chili sauce with the tomato sauce and coat the meat in it. Marinate for half an hour.

Put 6lb. dough to one side to seal the tubs. Knead the rest with the lard and salt. If necessary, add a little turkey broth. Knead the dough in manageable portions, making sure that each reaches the right consistency. Spread the banana leaves out on a large table, overlapping them and using enough layers to hold the tamal. Place half of the dough in the center of the leaves and flatten out to 36" by 16" by 1½" thick. Arrange the turkey in the center on top of the dough with the pork around it. Sprinkle over the epazote leaves and the remaining

tro y a lo largo se extiende una base de masa de un metro de largo por 40 de ancho con un grosor de cuatro centímetros aproximadamente. Se distribuyen las carnes de la manera siguiente: al centro las piezas de guajolote y a los extremos las de cerdo. Se les esparcen hojas de epazote y se les vierte la salsa restante. Encima y por los lados se le agrega masa formando un tamal que tenga el mismo grosor por todos sus lados. Se envuelve bien con las hojas de plátano y se amarra.

Manera de hornearse

Sobre las brazas se pone una de las tinas con agua poco menos de la mitad del recipiente. Se colocan unos tezontles para que sostengan la parrilla, la cual debe de estar a 10 cm. por encima del agua. Sobre la parrilla se coloca el tamal. Con la otra tina, boca abajo, se tapa, y las junturas de los bordes de ambas tinas se emparedan con una masa para evitar que se fugue el vapor. Se le echa tierra, y arriba, a lo largo del hoyo se prende la leña cuidando de que el fuego (no muy vivo) se mantenga encendido.

En cinco horas el tamal está listo.

Se destapa poco a poco quitando la juntura de masa para que el vapor vaya escapando. No se destapa de golpe porque es peligroso.

Manera de servirse

En la mesa se coloca un mantel de hojas de plátano, y al centro se coloca el tamal sobre una batea alargada. Se destapan las hojas de plátanos. Se

sauce. Cover with another layer of dough 1½" thick. Wrap up well in the banana leaves and secure.

Method

Almost half-fill one of the tubs with water and place on the hot coals. Put a few tezontle stones in the tub and the rack on top of them, making sure that it is at least 4" above the level of the water. Place the tamal on the rack and put the other tub upside down on top of the first one to act as a lid. Seal the join between the top and the bottom tub with plenty of dough to stop the steam from escaping. Cover with earth and light a fire along the top of the pit. Keep the fire alight throughout the five hours cooking time.

Uncover little by little and remove the dough seal to allow the steam to escape gradually. Do not uncover in one go as the blast of steam can be quite dangerous.

To serve

Cover the table with banana leaves and place the tamal in the center on a serving dish. Peel off the banana leaves and cut the tamal in half,

corta por la mitad separando las dos partes tomando en cuenta que en cada una debe contener de ambas carnes, de cerdo y guajolote. Se rebana sirviendo partes de cerdo y una pieza de ave.

making sure each half contains both turkey and pork. Slice and serve.

Mixtura de mariscos al coco

(cocina de Guerrero)

Ingredientes

12 cocos tiernos
 3 jaibas
 3 langostinos
 3 docenas de camarones
 3 docenas de almejas
 3 docenas de ostiones
 3 cangrejos moros
 6 filetes de pescado
12 corazones de alcachofa (de lata)
 3 jitomates
 3 chiles chipotles adobados
24 aceitunas
 1 cebolla
 1 cabeza de ajo
12 cucharadas de aceite de oliva
 1 manojo de perejil

Se necesita una tina de lámina donde quepan los 12 cocos; un montón de tezontle (piedra porosa o en su defecto ladrillos quebrados) y un manojo grande de hojas de plátano. Tres cubetas de barro o lodo. Un petate y leña suficiente.

Coconut seafood cocktail

(from Guerrero)

Ingredients

12 young coconuts
 3 blue crabs
 3 crawfish
 3 dozen shrimp
 3 dozen clams
 3 stone crabs
 3 dozen oysters
 6 fillets fish
12 canned artichoke hearts
 3 tomatoes
 3 chiles chipotles adobados
24 olives
 1 onion
 1 head garlic
12 tablespoons olive oil
 1 bunch parsley

You will also require: a metal tub big enough to hold the 12 coconuts; tezontle stones (porous stone or, if unobtainable, broken bricks); a large bundle of banana leaves; three buckets of mud or clay a straw mat and plenty of firewood.

Preparación del horno

En la tierra se cava un hoyo de un metro de profundidad y en cuyo interior quepa bien la tina que ha de usarse. Se forran las paredes con lodo para evitar derrumbes de tierra. En el fondo se pone una cama de tezontle, una parrilla y sobre de ésta se coloca la leña; se prende y cuando sólo quedan brasas el horno está listo.

Preparación de los ingredientes

Los cocos se parten quitándoles una taja de modo que tengan una buena boca y suficiente hondura (nunca por la mitad). Se les quita toda la cáscara exterior y se les raspa gran parte de la pulpa dejando sólo una capa que apenas cubra el interior.

En agua hirviendo se echan durante unos minutos los camarones, langostinos, jaibas y cangrejos. Los camarones se pelan y se mezclan con la pulpa de los mariscos recién hervidos. Todo en un recipiente, se desmenuza al igual que el filete de pescado crudo. Se dejan enteros los camarones, así como los ostiones y las almejas sin conchas. El ajo se pica y se fríe en el aceite de oliva, en cuanto doren se retiran del fuego, se espera a que enfríe y se vacían en la mixtura de mariscos; se les agrega una taza de perejil picado y se revuelve muy bien. Los chipotles se cortan en tiritas, los jitomates y las cebollas se cortan en rodajas.

Se rellenan los cocos de la siguiente manera: una capa de mariscos, sobre de ella una rodaja de cebolla y dos

Preparing the oven

Dig a pit in the ground 3ft. deep and large enough to hold the tub. Line the sides of the pit with mud to stop them caving in. Put a layer of tezontle stone in the bottom of the pit, top with a metal grill then the wood. Light, and when the wood has burnt down the overn is ready.

Preparing the ingredients

Cut a slice off the top of each coconut to make an opening but leaving a good depth (do not cut across the half). Remove the outer husk completely and scrape out most of the flesh leaving a thin layer round the inside.

Put the shrimp, crawfish, blue crabs and stone crabs in boiling water for a few minutes. Peel the shrimp and mix with the flesh of the other cooked shellfish. Flake the fillets of fish into the bowl. Leave the shrimps, shelled oysters and clams whole. Chop the garlic and fry in the olive oil. When golden, remove from the heat, cool and add to the seafood mixture. Add one cup chopped parsley and mix well. Cut the chipotle chilies into strips and the tomatoes and onions into rounds.

Stuff the coconuts as follows: in each one arrange successive layers of seafood, one slice of onion and two of tomato, 2 slivers chili and so on. Place the artichoke heart in the center and cover with a layer of tomato, onion and two olives. Wrap each coconut

de jitomate, 2 tiras de chipotle y así sucesivamente. El corazón de la alcachofa debe quedar en el centro. La cima debe tener jitomate, cebolla y dos aceitunas. Cada coco se envuelve en hojas de plátano y se colocan en la tina bien apoyados unos con otros para que no se vayan a voltear.

Manera de hornearse

La tina se forra en su interior, desde el fondo y cubriendo las paredes, con hojas de plátano; éstas deben sobresalir de los bordes de la tina. Se le pone dos tazas de agua y se tapan los cocos con las mismas hojas. El envoltorio se cubre con el petate, se le echa tierra, y encima se prende una fogata. A la media hora están listos.

Manera de servirse

Con las hojas de plátano se hacen unas trenzas y se forman unos aros que sirven de pies para asentar el coco sobre un plato. A su alrededor se le ponen hojas de lechuga, rábanos floreados, rajas de pepinos y rodajas de limón, todo bien sazonado con aceite, vinagre, pimienta y sal. La bebida ideal para acompañar el platillo es la toronmendra (ver receta, pág. 95).

Chocolates

(tradicionales en toda la República)

El chocolate es una de las bebidas tradicionales en México y contamos con excelentes zonas productoras en cacao. En la actualidad se encuentran una gran cantidad de marcas comerciales

in banana leaves and stack side by side in the tub, making sure they cannot fall over.

Method

Line the base and sides of the tub with banana leaves which should stick above the edges. Pour in two cups water and fold the tops of the leaves over the coconuts. Cover with the straw mat and fill the pit with earth. Light a fire on top of the the pit. In half an hour the coconuts are ready.

To serve

Plait strips of banana leaves and make into rounds to serve as stands for the coconuts. Place each coconut on a plate and surround with lettuce leaves, radish roses, strips of cucumber and slices of lemon, all seasoned with oil, vinegar, pepper and salt. The ideal drink to serve with this dish is Toronmendra (see recipe p. 95).

Drinking chocolate

(Traditional throughout the Republic)

Chocolate is a traditional beverage in Mexico and the country has excellent cacao producing areas. At the moment there are a great number of commercial brands of chocolate avail-

de chocolates elaborados con sabores, nuez, avellanas o piñones; éstos sólo basta mezclarlos con leche hirviendo y batirlos.

Para mayor placer y por tradición, los mexicanos preferimos comprar el chocolate elaborado por los indígenas quienes muelen el cacao en el metate formando unas tabletas llamadas "medallones" y que envuelven en hojas de maíz. Casí siempre se trata de chocolate amargo, sin endulzar ni condimentar para que uno elija el sabor deseado.

able, flavored with walnuts, hazelnuts or pine nuts. These need only to be mixed with hot milk and beaten.

More traditionally, the Mexicans prefer to buy chocolate made by the Indians who grind the cocoa beans in stone mortars and make cakes of chocolate called "medallions". They then wrap the cakes in corn leaves. Drinking chocolate made with these cakes is a more satisfying beverage. This chocolate is nearly always dark and bitter as nothing is added to sweeten or flavor it. In this way, the desired flavor can be added during its preparation as a drink.

Chocolate de agua

para cuatro personas

Ingredientes

1 litro de agua
5 tabletas de chocolate amargo
1 taza de azúcar
1 cucharadita de anís
1 pizca de sal

Chocolate made with water

for four people

Ingredients

1 quart water
5 cakes of unsweetened chocolate
1 cup sugar
1 teaspoon aniseed
1 pinch salt

Preparación de los ingredientes y manera de hacerse

Las tabletas de chocolate se ponen a deshacer en baño María con un poco de agua.

Aparte, en una olla exclusiva para hacer chocolate, se pone a hervir un litro de agua con el anís. Se le agrega el chocolate ya disuelto, el azúcar, la pizca de sal, se bate hasta que hierva; se saca del fuego, se sigue batiendo con el molinillo hasta sacar espuma y se sirve en jarros.

Preparing the ingredients and method

Melt the cakes of chocolate with a little water in a bowl over a pan of boiling water.

In an earthenware pot used only for making chocolate, boil a quart of water along with the aniseed. Add the melted chocolate, sugar, salt and beat until the liquid comes back to the boil. Remove from the heat and continue beating with a whisk until the chocolate is frothy. Serve in mugs.

Chocolate de leche

para cuatro personas

Las tabletas de chocolate se ponen a deshacer en baño María con un poco de agua.

Aparte, en una olla exclusiva para hacer chocolate se pone a hervir un litro de leche, ya sea condimentado con unas rajas de canela o de vainilla, o bien estractos. Se le agrega el chocolate ya disuelto, el azúcar, la pizca de sal, se bate hasta que hierva; se saca del fuego, se sigue batiendo con el molinillo para sacar espuma y se sirve en jarros.

Chocolate made with milk

for four people

Melt the cakes of chocolate with a little water in a bowl over a pan of boiling water.

In an earthenware pot used only for making chocolate, boil a quart of milk flavored with a few sticks of cinnamon or vanilla, or with a few drops of flavoring essence. Add the melted chocolate, sugar and salt. Beat until frothy. Serve in mugs.

Chocolate frío

para seis personas

Ingredientes

4 tabletas de chocolate
1 taza de azúcar
1 taza de crema dulce

Cold chocolate

for six people

Ingredients

4 cakes of chocolate
1 cup sugar
1 cup cream

1 litro de leche	1 quart milk
1 cucharada de estracto de vainilla	1 spoon vanilla essence
1 cucharadita de polvo de canela	1 teaspoon ground cinnamon
2 cucharadas de nuez moscada	2 spoons nutmeg
1 pizca de sal	1 pinch salt

Preparación de los ingredientes y manera de hacerse

El chocolate en una taza de agua se deshace en baño María.
Se bate la crema, el azúcar, la sal, la vainilla logrando una mezcla esponjosa, se le agrega el chocolate derretido y se sigue batiendo. Todo se vuelve a batir con un litro de leche helada, se sirve en vasos y se le agrega un esparcimiento de canela en polvo y nuez moscada.

Preparing the ingredients and method

Melt the chocolate with a cup of water over a pan of boiling water.
Beat the cream, sugar, salt and vanilla until the mixture is light and airy. Add the melted chocolate and continue to beat. Beat a quart of cold milk into the mixture. Serve in glasses, sprinkled with ground cinnamon and nutmeg.

14

Postres y golosinas

Candies and desserts

Calabaza en tacha

(tradicional en toda la república y al parecer originaria de Michoacán)

Pumpkin in syrup

(eaten throughout Mexico, but apparently from Michoacán originally)

Ingredientes

1 calabaza de 2 kilogramos aproximadamente
6 rajas de canela
1 naranja
1 kilogramo de piloncillo

Ingredients

1 Pumpkin (approx. Alb.)
6 sticks cinnamon
1 orange
2 lb raw sugar

Manera de hacerse

A la calabaza se le corta una gran tajada en la parte superior formando una jícara o vasija y se le hacen unas seis rajaduras sin que por ello se parta. El piloncillo se desbarata dentro de un trapo golpeándolo con una piedra o martillo. Se echa en una cazuela con la canela, el jugo de la naranja y cuatro tazas de agua. La calabaza se coloca boca abajo para que se pueda impregnar su interior del vapor endulzado. Se tapa bien la cazuela y se deja hervir a fuego lento. Cuando está cocida y la cáscara parece barnizada, se deja enfriar.

Method

Cut the top off the pumpkin to form a sort of bowl and make six incisions down the side without cutting right through the flesh. If the sugar is in a block, break it up inside a cloth using a stone or hammer. Put the sugar in a pan with the cinnamon, orange juice and four cups water. Place the pumpkin upside down in the pan for the inside to absorb the steam. Cover the pot and simmer. When ready, the shell of the pumpkin should looked glazed. Leave to cool. Serve on its own or in a bowl with ice-cold milk.

Se puede servir sola, o un pedazo dentro de un plato de leche helada.

Gorditas guadalupanas

Ingredientes

½ kilogramo de maíz cacahuazintle
250 gramos de manteca
250 gramos de azúcar molida
6 yemas
1 cucharada de tequezquite

Manera de hacerse

El tequezquite se pone dentro de una taza de agua. Se deja que se asiente. El maíz se muele en seco y se mezcla con las yemas, el azúcar y el agua necesaria de tequezquite para amasarlo bien. Se vuelve a moler en el metate y se amasa con la manteca. Se forman tortitas de dos centímetros de diámetro. Se cuecen en el comal volteándolas de un lado y otro.

Se forman en grupos de cinco y se van envolviendo en papel de china de distintos colores.

(Nota: estas gorditas son clásicas de la Villa de Guadalupe y se venden en las puertas de todas las iglesias el 12 de Diciembre).

Guadalupe cookies

Ingredients

1 lb. cacahuazintle corn
½ lb. lard
½ lb. confectioners sugar
6 egg yolks
1 tablespoon tequesquite

Method

Put the tequesquite in a cup of water and leave to stand. Grind the dry corn and mix with the egg yolks, sugar and enough water from the tequesquite to knead to a smooth dough. Blend again in a metate and knead in the lard. Form into little round cookies of just an inch diameter, Cook on a griddle, turning once. Make into piles of five and wrap each in different colored tissua paper.

(Note: these cookies originate from the Villa de Guadalupe in Mexico City and are sold at the doors of all churches on December 12th. — the day of Mexico's patron saint, Guadalupe.)

Chongos zamoranos

Ingredientes

2 litros de leche cruda de vaca
450 gramos de azúcar
4 rajas de canela
4 yemas de huevo
1 pastilla para cuajar

Manera de hacerse

Se mezclan las yemas con la leche revolviéndolas bien.
La pastilla para cuajar se deshace en poca agua y se le agrega a la leche. Se coloca en la estufa para que reciba sólo el calor del piloto, se va volteando la olla para que todas sus partes reciban calor y la leche cuaje pronto. Cuando ha cuajado se parte en cruz y se le ponen las rajas de canela, se agrega el azúcar y se pone a fuego lento durante dos horas hasta que los trozos de leche cuajada estén bien penetrados de miel y ésta haya espesado.

Curds

Ingredients

2 quarts fresh cow's milk
1 lb. sugar
4 sticks cinnamon
4 egg yolks
1 rennet tablet

Method

Mix the egg yolks with the milk. Dissolve the rennet tablet in a little water and add to the milk. Place the pan containing the milk on the pilot light on the stove, turning the pan round constantly so that all sides are warmed in order to curdle the milk. When curdled, cut into cubes and add the cinnamon and sugar and cook over a low heat for two hours until the cubes of curd have absorbed the sugar syrup and the liquid has thickened up.

Capirotada

Ingredientes

400 gramos de pan blanco duro
400 gramos de piloncillo
150 gramos de queso
100 gramos de mantequilla
200 gramos de manteca
50 gramos de nueces
50 gramos de cacahuates pelados
50 gramos de piñones
50 gramos de pasitas
1 raja de canela

Bread pudding

Ingredients

14 oz. stale white bread
14 oz. raw sugar
5 oz. cheese
4 oz. butter
7 oz. lard
2 oz. walnuts or pecans
2 oz. shelled peanuts
2 oz. pine nuts
2 oz. raisins
1 stick cinnamon

Manera de hacerse

El pan se rebana y se dora en manteca. Se prepara una miel hirviendo, el piloncillo con la raja de canela y el agua necesaria a que quede bien espeso. Se deja hervir de tres a cinco minutos.

El refractario se unta con la mantequilla, se le pone una capa de pan, otra de miel, otra de queso y cacahuates, piñones, nueces y pasas bien distribuídos. De la misma manera se van formando capas. Se mete al horno a una temperatura de 250 grados y se saca en cuanto haya dorado.

Method

Slice the bread and fry in the lard until golden. Make a thick syrup by boiling the sugar with the cinnamon and water. Boil for three to five minutes.

Butter a heat-resistant dish and in it arrange layers of bread, syrup, cheese, peanuts, pine nuts, walnuts and raisins. Bake in the oven at 250°F until golden.

Polvorones de yema

Ingredientes

4 tazas de harina de trigo
1 taza de azúcar glass
1¼ de taza de manteca
1 cucharadita de polvo para hornear
1 cucharada de cáscara de naranja raspada
3 yemas de huevo
2 naranjas
  canela en polvo

Manera de hacerse

La harina se cierne junto con el azúcar y el polvo de hornear.

La mantequilla se bate hasta que quede a punto de crema; sin dejar de batir se le van añadiendo las yemas, luego la ralladura y el jugo de dos naranjas. Se les añade el cernido de harina.

En una tabla enharinada se pone la pasta, se extiende con un rodillo a

Crumbly cookies

Ingredients

4 cups flour
1 cup confectioner's sugar
1¼ cups lard
1 teaspoon baking powder
1 tablespoon grated orange rind
3 egg yolks
2 oranges
  powdered cinnamon

Method

Sift the flour with the sugar and baking powder. Beat the butter until creamy. Mix in the egg yolk, beating continuously, then add the orange rind and the juice of two oranges. Finally, fold in the sifted flour and sugar. Roll out the dough on a floured board to just under ½" thick. Cut into rounds with a cookie cutter and arrange on a greased and floured cookie tray.

un grosor de un centímetro. Utilizando un cortador redondo se sacan las tortitas de polvorón y se acomodan en una charola previamente engrasada y enharinada. Se meten al horno frío que se gradúa a 250 grados de temperatura. A los diez minutos se sacan y se espolvorean con azúcar glass y polvo de canela.

Place in a cold oven and switch on to 250°. Cook for ten minutes, remove from the heat and dust with confectioner's sugar and cinnamon.

Buñuelos

Ingredientes

450 gramos de harina
  2 huevos enteros
  1 yema
  ½ cucharadita de sal
  2 cucharadas de anís
250 gramos de manteca
250 gramos de piloncillo
  1 taza de confites menudos de colores

Manera de hacerse

Una cucharada de anís se pone a hervir en una taza de agua; se deja enfriar. La harina se cierne con la levadura y la sal; se le agregan los huevos y la yema, y se va amasando con agua de anís (la cantidad necesaria para que quede una masa consistente). Ya bien amasada se forman pequeñas bolas. Se enharina la mesa, se pone una bola y se extiende con rodillo hasta hacer una tortilla sumamente delgada y se termina de extender con las manos sobre una servilleta. Se colocan en una mesa enharinada y se van friendo en la manteca.
El piloncillo se pone a fuego con una taza de agua y una cucharada de anís.

Fried pastries

Ingredients

1 lb. flour
2 whole eggs
1 egg yolk
½ teaspoon salt
2 tablespoons aniseed
9 oz. lard
9 oz. raw sugar
1 cup colored cake sprinkles

Method

Boil one tablespoon aniseed in a cup of water and leave to cool. Sift the flour with the baking powder and the salt. Mix in the eggs, the yolk and the aniseed in water (as required) and knead to a stiff dough. Form into small balls and roll out on a floured board until very thin. Continue flattening by hand on a napkin and place on a floured table. Fry one by one in the lard.
Heat the piloncillo in one cup water with one tablespoon aniseed. When it thickens to a light syrup, remove from the heat and strain. Serve the fritters in bowls, broken into pieces and with three or four tablespoons

Cuando espesa a punto de miel ligera, se retira del fuego y se cuela.

Los buñuelos se sirven en platos hondos (cuando se quieren comer suaves), se rompen ligeramente y se les hecha de tres a cuatro cucharadas de miel de piloncillo. Se les espolvorea una cucharadita de confites. Si se quieren comer doraditos sólo se espolvorean con azúcar granulada y confites.

of the syrup poured over. Sprinkle with one teaspoon cake candies. Alternatively, omit the syrup and eat crisp, sprinkled with granulated sugar and cake candies.

Pan de muerto

Ingredientes

450 gramos de harina
 15 gramos de levadura
100 gramos de azúcar
100 gramos de manteca
  3 huevos enteros
  7 yemas
  ¼ cucharadita de sal
  2 cucharadas de agua de azahar
  3 cucharadas de té concentrado de anís.
  1 cuchada de cáscara de naranja raspada

Manera de hacerse

La levadura se deshace en media taza de agua tibia y se le agrega un poco de harina, la necesaria para formar una masa. Se forma una bola y se coloca junto al calor de la estufa o se asolea si es de día hasta que esponje aumentando el doble de su tamaño. La harina se mezcla con sal y azúcar, se cierne, se le agregan dos huevos enteros y siete yemas, la mantequilla, la manteca, la raspadura de naranja, el agua de azahar y el té de anís. Se

All Souls' bread

Ingredients

1 lb. flour
½ oz. yeast
4 oz. sugar
4 oz. lard
3 whole eggs
7 egg yolks
¼ teaspoon salt
2 tablespoons orange blossom water
3 tablespoons concentrated aniseed tea
1 tablespoon grated orange rind

Method

Dissolve the yeast in half cup warm water and add a little flour to form a dough. Knead into a ball and place near a warm stove or in the sun until the dough doubles in size.

Mix the flour with the salt and sugar and sift. Add the two whole eggs, seven egg yolks, butter, lard, orange rind, orange blossom water and aniseed tea. Mix well and knead, banging it down on the table to make it soft and pliable. Add the yeast mixture

amasa muy bien, torteándola y golpeándola contra la mesa. Luego se le agrega la bola de levadura ya esponjada y se vuelve a amasar para integrarla homogéneamente. Se unta de manteca y se deja reposar durante diez o doce horas en temperatura normal. Cuando ha duplicado su volumen está lista para amasarse de nuevo y formar los panes.

Se separa una porción con la que se hacen unas figuritas que representan los huesos fémur y lágrimas.

Según el tamaño en que se quieran los panes, se hacen unas bolas, se aplanan ligeramente dando la forma de montes bajos. Se adornan colocando una bolita en la cima y cuatro fémures que bajan de la cima a la circunferencia inferior (representan a los antepasados y a los cuatro rumbos del universo) y entre ellos se colocan las lágrimas (símbolo del dolor de los vivos por sus muertos). Los adornos se pegan a la masa con huevo batido. En una charola embarrada de manteca se colocan los panes y se meten al horno a una temperatura de 250 grados durante 30 o 40 minutos.

Se sacan los panes del horno y se barnizan de la siguiente manera: En ⅛ de litro de agua se desbarata 1 cucharada de harina; se pone al fuego moviéndola constantemente y cuando espesa a punto de crema se saca del fuego y se sigue moviendo hasta que enfría. Este batido es el que se usa para barnizar, mojando una brocha en él y pasándosela a los panes cuantas veces sea necesario. En cuanto reseca un poco se barnizan con un

and continue kneading until smooth. Brush with melted lard and leave to prove for 10 to 12 hours at room temperature. When doubled in size, knead again and form into loaves, putting aside a portion of dough to make the bone and tear decorations. Make balls of dough (according to the size of loaf required) and flatten out slightly at the sides. Place a smaller ball of dough on top and decorate with four femur-shaped bones of dough arranged vertically down the sides of the loaf (these represent ancestors and the four parts of the universe) and place dough tears (representing the grief suffered by the living for the dead) in between the bones. Stick the decorations onto the loaf with beaten egg.

Grease a baking tray with lard and place the loaves on it. Bake for 30 to 40 minutes at 250°F.

Remove the loaves from the oven and glaze as follows: dissolve 1 tablespoon flour in 2/3 cup water and heat, stirring continuously. When thick and creamy, remove from the heat and continue stirring till cold. Brush the loaves with the flour mixture and when dry, brush with beaten egg and sprinkle over granulated sugar.

(Note: this bread is eaten traditionally in parties celebrating the dead and one's ancestors. It is placed on altars in the form of an offering and eaten in Mexican homes on November 1 and 2.)

huevo batido y finalmente se les espolvorea azúcar granulada.

(Nota: el pan de muerto es el tradicional en la fiesta con que se festeja a los difuntos y antepasados. Se coloca en los altares como ofrenda, y se consume como pan de hogar durante los días 1o. y 2 de noviembre.)

Café

Los mexicanos somos por excelencia grandes bebedores de café, y por lo mismo muy exigentes en su preparación. El país cuenta con café de alta calidad.

Antes de que aparecieran las máquinas tostadoras y moledoras, en cada casa se tostaba el café en comal de barro y se molía en pequeños molinos manuales o en el metate. Esto debía hacerse en porciones pequeñas, cuando más para surtir las necesidades de una semana. El grano molido se guarda en botes o pomos de buena tapa para que el café conserve su olor y sabor.

Como no siempre se cuenta con una cafetera de tipo italiano o americano con precolador cuyo procedimiento consiste en el ascenso del agua caliente por un tubo que baña al café situado en el colador, señalo aquí la manera rudimentaria de prepararlo con perfección:

Se pone un litro de agua sobre la lumbre y cuando está hirviendo se le echan de seis a doce cucharadas de café molido, según lo cargado que se quiera. Con el hervor el café sube, se mueve con una cuchara y se saca de la lum-

Coffee

The Mexicans are unequalled as coffee-drinkers and so naturally are very particular when it comes to its preparation. The coffee grown in Mexico is of a very high quality.

Before roasting machines and coffee grinders became common, each household roasted coffee beans on a flat earthenware disk and then ground them in a small hand grinder or in a stone mortar. Only small amounts were ground at a time — usually enough to last a week. The ground coffee should be stored in an airtight container or in a jar with a tight-fitting lid to ensure that it does not lose its flavor or smell.

Since Italian coffee makers or American percolators which work by forcing hot water up a tube to, and through the ground coffee held in a sieve-like container are not always available, here are some simple ways in which to make good coffee:

Boil a quart of water and add between six and twelve tablespoons of freshly ground coffee, according to the strength desired. When the water comes back to the boil, the coffee will rise. Stir and remove from the

bre. Nunca debe hervir ni ser recalentado. Se le agrega un chorro de agua fría para que se asiente y posteriormente se cuela directamente a la cafetera de servicio.

heat. Coffee should never be boiled or reheated. Add a little cold water to help the grounds settle and strain it immediately into the pot it is to be served in.

Café de olla

(tradicional en toda la República)

Ingredientes

6 cucharadas de café molido
2 rajas de canela
1 litro de agua
  piloncillo al gusto

Manera de hacerse

Todas las casas tienen una olla exclusiva para el café, evitando así que el barro pueda conservar otros sabores u olores.

Se pone un litro de agua en la olla, sobre el fuego, cuando está hirviendo se le agregan dos rajas de canela hasta que ésta forma un oloroso té; se le echan unos trocitos de piloncillo según se apetezca de dulce, se cuida que se deshagan utilizando una cuchara de palo, y finalmente se le agregan seis cucharadas de café, se mueve para que se integre bien durante el hervor, se retira del fuego, se le agrega un chorro de agua fría, se esperan tres minutos para que se asiente y se sirve colándolo directamente sobre los jarros de servicio.

No debe recalentarse, pero en caso de que fuera necesario, debe evitarse que alcance un segundo hervor.

Coffee prepared in a clay pot

(Traditional throughout the Republic)

Ingredients

6 tablespoons of freshly ground coffee
2 sticks cinnamon
1 quart water
  raw brown sugar to taste

Method

Each household has a clay pot used solely for making coffee. This ensures that the clay does not absorb other smells and tastes.

Put one quart of water in the pot and bring to the boil. When the water is boiling, add two sticks of cinnamon and allow them to infuse, producing an aromatic tea. Add the raw brown sugar according to taste and stir well with a wooden spoon to make sure that the sugar dissolves. Finally, add six tablespoons of ground coffe and stir while bringing back to the boil. Remove from heat, add a little cold water and leave to infuse for three minutes. Serve at once, straining the liquid into the cups the coffee is to be served in. Coffee shoud never be reheated. If this is necessary, however, never reheat more than once.

Otros títulos afines